【典藏】
厦 门 文 史 丛 书

厦门史地丛谈

洪卜仁 著

中国人民政治协商会议
福建省厦门市委员会 编

厦门大学出版社

图书在版编目(CIP)数据

厦门史地丛谈/洪卜仁著.—2版.—厦门:厦门大学出版社,2019.12
(厦门文史丛书)
ISBN 978-7-5615-7606-9

Ⅰ.①厦⋯　Ⅱ.①洪⋯　Ⅲ.①厦门—地方史　Ⅳ.①K295.73

中国版本图书馆 CIP 数据核字(2019)第 242091 号

出 版 人	郑文礼
责任编辑	薛鹏志
装帧设计	鼎盛时代
技术编辑	朱　楷

出版发行　厦门大学出版社

社　　址	厦门市软件园二期望海路 39 号
邮政编码	361008
总　　机	0592-2181111　0592-2181406(传真)
营销中心	0592-2184358　0592-2181365
网　　址	http://www.xmupress.com
邮　　箱	xmup@xmupress.com
印　　刷	厦门集大印刷厂

开本	787 mm×1 092 mm　1/16
印张	19.25
插页	3
字数	340 千字
印数	1～3 000 册
版次	2019 年 12 月第 2 版
印次	2019 年 12 月第 1 次印刷
定价	76.00 元

本书如有印装质量问题请直接寄承印厂调换

厦门大学出版社
微信二维码

厦门大学出版社
微博二维码

《厦门文史丛书》编委会

■顾　问　陈修茂　陈维钦　吴凤章　叶天捷　陈耀中
　　　　　庄　威　郑兰荪　林仁川　江曙霞　桂其明
■主　编　桂其明
■副主编　陈　韬　钱培青
■编　委　沈松宝　洪卜仁　卢怡恬　张昭春

《厦门史地丛谈》

■著　者　洪卜仁

【序言】

"好雨知时节,当春乃发生。"古往今来,人们总是由衷地赞美春天。因为它充满生机和憧憬,带来的不仅仅是播种的怡悦,还常常伴随着收获的希冀。

在万木复苏、百花盛开、姹紫嫣红、春回大地的日子里,参加厦门市政协十一届一次全会的全体新老政协委员,就是怀着一种播种与收获交织、怡悦与希冀并行的激情,迎来了2007年新春的第一份礼物。根据本届市政协主席会议的研究决定,由厦门市政协与我市文史工作者合作共同推出的"厦门文史丛书"第一方阵——《厦门名人故居》、《厦门电影百年》、《厦门史地丛谈》、《厦门音乐名家》等四种政协文史资料读物终于如期与大家见面了!

这无论在厦门政协文史资料发展历史上,还是在我市先进文化建设进程中,都是可圈可点,很有意义的一件喜事。为此,我首先代表厦门市政协,向直接、间接参与这套丛书的组织、策划、编撰、编辑、出版和宣传工作而付出辛勤劳动的有关领导、专家、学者及工作人员,向为此提供宝贵支持的社会各界和热心人,表示衷心的感谢,并致以新春佳节最美好的祝愿!

众所周知,文史资料历来就受到人们的重视和青睐。因为通过它,人们不仅可以自由地超越时空,便捷可靠地了解到一个区域(通常是一个城市)古往今来的进步发展情况,真实形象地感受到这里丰富多彩的文化历史现象,满足自己的求知欲和审美情趣,而且还可以发现许多具有现实意义和参考价值的吉光片羽，并从中汲取激励自己积极向上、奋发有为的养分和力量。

通过文史资料，我们知道：厦门这块热土有着丰富而厚重的历史积淀和文化内涵。迄今四五千年前的新石器时代，厦门岛上就有早期人类生活的遗迹。大概一千二三百年前的唐代中叶，中原汉族就辗转迁徙前来厦门，在岛上拓荒垦殖，繁衍生息。宋元时期，中央政府开始在厦门驻军设防。明朝初年，为了防御倭寇侵犯，在厦门设置永宁卫中、左二所，洪武二十七年（1394年）又在此兴建城堡，命名厦门城。从此，"厦门"的名字正式出现在祖国的版图上，并随着城市的进步发展、知名度的不断提高而逐渐蜚声海内外。今天的厦门，早已不是当年偏僻荒凉的海岛小渔村，而是国内外出名的经济特区、现代化国际性港口风景旅游城市。

通过文史资料，我们还知道：千百年来，依托厦门这方独特的历史舞台，勤劳勇敢、聪明善良的厦门人民，在改造自然与社会、追求进步与发展、争取生存与自由、向往幸福与独立的伟大进程中，谱写了一曲曲感天动地的赞歌，创造了一个个令人惊叹的奇迹，同时也涌现了一批批彪炳青史的俊彦。如以厦门为基地，在当地子弟兵的支持下，民族英雄郑成功完成了跨海东征，收复台湾的辉煌壮举；在其前后，有发明创造"水运仪象台"，被誉为"中国古代和中世纪最伟大的博物学家、科学家之一"的苏颂；有忠勇爱民，抗击外敌，不惜以死殉国的抗英爱国将领陈化成；有爱国爱乡，倾资办学，不愧为"华侨旗帜，民族光辉"的著名侨领陈嘉庚；有国家领导人方毅、叶飞，一代名医林巧稚、著名科学家卢嘉锡，等等。他们的传奇人生、奋斗业绩所折射出的革命传统、斗争精神、民族气节、高尚情操和优秀秉性，经过后人总结升华并赋予时代精神，已成为厦门人民弥足珍惜、继承光大的精神财富，正激励着一代代的厦门儿女为建设小康社会而奋斗！

春风化雨，任重道远。通过文史资料，我们更是知道：改革开放以来，在中国共产党的正确领导下，依靠广大人民群众的聪明才智，在短短的二十多年里，我们的家乡厦门发生了翻天覆地的巨变。这种代表先进生产力的发展要求，代表先进文化的前进方向，代表广大人民群众根本利益的历史性巨变，不仅体现在城市建设、经济发展、生活改善、社会进步等方面，还突出表现在广大人民群众思想观念、道德情操、精神面貌、文明素质等方面所发生的深刻变化。

追根溯源，可以明志兴业。利用人民政协社会联系面广、专业人才荟萃、智力资源集中的优势，通过编撰出版地方文史资料，充分发挥政协文史资料"团结、育人、存史、资政"的功能，这本身就是人民政协履行职能的重要方式之一。值此四种文史资料的诞生，象征丛书的滥觞起，在充分肯定厦门发生的历史巨变而倍感自豪的同时，我们要一如既往地认真学习贯彻中共中央总书记胡锦涛在视察福建、厦门海沧台商投资区的重要讲话精神，学习贯彻中共中央政治局常委、全国政协主席贾庆林在纪念厦门经济特区25周年大会上的重要讲话精神，在致力于厦门经济特区经济建设、政治建设、社会建设的同时，从加强特区先进文化建设的高度，进一步加强政协文史工作，充分发挥政协文史资料的功能，以"厦门文史丛书"的启动为契机，严肃认真、兢兢业业地继续做好这项有意义的工作，以不负时代的重托。

我相信，有我市各级政协组织和委员、政协各参加单位的重视参与，有社会各界的支持帮助，有多年来积累的成功经验和有效做法，特别是有一支经受考验锻炼，与海内外各界联系广泛、治学严谨的地方文史专家队伍，只要我们认准目标，锲而不舍，与气势如虹的我市新一轮跨越式发展相称，与方兴未艾的海峡西岸经济区建设呼应，作为一项"功在当代，利在千秋"的重要事业，我市政协文史资料工作一定会取得长足进步，推出更多精品，发挥更大的作用！

城市历史文化，从来是反映城市前进发展中经验与教训的真实记录，是人们在改造自然与社会、创造"三个文明"的历史进程中所留下的重要印记、所提炼的不朽灵魂。以履行政协职能为宗旨，以政协编辑出版的地方文史资料为载体，通过有选择、有重点地记录、反映一座城市（或者相关的一个区域）的历史文化，自觉为建设中国特色社会主义服务，为科学发展服务，为构建和谐文化、和谐社会服务，为祖国统一大业服务，为中华民族的伟大复兴服务。这正是政协文史工作及其相关的文史资料的长处和作用，也是它区别于一般地方文史资料最重要的特色和优势。

也正是基于这种考虑和共识，在厦门市政协党组的高度重视和倾力支持下，市政协文史和学习宣传委员会认真总结近年来编纂出版地方政协文史资料的成功经验，在市委、市政府有关部门，我市有关社会机构和各界人士的帮助下，组织了我市一批有眼光、有经验、有热情、有学识的地方文史专家和专业工作者，经过深思熟虑，反复论证，决定与国家"十一五"计划同步，从2006年起，采取"量力而行，每年数册"的方针，利用数年时间，出齐一套大型地方历史文献"厦门文史丛书"。

编辑出版这套丛书的目的是，本着"古为今用"的原则，在批判继承前人的基础上，努力挖掘、整理、利用厦门地方历史文化渊薮中有益、有用、健康、进步的或者具有借鉴、警示意义的文史资料，直接为现实服务：为地方历史文物的保护工作服务，为地方文史资料的大众普及和学术研究工作服务，为发挥政协文史资料"团结、育人、存史、资政"的作用服务，为人民政协事业服务，为统一战线工作服务；为遍布海内外，通过寻根问祖，关心了解祖国和家乡过去、现在、将来的厦门籍乡亲服务；为主张两岸交流，反对"台独"阴谋、认同"一个中国"，心系祖国统一大业的炎黄子孙服务；为提高人民群众，尤其是青少年的科学文化素质、道德文明修养，培养"四有"公民，建设学习型、创新型社会，推动厦门经济特区建设实现"更好更快"发展的新目标提供方向保证、智力支持和精神动力服务。

编辑出版这套"丛书"的方针是，不求全责备，面面俱到，只求真实准确，形象生动。即经过文史专家的爬梳剔抉、斟酌考证，尽量选取第一手的"原生态"史料，从本市及其邻近相关区域中所传承积淀下来的文化历史切入，以厦门市为重心，适当延伸至闽南地区，以近现代为主、当代为辅，以厦门城市发展进程中具有典型性、代表性的人物事件为对象，通过"由近及远，由表及里，标本兼顾，源流并述"的方式，尽可能采取可读性强的写法，并辅之以说明问题的历史照片或画面，进行客观而传神的艺术再现。

我在本文的开头特别提到，春天是充满希望与憧憬的时节。反复揣摩案头上还散发着阵阵醉人的油墨芳香近日问世的四种政协文史资料读物，欣喜之余，我想到，虽然这仅仅只是成功的开篇，今后几年里厦门政协文史工作要取得预期的成果，顺利出齐"厦门文史丛书"全部读物的任务还相当繁重，但我坚信，只要我们坚持人民政协"团结、民主"的主题，相信和依靠大家的智慧力量，始终秉持春天一样的热情与锐气，始终把希望和憧憬作为自己前进的目标、动力，一如既往地追求奋斗，我们的事业将永远充满阳光、和谐！

是为序。

陈修茂

（作者系厦门市政协党组书记、主席）

2007年2月28日

【前言】

厦门四面环海，新石器时代，已有古闽越族人生活在岛上。唐代中叶，中原的汉族人移民入岛，厦门开始有了文字记载的历史。

历史上厦门数易其名。唐称"新城"，宋、元称"嘉禾"。明初洪武年间，朝廷在岛上设卫所、筑城寨，"所"称"中左"，"城"名"厦门"。从此，"厦门"这名字载入史册。明末清初，郑成功据厦门反清复台，改厦门为"思明州"。清初复称"厦门"。1912年设思明县，1935年升格为"厦门市"。1981年设厦门经济特区。

自唐代中叶迄今的1100多年间，厦门社会经济不断发展。明末清初，航海贸易盛极一时，繁忙的港口，成为华侨出入祖国的门户和台湾同胞的主要祖籍地，又是对外经济文化交流的窗口，旧中国较早的中西文化交融点之一。民国年间的改造旧城，开辟新区，促进市场兴旺、文教事业发达、公用事业设施逐步完善，近代化城市已初具规模。

悠久的历史，为"厦门文史丛书"的编撰，提供了丰富多样的题材。作为丛书之一的《厦门史地丛谈》，只是厦门历史汪洋大海里的几朵浪花。著者洪卜仁先生长期从事厦门地方史的研究，他治学严谨，写的历史文章，史料力求翔实，文字力求简练生动。这本丛谈，是他从20多年来发表在报刊上的文章中挑选的结集，是一本拾史之遗的通俗地方史读物，有助于人们了解厦门的历史，从而更加热爱它。因此本书值得一读。

编 者
2007年2月28日

| 厦 | 门 | 史 | 地 | 丛 | 谈 |

目录

厦门的行政建置和政区演变/1
厦门地理概述/8
高浦，一个失落的经典/14
鸦片战争前的厦门对外关系/18
鸦片战争前厦门的对外贸易/21
鸦片战争与厦门开埠/25
　　——写在香港回归前夜
中菲友好与厦门/29
厦门与香港的交往/31

厦门与美国交往的故事/34
阻力重重的旧厦门市政建设/42
被遗忘的漳厦铁路/50
悲剧背后的黑幕交易/56
　　——揭密1930年"便利"轮惨案真相
历史上的筼筜湖开发/62
厦门自来水工程建设前后/68
厦门造船业"光宗耀祖"/77
旧厦门的金融业/84
神州风云鹭江浪/89
　　——厦门人民收回海后滩警权纪事

"国家安危,公安系于一半"/91
——厦门市公安局诞生前前后后
蒋介石到过几次厦门?/99
1949年,宋子文何事来厦门?/106
厦门华侨史话/111
孙中山先生与厦门华侨/129
厦门华侨与抗日战争/132
爱憎分明　疾恶如仇/136
——有关陈嘉庚先生的一段史实
一所华侨办的航空学校/139
为亚非会议护驾的洪载德/141
唇齿相依的厦台关系/145
"戏说"其实是"正剧"/151
——林尔嘉传奇人生二三事

辜振甫不可能是辜鸿铭之孙/155
厦门台胞和台湾光复/160
情系祖国志不移/163
——纪念林祖密将军诞辰120周年
鸦片战争中厦门的抗英将领/166
抗英爱国将领陈化成/169
首创汉字拼音方案的卢戆章/171
陈文麟与"厦门号"飞机/175
达而济天下　穷亦善其身/179
——爱国人士洪晓春的故事
陈桂琛——近代厦门文化人的楷模/184
弘一法师的厦门因缘/188
庄希泉勇斗林仲馥/194
创办双十中学的马侨儒/196
旧厦门市长轶事/198
"鸦片大王"叶清和/203

"日舰会操"厦门旧闻/209

记住这页血写的历史/215
　　——1938年5月厦门沦陷纪事/

日军占领鼓浪屿纪实/221

五步溅血毙倭酋/225
　　——日本特务头子泽重信遇刺史实

认贼作父　为虎作伥/231
　　——伪厦门特别市市长李思贤丑行种种

清末陈千总杀媳案/235

旧厦门的虐婢惨剧/238

近代厦门的"乞丐营"/242

痛心话火灾/247

"厦门虎"现身厦门/253

榕林别墅/258

鼓浪屿八卦楼史话/261

鼓浪屿见闻录/264

厦门世界文艺书社的片断史料/274

抗战前厦门的游泳运动/276

厦门历史上的"马拉松"/278

厦门历史上的"扒龙船"/280

《搏(博)状元会饼的由来》质疑/284

"厦门博饼起源争论"回顾/287

◎附　录

小居室收藏大城市/290

◎后　记/294

厦门的行政建置和政区演变

《厦门晚报·乡土》编者按

福建省政府近日作出批复，经报国务院批准，同意厦门调整部分行政区划。此举是市委、市政府贯彻十六大关于经济特区要在体制创新上有新突破的要求，加快推进海湾型城市建设的一个重大战略步骤，必将对厦门的发展产生深远的影响。

从宋代至今，厦门也曾有过多次行政区划变更，为帮助读者了解历史上我市的行政建置和政区演变过程，本版特约请市地方志专家洪卜仁先生撰写这篇专稿，以作为重大新闻的背景材料。

厦门原是四面环海的孤岛。相传古时常有成群的白鹭栖息于岛上，因此别称鹭岛。距今三四千年前的新石器时代晚期，已有古闽越族人在岛上生活。唐朝中叶，汉族人陆续从福建内陆迁徙入岛，开始有了"新城"和"嘉禾屿"的岛名和文字记载的历史。

宋至清代

宋代政区的最基层为"里"，如今的厦门岛只是当时同安县11个"里"中的1个"里"，称"嘉禾里"。元代，"里"改为"都"，厦门本岛和鼓浪屿属同安县绥德乡的21都、22都、23都、24都。明代洪武二十七年（1394年），朝廷派人在厦门建造的城竣工，命名"厦门"城。从此，厦门这个地名载入史籍文献。明代，在"都"之下又增设"图"。嘉禾里21都至24都各设2"图"，共为8图，每图有2至4个乡村不等。

明清交替之际，民族英雄郑成功据厦门、金门两岛抗清，遥奉南明永历"正朔"，不用清顺治年号。南明永历帝朱由榔封郑成功为"延平王"，郑成功在厦门岛上置"思明州"，任命知州事，设"吏、户、礼、兵、刑、工"六官，作为南明朝廷国家级政区的一个组成部分。清康熙元年（1662年）五月，郑成功病逝台湾，子郑经继位。翌年（1663年）改思明州为思明县，既未归隶同安县，而南明政权也已名存实亡，属于特殊历史条件下偏安一隅的政区。

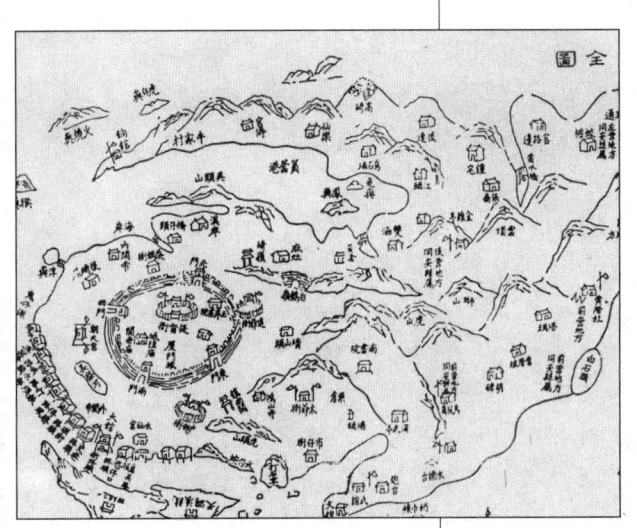

清道光十年（1830年）的厦门全图

康熙十九年（1680年），清军攻取厦门、金门，废思明县，厦门岛重新归属同安县，仍是绥德乡的21至24都，每都仍设2图。

到了乾隆年间，基层政区除保留原有的都图外，在人口较为密集的市镇又增设"社"和"保"，而乡村不设"社"仅设"保"。绥德乡嘉禾里21至24都，设8图4社41保。经历"乾嘉盛世"社会经济的发展，到了道光年间，全岛共设45保。

咸丰三年（1853年），闽南小刀会起义军攻占厦门，建立为期半年的农民政权，不属同安县管辖。光绪二十九年（1903年）五月，鼓浪屿公

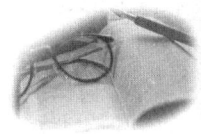

厦门的行政建置和政区演变

共租界"工部局"开始行使殖民统治，鼓浪屿不属同安县。

此外，自清初康熙以迄清末宣统的260多年间，厦门岛上虽然先后设置过台湾厦门兵备道、兴泉道，分巡兴泉永兵备道等超越县、州、府的行政机构以及与同安县同等级别的厦门厅（泉州府厦门分府），但厦门岛仍然只是同安县的一个基层政区。

民国时期

辛亥革命结束清朝统治，成立中华民国，福建军政府厦门分府参事会推派代表黄鸿翔、黄廷元赴福州向福建省政务院请愿设县。民国元年（1912年）4月15日，福建省政务院批准析同安县嘉禾里（厦门岛）和翔风里的金门、大小嶝及附属各岛置思明县。4月28日，思明县政府正式成立。民初沿袭清制，城内设18保，乡村设27保。改兴泉永道为南路观察使，1914年6月更名"厦门道"，驻地仍设在厦门。思明县先后属南路观察使署和厦门道署管辖。

1912年9月12日，改思明县为思明府，翌年3月20日，复原为思明县。1914年8月，思明县析金门、大小嶝筹设金门县。翌年元旦，正式成立金门县政府。此后，思明县辖境仅为厦门本岛及周围岛屿。

思明县建立之初，城区实行警区制，不设政区，郊区禾山实行保甲制。1929年12月，遵照国民政府颁发的地方自治法令，思明县政府成立思明地方自治筹备处，筹备有关设区各项事宜。1931年6月17日，召开各保联席会议，讨论通过以联保区域范围作为设区范围，19保划分6个区。7月17日，福建省民政厅训令思明县政府，遵照国民政府行政院颁布的《各县区公所与公安分局划定事权办法》的规定，划分区公所和公安分局职权范围。10月，思明县共成立8个自治区，分别以数字排列，城区自治区之下又设镇，各区镇数不一。由于自治区与警区的行政职权理不清，自治区无法推行，实际上仍只有警区。

1932年1月，福建省政府委员、民政厅厅长刘通提案设置厦门市，经同年12月1日福建省政府第220次常会审查通过，并呈报国民政府行政院内政部审核。翌年2月，福建省政府批准设立厦门市政筹备处，20日正式对外办公。继而接福建省政府令，自3月1日起，改厦门市政筹备处为思明市政筹备处，负责筹划厦门设市工作。禾山仍称思明县，市县并存，厦禾分治。3月16日，市政筹备处奉令将禾山划入思明市区之内。6月，福建省政府明

【3】

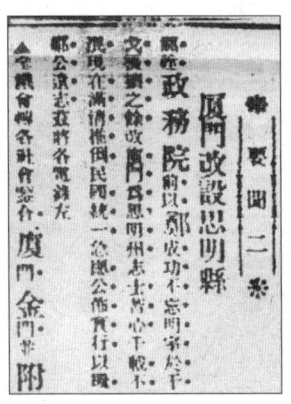 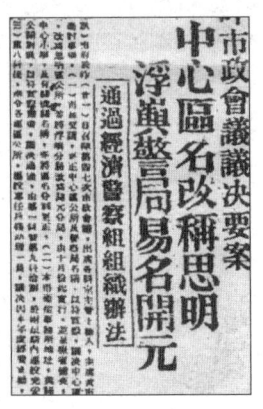 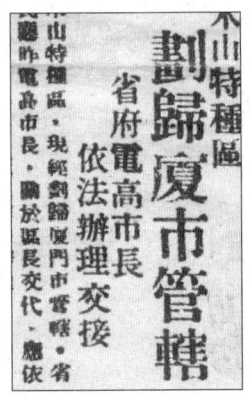

1912年上海《申报》关于厦门改设思明县的报道　　1948年9月，中心区改名思明区的报道　　1937年12月17日《厦门大报》关于禾山特种区划归厦门市管辖的报道

令撤销思明县，限7月底办理结束。7月31日，思明市筹备处派员接收县政府，实现县、市合并。11月7日，福建省政府接行政院训令，着将禾山划入思明市区，结束了厦禾分治。

由十九路军将领蒋光鼐、蔡廷锴和国民党内高层人物李济琛、陈铭枢等发动的"闽变"，于1933年11月20日宣布成立"中华共和国人民革命政府"，福建改设闽海、延建、兴泉、龙汀4省。12月1日，厦门成立市政府。旋于10日接"中华共和国人民政府"第39号训令，改厦门市政府为厦门特别市政府，直属中华共和国人民政府。市政府之下没设区。翌年1月10日，国民政府海军占领厦门，"闽变"失败，厦门特别市政府随之消失，厦门恢复思明县建制。

1934年，国民政府取消"道"制，改设行政督察区，思明县与同安县等6县同属福建省第五行政督察区管辖，辖区不变。

1935年春，经国民政府行政院核准，厦门设市。3月27日，福建省政府会议通过《厦门市组织大纲》，4月1日，厦门市政府正式成立，直属福建省政府。禾山设特种区署，行政隶属同安县管辖。市政府之下不设行政区，保留警区和保甲制度。厦门市政府所辖区域，"以原来厦门警区及鼓浪屿、鸡屿、火烧屿等六岛之范围为区域"。警区只局限于岛上西南隅面积不及8平方公里的老市区。

同年8月，厦门市各保长联名并推派代表杨焕章等17人呈请国民政府

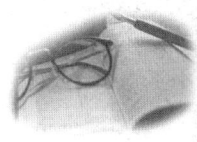

厦门的行政建置和政区演变

内政部，要求设区，未果。由于厦门市区与禾山特种区管辖区范围没有明文划定，职权不清。为此，福建省政府派建设厅长陈体诚于10月22日来厦"勘定厦门与禾山界线，以资遵守"。但划界情况，未见公布。1936年5月1日，禾山各界人士联呈内政部，提出"禾山归属同安县管辖，统治上鞭长莫及，（又）中隔一海峡"，诸多不便，要求单独设置，没有获准。抗日战争爆发后的1937年10月7日，福建省政府呈请内政部称："查禾山地方，原系厦门之一部。前因行政上关系划归同安县管辖，设置特种区署……现值非常时期，为指挥便利计，要求暂行划归厦门市管辖。"1937年12月，获准办理移交。

1937年7月7日抗战爆发。1938年5月13日，厦门全岛沦陷。6月20日，成立日伪厦门治安维持会。翌年7月1日，成立日伪厦门特别市政府，由汪伪南京国民政府直辖。1941年12月8日太平洋战争爆发，日本军队占领鼓浪屿公共租界。1943年11月19日，伪厦门特别市政府调整管辖区域为：厦门岛、鼓浪屿、大小金门岛、浯屿及各附属岛。伪市府原拟设市中心区、禾山区、鼓浪屿区、金门区和浯屿区，但仅设金门、浯屿、鼓浪屿3个区署，市中心区和禾山区一直没设立，行政区域也没划定，实际上仍是警区代政区。

抗日战争胜利后，于1945年10月4日重建厦门市政府。厦门市政府辖境分为5个行政区，即厦西区、厦南区、厦港区、禾山区和鼓浪屿区。1946年4月25日，厦门市政府奉令调整各级行政机构。6月1日，并厦西、厦南两区为中心区。1948年2月，厦门市参议会向市政府提出建议，将中心区划分为两区，中心区区名保留，新增开元区。1948年9月21日，经市政会议决，中心区改名思明区。至是，厦门市有开元、思明、鼓浪屿和禾山4个区。

新中国成立以来

1949年10月1日中华人民共和国成立，10月17日厦门解放，10月21日，厦门市人民政府正式成立，属福建省人民政府直辖。政区将全市分为思明、开元、厦港、鼓浪屿、禾山五区。

1950年3月开始在全市范围内开展民主建政工作。5月2日，厦门市人民政府政务会决定撤销厦港区，将厦港区部分划归禾山区，部分并入思明区，而将思明区的靖山、深田一带改隶开元区。这样，全市只分为4个区。

1953年11月3日，同安县划出集美镇归厦门市人民政府管辖。从此，厦

【5】

门市开始有镇的建制。

1957年5月至1958年10月，遵照福建省人民委员会的指示，同安县灌口区12个乡划归厦门市管辖。继而海澄县（今龙海市）海沧、新垵2个乡也划入厦门市，灌口改区为镇，海沧也改乡为镇。厦门市政府乃将禾山区、集美镇和灌口镇、海沧镇所属各乡合并成立郊区。

1958年全国推行公社化。人民公社为县（区）底下的基层政区。10月15日，全市实现公社化，市区8个公社，郊区6个公社。同年10月，同安县划归厦门市。是年12月，全市划分为1县4区21公社。1959年，新成立杏林区工委。1960年4月，农村人民公社进行合并，郊区6个公社并为4个公社，同安县由原来7个公社并为4个公社。

厦门市政区于1964年4月进行调整，市区取消城市人民公社，恢复街道办事处；杏林区工委改设杏林镇，连同杏林公社划归郊区管辖。1970年8月，改同安县属晋江专区，1973年9月又重归厦门市。1976年10月文化大革命结束，郊区设3个镇，6个公社，同安县设2个镇，12个公社。

"文化大革命"期间，随意变更政区级别、名称、范围，思明区被改名向阳区，开元区被改名东风区，又将城区的街道办事处恢复为公社并改名。裁撤郊区和同安县辖镇，还将前线公社（禾山）曾塔大队划归向阳区，在东风区的梧村一带增设红卫公社。1968年，市、区各级人民委员会奉令一律改称"革命委员会"。"文化大革命"结束后，陆续对政区作了调整、改名和复名。1978年9月设置杏林区，将郊区的杏林公社划归杏林区管辖；1979年8月，凡"文化大革命"改名的政区、公社和地名一律复名或更名，城市人民公社复称街道办事处。10月，区、市革命委员会复称区、市人民政府。截至1980年厦门经济特区建立前，厦门市的行政区为思明、开元、鼓浪屿、郊区和杏林5个区，兼辖同安县。

1980年10月，国务院批准在厦门岛内的湖里划出2.5平方公里设立厦门经济特区。1984年4月，国务院批准厦门经济特区扩大到全岛（包括鼓浪屿）。为适应厦门经济特区发展的需要，市区不断向农村扩展，政区也相应地发生变化。老市区的街道办事处进行合并，新市区撤销原来的大队改设居委会。1981年9月和1983年4月，先后在开元区增设湖里街道办事处、筼筜街道办事处。1984年4月，同安县恢复马巷镇的建制。至1984年6月，厦门市辖境共设5区1县。

1987年6月，厦门市对行政区域进行大幅度调整。7月，行政区划调整方案经国务院（1987年）104号函和福建省政府闽政（1987年）综153号文

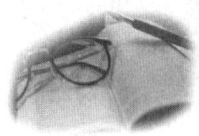

厦门的行政建置和政区演变

批准，调整如下：

1. 设立湖里区，郊区的禾山乡及所属的11个村委会和江头居委会以及开元区的湖里街道办事处与所属的7个居委会归属湖里区领导。

2. 郊区禾山乡所属的黄厝、曾厝垵两个村委会划归思明区，所属的何厝、前埔、洪文、西林、莲坂等5个村委会划归开元区。

3. 郊区更名为集美区。

经福建省政府民政厅批准，厦门市农村11个乡于1991年12月全部撤销乡的建制，乡改镇，实行镇管村体制，所辖的行政区域和政府驻地不变。1994年2月，中央编制委员会批准厦门市的行政级别为副省级。至1995年12月31日，厦门市的行政区域为6区1县，即思明区、开元区、鼓浪屿区、湖里区、集美区、杏林区和同安县。

1997年4月，经国务院批准，同安县撤县改区，5月1日成立厦门市同安区人民政府。至2002年12月底，厦门市设7个区，即开元区、思明区、鼓浪屿区、湖里区、集美区、杏林区和同安区。全市总面积1565平方公里，全市登记户籍人口为41.85万户，137.16万人。

2003年4月26日，国务院批复同意调整厦门市部分行政区划。撤销鼓浪屿区和开元区，其行政区域划归思明区。杏林区更名为海沧区，增设翔安区。行政区划调整后，厦门市辖思明、湖里、集美、海沧、同安和翔安6个区。

□原载《厦门晚报》2003年6月1日

厦门新区划示意图

厦门地理概述

地理位置和地形、地貌

　　厦门在福建省东南部，位于东经117°53′~118°23′，北纬24°23′~24°56′，相当于美国佛罗里达州最南端基韦斯脱（Keywest Florida）的纬度。厦门市由厦门岛、鼓浪屿和九龙江北岸沿海部分组成。厦门岛面积128.14平方公里；鼓浪屿岛呈椭圆形，面积只有1.78平方公里。1955年10月，高（崎）集（美）海峡长堤筑成，厦门岛成为连接大陆的半岛。

　　厦门市背靠闽南大陆的漳州、泉州两市，面对金门县，隔着台湾海峡和台湾、澎湖遥遥相对。它的东北部和东南部是丘陵地带，旧市区在地势较为平坦的西南部，中部的筼筜港已填平，与湖里、莲坂连成一片，正在兴建新市区。

厦门地理概述

厦门港位于九龙江出海处,是个海峡性港口。海岸线曲折,蜿蜒长达123公里。星罗棋布的岛屿,组成一圈天然的防波屏障;四周山岭环抱,起着挡风作用。厦门港区水域阔,航道宽,水深多在12米以上。它属半日潮汐,潮差一般达五至六米,万吨轮船随时可以进出和停泊,五万吨级巨轮,也可候潮进出。厦门港终年不冻,四季畅通无阻,确实得天独厚。

厦门本岛外围的海面上,分布着鸡屿、火烧屿、大屿、钱屿、大兔屿、中屿、猴屿、虎屿、乌鸦屿、宝珠屿、白兔屿、小屿、小兔屿、镜台屿、二亩屿(离蒲屿)、小离亩屿(小离蒲屿)、上屿(土屿)、呈屿(红屿)、黑仔屿(花屿)等30多个面积不等的大小岛屿。岛上山峦起伏,从东向西倾斜,东南部是丘陵地带,峭峻耸秀的洪济山上云顶岩,海拔339.6米,是厦门本岛的最高峰。西南有金榜山,西北有薛岭,南西有海拔184.7米的五老山。市区东南部有鸿山(99.2米)、狮头山(129.1米)、太平山(168米)、阳台山(192.8米),滨海有胡里山(25.2米)、虎头山(53.3米),篔筜港北岸有狐尾山(139.6米)、七星山(40米)、虎仔山(135.9米),等等。

历史上厦门本岛有七池、八河、十三溪。这些池、河、溪的容积小,流域短,有的因年代久远,泥沙淤积,成为平地;有的在开拓马路时填筑楼屋,如今只留下地名而已。

气候

厦门属南亚热带季风性气候,温和多雨,夏无酷暑,冬无严寒,夏长冬短,具有海洋性

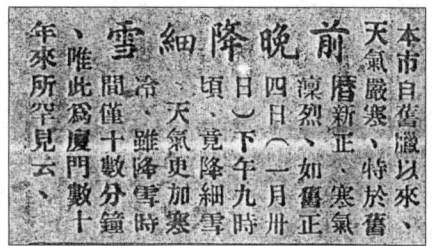

1941年2月1日《全闽新日报》

1937年3月12日《江声报》

气候特征。据最近20多年来气象资料进行分析，厦门年平均气温20.8℃，年日照达2276小时，太阳辐射能充裕；无霜日达360天以上，几乎全年无霜。

在七八月份的夏季，由于有来自海洋的偏南风的吹拂，凉爽湿润，平均气温在28℃左右，绝对最高温度为38.4℃（1953年8月16日）；一二月份，南下的北风或东北风，受沿途山岭的阻挡，到达厦门时风速减弱，平均气温12.5℃，绝对最低温度0℃～1℃（1957年2月12日），但在历史上也会偶有下雪。清末以来，报纸报道的就有过三次，1892年农历十一月廿八日（1893年1月15日）降过一次雪，1937年3月11日下午和1941年1月30日也下过雪。

厦门的年平均雨量在1150毫米左右，其中5至10月的雨量达765毫米，占全年降雨量的69%。厦门11月到2月，降雨量少，所以湿度较小，约70%左右。春夏雨季主要受热带洋面上暖湿空气团的影响，降雨量又多，所以湿度较大，约81%。但一年当中湿度变化不大，年平均相对湿度约79%，秋冬不像北方那样干燥，夏秋的湿度也不像长江流域那样。

厦门气候美中不足的是，7至9月有台风。但历史上台风对厦门造成严重威胁的情况并不多见。地方志上最早记录的一次台风，发生在明朝嘉靖七年（1528年）农历八月初九日夜间。四百多年来见于文献记载的台风几十次，其中特大台风带来的灾害，仅1854年、1884年、1917年和1959年8月23日。近年来，厦门气象台添置了先进的探测设备，增强对台风的科研和预报，因台风影响造成的损失，逐年减少。此外，春末夏初骤然下降的冰雹，四百多年来发生过90多次，历史资料提供的第一降降雹记录，是明代嘉靖三十七年（1558年）6月，最大的一次降雹在1945年6月，郊区何厝发现的大冰雹重达十几斤；降雹时间最长的一次是1958年6月，在郊区的后溪连续下了30分钟。

资源

[滨海砂矿] 近年来，地质科学工作者曾对滨海砂矿进行过初步的普查勘探，发现厦门岛东侧何厝至厦门大学海滩的砂质堆积体中，蕴藏着品种多样的砂矿，其中有品位达到工业要求的"独居石砂床"，并伴生有钻石、钛铁矿、磷矿矿等。独居石是提取稀土元素和镍的原料，而镍是原子能工业中重要的放射性原料。锆石为锆的硅酸盐，矿物中含二气化锆67.1%，

广泛用于原子反应堆、核潜艇和铀棒保护外壳的结构材料。钛铁矿是钛铁气化物，含二氧化钛52.7%，钛用于制造超音速飞机、潜艇、火箭和导弹的部件。

[高岭土] 1984年7月，在厦门市辖的同安县查明一座量大质优、稀有而贵重的高岭土矿。高岭土又称"瓷土"，被广泛用于建材、瓷器、陶釉制品的生产及电工器材、造纸、纺织、橡胶、机械和航天等工业，具有漂白涂布、耐温耐磨等性能。

[红树] 厦门郊区海沧和同安沿岸一带的红树林，是热带海岸的珍贵资源，红树林不仅具有重要的科研价值，还具有重大的经济价值。红树全身是宝，树皮富含单宁，可炼鞣膏，用以鞣制皮革、染船帆、鱼网；它木质坚硬，纹理细密，可作建筑、桥梁用材。有些红树还可药用。1983年4月，中国科协、中国生态学会和中央电视台三家合作，前来厦门拍摄红树林科学教育电视片。

[温泉] 从厦门岛内的钟宅湾到市郊的杏林湾以至东孚的汤岸，是厦门地热的主要地带，地下热水的温度一般为57℃～86℃，最高达93℃。同安县汀溪的隘头、马巷的垵边、新店的洪塘，也都有温泉。温泉，是地热能的一种。根据地质部门的普查报告，厦门温泉有水温高（属中、高温泉），埋藏浅，且交通方便，易于开采利用等优点。一些温泉由于放射性元素含量相对较高，具有较高的医疗价值，用于洗浴有杀菌及促进血液循环之功效，对于风湿症、关节炎、皮肤病疗效极佳。水产部门还利用杏林湾的地下热水，养殖非洲鲫鱼和培育鳗鱼。它还可以用于农业保温育苗、灌溉和栽培热带作物。

人口和种族

[清代] 据道光十年（1830年）编纂的《厦门志》记载，厦门岛上有144843人。鸦片战争后，民不聊生，劳动人民大量背井离乡流落外地谋生，造成厦门人口一再减少的现象。清末宣统年间，厦门人口只剩下89516人。1912年设思明县时，也不过110460人。

[民初] 20世纪20年代，厦门开始近代化城市建设，福建省内外，尤其是闽南地区的农民和手工业工人，相继涌进厦门。1929年，国民政府地方当局有过一次规模较大的人口调查。据公布：市区有154367人。因为当时禾山另设特种区署，鼓浪屿是"公共租界"，船户属水上公安局管辖，所

以市区人口数字没有包括他们在内。此后，厦门人口直线上升，1931年国民政府厦门当局公布的材料：全市人口男98015人，女75531人。据《思明市政筹备处汇刊》登载的《1928—1933年厦门市人口增长比较（表）》的统计：这五年里厦门共增加了29228人，平均每年增加5845人。

[日侵] 抗日战争开始的1937年，市区有181097人，连禾山、鼓浪屿一起计算，人口总数为265631人。

厦门沦陷期间，日伪厦门市政府1941年7月份发表的统计，全市人口只有120098人，还不及战前的半数。

[战后] 抗战胜利后，厦门人口逐渐回升。1947年2月1日起，国民政府又在厦门进行人口调查。1948年9月公布的统计，全市人口数字，已经达到176553人。而1949年9月，共有43993户，205937人，又较半年前的3月份，骤增了29382人。

[解放后] 1950年以来，随着社会经济的发展和人民生活水平的提高，厦门市的人口逐年增长。1964年7月1日零时全国第二次人口普查公布的数字，厦门市（含同安县）有683128人。1982年7月1日零时第三次人口普查公布的厦门市（含同安县）总人口数为965985人，与1964年相比，18年间共增加282857人，平均每年增加15714人，年平均增长率为1.94%。1986年12月的统计，厦门市人口总数为550840人，同安县人口总数480700人。

[教育水平] 值得提出的是，厦门具有大学文化程度的人数是全国平均水平的6倍，具有高中文化程度的人数是全国平均水平的1.75倍。

[民族] 厦门人口中占99%以上是汉族。厦门的少数民族，据有关部门1987年9月发表的材料，还有回、畲、壮、满、苗、侗、京、黎、高山、蒙古、朝鲜、布依、纳西、仫佬、锡伯、土家等16个少数民族共1100多户、3000多人、50多个姓氏。

16个少数民族中，主要是回族。厦门市伊斯兰教协会提供的资料说，中世纪前来泉州港经商的中东阿剌伯人的后裔辗转迁徙厦门，成为世居厦门的回族的祖先。其他少数民族，有的是旧社会为了逃避壮丁或生活所迫而背井离乡到厦门来谋生的，有的是近年来调进厦门工作的，还有的是同汉族通婚后随亲人迁住厦门的。这些民族，一般都保持自己民族的风俗习惯，或集会举行宗教仪式，或聚合庆贺民族节日，但由于杂居于汉族人之中，并有相当一部分人与汉族人通婚，组成多民族成分家庭。因此，尽管各民族有自己的民族装束穿戴，但在日常生活中的衣食住方面，几乎与汉族相同。

厦门地理概述

[外侨] 外国人来到厦门的历史较早。《南京条约》开放厦门为通商口岸前,就有外国人居住厦门。清末美国牧师毕腓力在《厦门见闻》一书中的统计,厦门有外国人507人,其中英国181人,美国50人,日本178人,法国14人,德国26人,西班牙30人,葡萄牙4人,挪威5人,奥地利1人。1936年出版的日文《厦门现状》的材料记载,当时厦门有外国人398人。1946年10月,根据国民政府厦门市政府档案材料,外侨人数仅有62人。1949年5月4日《星光日报》刊载的厦门外国人数字,计68户121人。其中男76人,女47人。过了三个月,《江声报》以《居留本市外侨锐减》为题,报道厦门市政府警察局外事科发表的8月份外侨统计,只剩下男女80人。

目前,在厦门经济特区工作的外国专家学者、教师和在外资企业中工作的外国商人、职员,共有30多个国家390多人,外国留学生80多人。

□原载《新加坡厦门公会金禧纪念特刊》,1988年

清代康熙、乾隆年间,已有来厦通商的外国人死后葬于鼓浪屿。1878年的英文史料记载着外国人在鼓浪屿建造公共墓地的情况。当地人称为外国人公墓为"番仔墓",路名也叫"番仔墓口"。"文革"期间废圮

高浦，一个失落的经典

一般厦门人的眼里，高浦只是马銮湾周遭的一个渔村，起先以贝类等海产，后来以网箱养殖出名。只有研究地方史的人才知道，曾经作为厦门城之兄的高浦城，过去拥有的繁荣和辉煌。

古村始于唐代

古代的高浦（又名鹤浦）属同安管辖地，为同安明盛乡的安仁里，又称十四都。

高浦的历史，可上溯至唐代。最早从内陆迁居高浦的，是唐末的石螽扈（字振卿，安徽寿州人，出身行伍）。光启二年（886年），他率部追逐黄巢起义军进抵闽南，驻师待命，晋升为南部都尉。不久，自驻地苎溪移居高浦，繁衍子孙。

宋代的高浦，被称之为"同邑名区"（《同安县志》）。理学家朱熹曾在《鹤浦石氏族谱》中赞道："环浦皆山也，襟浦皆水也，山水合则龙聚，龙聚则地真……惟同（安）有（鹤）浦，乃山水之最佳者也。"当时地处同安西部的石氏与地处同安东部的黄氏并称望族，时人有"东黄西石"美谈。

历经元、明两代，高浦又吸纳了五湖四海30多姓氏的移民。高浦先民来自八闽九州，信俗信仰极其繁杂，这是造成此地遍地宗祠宫庙的缘由。

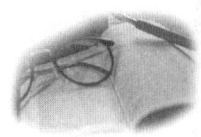

高浦，一个失落的经典

历朝科甲鼎盛

高浦历史上文风炽盛，英才辈出。

第一个荣登金榜的，是石氏的二世石琚，为五代后唐天成三年（928年）进士，官拜内阁中书司勋员外郎。

宋代，高浦科甲簪缨。两宋时期同安一县共有47名进士，高浦石氏占了9名，其中3人官至尚书。他们或兄弟连登，或叔侄同榜，或父子皆尚书，难怪高浦的石氏祠有"宋室尚书府，银同甲第家"、"日间千人拜，夜里万盏灯"的联语。

明万历年间，高浦又有三人考取进士，其中有万历八年（1580年）的武进士欧建彬，万历十年（1582年）的武进士张铣，万历三十二年（1604年）的进士郑升，还有天启元年（1621年）的解元范方。

清代的高浦已走向衰落，登进士者仅嘉庆二十二年（1817年）郑用锡一人。现高浦郑氏祖祠大厅的正中，还悬挂着郑用锡金榜题名时的"进士"牌匾复制品。

建城早于厦门

高浦城的前身为建于洪武二十年（1387年）高浦巡检司城。城墙周长140丈，城高1丈8尺，辟有南北两城门，窝铺4间，配备民兵100名，由同安县令和稍后建置的"高浦千户所"千户双重管辖。

真正意义上的高浦城，即高浦千户所城也早于厦门城兴建，且规模也较大。其周围"四百五十二丈，高一丈七尺，城基宽一丈，窝铺十六，设四个城门，每个门俱砌月

挂有"进士"牌匾的郑氏家庙

高浦的李衙曾是过去的公门

高浦仅存的一小段古城墙

城"（《泉州府志·城池》）。有操海屯种旗军旧额1258名，城内有营房1028间。

明正统十四年（1449年），倭船200多艘围攻高浦城被击退。在这次战斗中，有百余名义士殉难，故城中建有"百义祠"。现存于厦大人类博物馆的《保全高浦海城碑记》残碑，也有嘉靖四十四年（1565年）傅钟山据城退敌事迹的记载。

嘉靖年间，戚继光入闽剿倭"视师驻此"，并在城中创建书院"戚公院"。为纪念戚继光的文功武德，高浦军民特在东门内西侧建有"威震宫"。

曾经繁盛一时

明代，地处兴衰交替的泉州港、漳州月港之间的高浦，由于港汊纵横，渡头林立，周边马銮湾一带又盛产陶瓷、蔗糖、布匹，成为海商看中的走私贸易港口。

根据专家对遗址的实地考察和调查，高浦在最鼎盛时期，居民上万，市井繁华，沿街开设各种作坊、客货栈、店铺数百间。在城内，还有3条花岗岩铺成的街道：有从南门至北门的南北街，东门至西门的东西街。南北街和东西街互为交叉，称十字街。第三条为北门内向向东走向的石埕街，专门经营布匹买卖并设有染布作坊，至今还遗留许多染堀。

城中各处掘有水井数十个，六条排水用的大沟涵至今仍在，分别通向城外的西门池、南门池、粟池和官前潭。街道上空，据说当年都用五颜六色的布搭棚，因此有"不见天"之名。又因夜间茶摊、饮食店通宵营

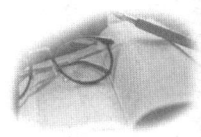

高浦，一个失落的经典

业，又有"不夜城"之称。

这样繁荣昌明的经济、社会基础，使得高浦海商云集，枭雄迭起。明末清初，高浦形成以郑明、郑彩、郑联为首的海商武装集团；《海国闻见录》作者陈伦炯的父亲陈昂，也是这时间高浦出身的著名海商。

清初走向衰落

清初朝廷实行的禁海迁界政策，导致高浦从繁华走向衰落。

顺治十七年（1660年），高浦和同安的排头以及海澄方田，沿海88堡居民全部被强迫内迁。迁界令颁布时，以三日为期，执行十分严厉。时人陈迁鹤记道："朝命甫下，奉者过于严峻，勒期仅三日，远者未及知，近者知而未信。逾二日，逐骑即至，一时踉跄，富人尽弃其资，贫人夫荷斧，妻裸儿，携斗米，挟束藁，望门依栖……数千里沃壤，捐作蓬蒿，土著尽流移。"福建总督范承谟也承认："自迁界以来，民田废弃二万余顷，沿海之庐舍化为斥卤，老弱妇子辗转沟壑，逃之四方者不计其数。所余孑遗，无业可安，无生可求，颠沛流离，至此已极。"

大规模迁界从顺治八年（1661年）开始，到康熙二十二年（1683年）收复台湾后复界，整整22年。海禁与迁界，使高浦的航运和外贸完全停顿。

复界后第二年，清廷在厦门设置海关，开放鹭岛为对外贸易港口，作为走私港的高浦失去原来的价值，从此退出历史舞台。

过去，史籍文献都说抗清名将郑彩是郑成功的族兄，是南安县石井人。直到1993年，有关部门在迁移"明封骠骑将军云台郑公暨夫人王氏墓"时，出土了题为"大参戎郑公墓志铭"的墓志，郑彩和郑联的出身地才真相大白。

这方墓志称墓主郑德是建国公（即郑彩）的"五服功弟"，生前在高浦为建国公处理"家中簿书、饷税"以及"晋接缙绅士大夫"等事。因办事得力，建国公庇荫他获授"参将函（衔）"，死后派人负责营葬。毫无疑问，这位"建国公"即郑彩。那么郑彩非石井人而是高浦人，也就得到证实。

□原载《厦门晚报》2005年6月10日

鸦片战争前的厦门对外关系

厦门有着悠久的对外关系历史。早在四百多年前，就已经搭起沟通东西方经济、文化交往的桥梁。

最早与厦门接触的西方国家是葡萄牙。16世纪中叶，葡萄牙商人来到厦门港外，由于明朝政府厉行海禁，他们只能在厦门本岛外的浯屿，跟厦门及其邻近地区的漳州、泉州商人，私下进行贸易。双方的贸易来往，大约延续了半个世纪。

明朝万历五年（1577年），一个由两位官员和两位天主教神甫组成的西班牙政府代表团，从菲律宾搭乘帆船到达厦门。他们受到热情的接待，得到明朝政府的准许在厦门通商。他们回到菲律宾后，在一本MENDOZA的书里，写下对厦门的深刻印象。

1622年，荷兰人范米德前来厦门考察商业状况。接着，荷兰政府委派彼得范和伦爵士以"贡使"的身份，先到厦门，而后取道福州晋京，谈判在厦门开展贸易的有关问题。荷兰人在厦门设立过工厂，第一批出现在欧洲市场上的中国茶叶，是荷兰人从厦门组织出口的，英文的茶叶写成Tea，用的是厦门方言的拼音。

1670年，由炮舰"珍珠"号护航的英国商船"万担·宾克"号，6月23日进入厦门港停泊。它是东印度公司派来厦门贸易的第一艘商船。1676年，英国的东印度公司正式在厦门建立商馆。1678年7月20日，东印度总公司委派的厦门商馆新任馆长兼经理雷拉云、副经理爱德华·巴维尔和馆员、书记共四人到达厦门。厦门商馆承担着发展英国对华贸易的使命，台

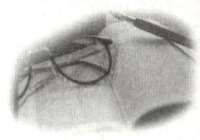

鸦片战争前的厦门对外关系

湾商馆的行政业务，也划归他们领导。据马士的《东印度公司对华贸易编年史》记载，自1681年到1735年间，到达厦门进行贸易的英国商船，共有25艘。

十七八世纪到达厦门的西方人士中，不仅有商人，还有传教士和学者。

明朝崇祯四年（1631年），天主教多明我会的传教士，意大利人高支和西班牙人郭琦、施自安等11人，在厦门开创多明我会教区。郑成功驻师厦门时，曾邀请高支传授西方的天文、航海等科学知识。1655年7月，另一位传教士李科罗前来接替高支的工作。他也是意大利人。李科罗充当过郑成功的使节，代表郑成功就西班牙殖民政府屠杀菲律宾华侨事件提出抗议，进行谈判。他晚年写的《在中华帝国布教使命》这本书里，保存着有关明末清初厦门地区的政治、经济和文化史料，尤在是有关郑成功和郑经的史料，受到许多学者的重视。

明末厦门港口图

英国人利班纳1685年到厦门采集植物标本。他采集一种羊齿植物标本送回英国，引起学者们的极大兴趣。1688年，著名的英国植物分类学家皮笛维尔带着他的助手雷氏，也来到厦门采集标本，果然满载而归。从1695年到1703年八年间，又有勃朗、开尔、巴克莱以及康宁罕爵士等，先后在厦门采集了不少有科研价值的珍贵标本。在伦敦的英国自然历史博物馆里，陈列着38种用红签写明"厦门"字样的标本，就是康宁罕爵士1698年在厦门采集的成果。

清朝乾隆年间，菲律宾群岛的苏禄国，选派使者前来我国访问、朝贡，几乎都从厦门登岸。1740年7月，苏禄国王使者乘坐的大帆船进入厦门港，携带"国书"拜访福建水师提督，声明是要上京觐见皇帝的，要求代禀。乾隆皇帝接到报告，立即批准，并指示厦门官员要好好招待使者，护送晋京。嗣后的1742年、1747年、1748年、1752年、1753年和1763年，苏禄国王委派的六批使者，同样是取道厦门转赴北京。他们在中菲友好关系史上，写下了令人怀念的篇章。

鸦片战争前厦门对外关系的另一方面，是厦门对外贸易相当

【19】

繁盛，并有宗教界、文化界人士以及大量的华侨，通过厦门走向世界，为促进中外经济、文化交流作出可喜的贡献。

从明末天启年间到清初雍正年间，厦门商人的海上船队，扬帆于今日的东南亚国家和印度支那半岛，远达日本和朝鲜。史籍记载，1641年6月，一艘自厦门启航前赴日本长崎的商船，仅是瓷器就装运了1447件。郑成功在厦门建立政权期间，几十艘被外国人称为"国姓爷船"的大帆船，航行于浩瀚的太平洋上。侵占台湾的荷兰殖民者在《热兰遮城日记》里，有着1655年3月9日，24艘"国姓爷船"从厦门分别开往巴达维亚（今印尼雅加达）、东京（在今越南）、暹罗（今泰国）的记录；荷兰殖民者的《巴达维亚城日志》，记录着"1656年12月11日，有六艘'国姓爷'的商船到达柬埔寨"。清政府实现了全国的统一，于1686年7月派出13艘商船，从厦门前赴日本贸易。乾隆十六年（1751年），福州将军兼管闽海关事务的新柱，在一份向清政府的报告中说，这一年往贩外洋的商船，已有30艘返港停泊。

为开发泰国锡矿资源做出贡献的著名华侨吴阳、许泗章，1750年和1810年分别从厦门出国。据马来亚的《林氏敦本堂·勉述堂一百周年纪念刊》记述，他们的祖先是道光元年（1821年）自厦门搭乘木帆船到达新加坡的。1830年3月25日的《新加坡报》报道，有4艘厦门商船入泊新加坡，载去华侨1570人。

福建省福清县黄檗山万福寺的住持隐元和尚，1654年应日本僧人的邀请，率弟子11人东渡弘法。隐元一行离开福清经莆田、泉州，6月3日到达厦门。他们在厦门候船逗留了半个多月，6月21日从厦门启程，7月5日晚间安全抵达日本长崎。1659年，隐元在日本京都创建黄檗山万福寺，成为日本佛教黄檗宗的开山鼻祖。如今黄檗宗是日本佛教最大的教派之一，全日本属这个教派的寺院达500多个。

1685年11月1日，暹罗国王盛宴招待法王路易十四的使者，举行戏剧演出助兴。参加演出的漳州戏班，以华美而庄严的表演技巧，赢得贵宾们的喝采。1814年，闻名遐迩的泉州提线木偶，先后在菲律宾、马来半岛演出，备受华侨和当地人民的欢迎和赞赏。这些把闽南戏曲艺术传播到东南亚的艺人，也是从厦门口岸放洋的。

这些存在于外国文献中的珍贵史料，是我们当前修志中所不可忽略的。

□原载《福建地方志通讯》（总第12期），1986年6月30日

鸦片战争前厦门的对外贸易

明代商品经济的发展，要求有与它相适应的对外贸易。明朝政府曾企图以中央垄断的朝贡贸易代替对外贸易，但这种违背客观规律的政策，寿命不长。中叶以后，私商的对外贸易，又日益发展起来了。

福建对外贸易口岸，自唐朝到元朝，一向在泉州港。元末明初，泉州和邻近各县战火蔓延，持续十年不熄，社会经济遭受严重破坏，走向衰落，代之而起的是漳州的月港（海澄）。月港繁盛了160多年，由于明政府禁止与欧洲的葡萄牙、荷兰直接通商，闽南一带的私商改在厦门及其港外的浯屿，继续与西方新兴的葡、荷商人交易。厦门的地理位置和港口条件远较内河的月港优越，因而逐渐取代月港并成为我国对外贸易的著名口岸。

公元1577年9月，西班牙政府因镇压逃奔菲律宾群岛的福建海盗林凤有功，得到明政府的特许，在厦门贸易。这是历史上厦门第一次对西方国家开放的纪录。

万历年间（1615年前后），明政府在厦门设立具有近代海关职能的饷馆，盘验往返东南亚贸易的海舶（《东西洋考》卷七），显示了它在对外贸易中占有重要的地位。

据《同安县志》载：天启年间，厦门的"货海者以粟及夷密（番布）至"，受到"豪悍借税"等额外勒索，时任同安县邑令的曹履泰，命"禁私税"，洋商在同安县城和厦门刻石立碑，歌颂曹的"德政"。《熹宗实录》有福建巡抚商周祚关于荷兰人求市不得，"登岸攻鼓浪屿,烧洋商黄金房屋"的报告，又有千总陈士瑛关于"差同洋商黄合兴二船往咬噌吧（今印尼的爪哇）"，宣谕"荷兰酋长的奏禀"。天启四年（1624年），厦门的一个巨商和霸占我国领土台湾的荷兰人贸易，"每次用五艘帆船运出大量生丝，年销量达到八万斤，等于整个中国帆船队在万丹（今印尼）销售量的两倍半"。（《孔恩文件》）郑芝龙受明招抚后，于崇祯十四年（1641年）6月，派了一艘海舶到日本长崎贸易，单是瓷器一项，就装运了1447件。（《中国陶瓷图说》）上述资料表明，明代后期的厦门，已有相当数量经营外贸的洋商，某些洋商甚至拥有雄厚的资本。

郑成功在厦门建立南明政权，为解决军政费用来源，十分重视发展海外贸易。他拥有数十艘大帆船，东到日本，南至吕宋（菲律宾）、暹罗（泰国）、咬噌吧、柬埔寨和交趾（越南）。当时，清政府严禁通洋，东南沿海各地商人，"厚贿守口官兵，潜通郑氏，以达厦门，然后通贩各国"。（《伪郑逸事》）厦门一跃而为我国东南各地区对外贸易的中心。

在郑成功及郑经据有厦门期间，荷兰和英国都曾获准前来贸易。《从征实录》记述荷兰要求通商时说："藩（郑成功）驾驻思明州（厦门）。台湾红夷酋长揆一遣通事何斌至思明启藩，年愿纳贡和港通商……许之。"1661年郑成功率师东渡台湾，荷兰人和厦门的通商贸易，才告中断。1670年6月23日，第一艘英国商船"万担宾克"号到达厦门。英国东印度公司还在厦门开设过工厂和商馆。英商从厦门出口的商品，主要

1921年，美国传教士拍摄的厦门海域常见的传统大帆船。明清时代的厦门人就驾驶这种大帆船飘洋过海，到日本和东南亚一带经商贸易。有的人住了下来，成为早期的华侨

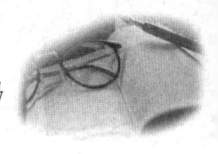

是丝绸、白铜和中药材大黄；输入以毛织品为大宗，但销路不好，英商经常要运载白银来偿付出口商品的货款。从马士《东印度公司对华贸易编年史》一书所见的不完整资料，自1681年到1735年间，前来厦门的英国商船先后有25艘，英商因贸易差额输入厦门的白银，共达126182磅。1744年，英船"夏威克"号到达厦门，空船而回。

　　清初厉行海禁，寸板不许下海。康熙二十二年（1683年），清政府摧毁郑氏政权后，施琅和工部侍郎金世鉴等奏请开放海禁获准。第二年，在厦门设立海关。"服贾者以贩海为利薮，视汪洋巨浸如衽席……外至吕宋、苏禄（均属菲律宾群岛）、实力（新加坡）、噶喇巴。冬去夏回……舵水人等借此为活者以万计"。（《厦门志》）康熙五十七年（1718年），又"议准江浙等五省贸易商船到厦就验"。到了雍正五年（1727年），不仅"南洋诸国，准令福建商船前往贸易"（《大清会典事例》），而且明文规定，所有"洋船出入，总在厦门、虎门（属广东省）守泊。嗣后别处口岸，概行严禁"。（《皇朝（清）文献通考》）这一措施，更促进了厦门对外贸易的发展。这时期的厦门，商贾云集，梯航万里，"岛上人烟辐辏"，到处呈现一片繁荣景象。

　　乾隆年间，是鸦片战争前厦门对外贸易的黄金时代。当时前往东南亚各国贸易的洋船，据福建巡抚潘思榘的报告，仅乾隆十三年（1748年）农历六七月，洋船陆续回航抵厦门的就有16艘。乾隆十六年，福州将军兼管闽海关事的新柱，也有个报告说："往贩外洋商船，本年闰五月至今，陆续回棹者，已有二十只。"（《史料旬刊》）

　　自雍正历乾隆以迄嘉庆，来厦门贸易的外商，当推暹罗和吕宋的米商最多。这些外商，除输入大宗食米和海参、燕窝、苏木、铅、锡等货物外，还带来大量白银，采购我国的丝绸、布匹、瓷器、雨伞、石料等土特产。如乾隆二十年吕宋夷商郎民诛唠，一次就带来番银15万多元；乾隆四十六年（1781年），吕宋夷商万梨洛和郎吗叮先后来厦，各带了番银14余万元。嘉庆十四年（1809年），吕宋夷商郎棉一来厦，也带了番银14万元。（《史料旬刊》、《厦门志》）应该指出，这里说的吕宋夷商，指的是西班牙人而不是菲律宾人。因为那时的吕宋，还是西班牙的殖民地。

　　英商和西班牙商人大量输入白银抵偿贸易差额的事实告诉我们：鸦片战争前厦门的对外贸易，历来出超。但到了道光年间，由于前来贸易的外商多数是鸦片贩子，他们非法走私鸦片入口，破坏了正常的通商关系，使厦门的对外贸易从出超变为入超，白银的大量输入变为白银的源源流出。

厦门港新姿

　　一直到鸦片战争爆发前，厦门和东南亚的贸易仍然正常进行。道光九年（1829年），3艘商船从厦门前往新加坡，它们载重250吨到400吨不等，运去陶器、砖瓦、石板、雨伞、粉条、干果、线香、冥纸、烟草以及土布、生丝、樟脑等货物，主要是供应华侨和马来人的需要，也有部分转运欧洲。从新加坡运回的货物，除传统商品燕窝、玳瑁等外，还有欧洲羽绒、毛织品和粗哔吱等。（《新加坡报》，1829年10月23日）道光九至十年（1829—1830年）间，有9艘中国商船分别从广州、潮州、上海、厦门进入新加坡港，其中厦门四艘，名列前茅。厦门商船载的生丝数量特多，占货物总值中的最大部分是土布与陶器。厦门的这4艘商船，还载去华侨1570人。（《新加坡报》，1830年3月25日）越年，又有两艘商船从厦门驶抵新加坡港。由此可见，鸦片战争前的厦门，同时又已经是华侨出入祖国的口岸了。

　　当前，在实现"四化"的新长征中，厦门正在兴建新的商港和码头，相信不久，我们将可看到这个世界知名的港口，以它的崭新面貌，为加强友好的国际贸易和接待来自海外的华侨做出更大的贡献。

□原载《厦门日报》1979年8月28日

鸦片战争与厦门开埠
——写在香港回归前夜

《战友》编者按

我国将于1997年7月1日对香港恢复行使主权。在迎接这一历史性的喜庆日子的时候,回顾一下鸦片战争的简要历史及其与厦门的关系,是很有意义的。因此,特发表洪卜仁先生的这篇文章。

1840年6月28日,英国充当西方资本主义国家侵略中国的急先锋,发动了可耻的鸦片战争。在广东的钦差大臣林则徐早已严阵以待的情况下,英国侵略者无机可乘,总司令懿律立即率领大小军舰和运输船只共43艘,于7月2日到达厦门海面。当天下午,负责侦察任务的"布浪迪"号突然从青屿窜入内港,舰长包诅命少尉弗莱德克里·尼科尔逊与翻译带着英兵乘小船靠岸,诈称要登岸送信,遭守军拒绝。第二天,又派兵乘小船企图登岸张贴"告示",驻军劝阻无效,双方发生冲突,"布浪迪"号竟然开火,守军立即还击。双方炮战三个多小时,英军留下"伯兰汉"号军舰和一艘运输舰封锁港面。

8月21日晚,青屿海面又出现英舰。水师提督陈阶平、兴泉永道台刘耀椿接到报告,连夜部署兵力,严加防守。22日,进入青屿的两艘英舰向鼓浪屿炮台开炮,守军官兵奋勇堵击,打中一艘英舰的火药舱,霎时焰火冲天,迫使英舰退出青屿口外。23日上午,英舰再次驶进港内,攻击白石炮台。驻守炮台的副将灵德、叶长青等官兵给予还击,鼓浪屿炮台也发炮夹

厦门文史丛书
| 厦 | 门 | 史 | 地 | 丛 | 谈 |

攻，英舰转舵退走。24日上午，英舰的3只艘艇追逐一艘厦门商船。守军水师派兵驶往救护，屿仔尾炮台也对准英舰的舢舨开火。侵略者供认："若非上帝之灵佑及舰上大炮之掩护，我们必尽遭歼灭无疑。"英舰两次进犯厦门都被击退。26日，悻悻撤离厦门港。

英军退出厦门，转攻浙江定海，继又北驶天津。清政府被侵略者的武力吓坏了，撤掉林则徐的职务，改派琦善赴广州与英军代表义律议和，达成协定，但仍满足不了英国侵略者的胃口。1841年8月，英国政府又任命璞鼎查为全权公使，马克尔和郭富为海、陆军司令，蓄意扩大侵华战争。8月21日清晨，英军自香港海面分三队出发，首犯厦门。

此时的闽浙总督已改由颜伯焘继任，立即配备重兵分守要隘，还分别在浯屿、青屿、大担等岛附近停泊艄船，配备水勇，以备应急调遣。8月25日，颜伯焘接到英军卷土重来的报告，马上调兵遣将，部署反击，且亲临虎头山、镇南关一带指挥督战，迎击来犯的英军。26日下午一时，英舰"皇后"号、"塞索斯特"号侵入白石炮台东端，"督伊德"号、"谦逊"号进犯鼓浪屿。守卫炮台的清军迎着英军的猛烈炮火，连续回击。但由于当时的海岸炮都是装置在墙孔内，只能直线射击，不能左右旋射。英军指挥官很快发现守军的这个致命弱点，采取集中优势炮火各个击破的战术，并在炮火掩护下，于下午三时开始分乘舢舨强行登陆。游击张然身先士卒，拼力死战，堵击英军上岸。当英军登陆时，

1841年8月27日，英军再次进攻厦门，厦门陷落

他挥舞长矛，杀死十多个冲上来的英兵，最后壮烈牺牲。金门镇总兵江继芸，阵地被围，还持刀奋勇冲杀，力竭投海自杀，宁死不屈。副将凌志、都司王世俊、游击邱旺朱，把总纪国庆、杨肇基、李启明等，也都战斗至力尽气绝，为国捐躯，壮烈牺牲。许多士兵在不得不离开炮台时，还拣起石头掷击侵略者，没有一人屈膝投降，表现了中华民族崇高的爱国主义精神。有个英军上尉写道："中国人在（英国）舰队猛烈的炮火下勇敢地坚守着炮台地，直至被登陆的（英国）步兵由背后所击而止。舰队的炮火无法制止炮台的发炮，使之无声。这一点，是我们原来认为他们永远做不到的。"但由于敌我火力悬殊，加上颜伯焘指挥失当，厦门和鼓浪屿的炮台全被英军攻占。尔后，颜伯焘又临阵脱逃，遂使厦门于8月26日傍晚失陷。

从南普陀寺附近海边登陆的英军，先用炮火向厦门城内轰击了一整夜，造成"官署街市皆毁"。无辜居民，惨遭屠杀。27日上午，英军进城，奸淫抢掠，无恶不作。侵略者供认，他们从厦门劫走了白银2万两，大炮600多门，还有大批火药、木材和其他物资；连一条肥胖的公牛也不放过，被拉到"复仇神"号舰上。时人孙衣言写了《哀厦门》诗一首：

   红毛昨日屠厦门，传闻杀戮搜鸡豚，
   恶风十日火不灭，黑夷歌舞街市喧。
   提督自言捕小盗，远隔州岛安能援？
   风帆径去幸无事，天阴鬼哭遗空村。

愤怒地谴责侵略者的暴行和清军将领临阵脱逃的可耻行径。

厦门人民同仇敌忾，自发地组织了两支武装，一支是陈姓农民的长枪队，另一支是以生员王师真为首的短刀队。他们运用熟悉地形地势的有利条件，不分白天黑夜，神出鬼没地袭击敌人营房。没几天功夫，就打死打伤英军200多人，弄得侵略者胆战心惊，惶惶不安。

 1842年8月29日，清政府与英国签订屈辱的《中英南京条约》。在割香港的同时，厦门也被迫作为第一批对外开放的五个商埠之一，于1843年11月2日正式开埠。按五个商埠开埠的先后次序排列，厦门仅次于广州而比上海早16天，比宁波早2个月，比福州早8个月。

 厦门开埠没几天，英国首先在厦门设领事馆，任命占领鼓浪屿的英军舰长记里布为首任英国驻厦领事。从1844年到19世纪末，美国、法国、德国、西班牙、日本、荷兰、比利时、奥地利、丹麦、挪威、葡萄牙和瑞典，也先后在鼓浪屿设立过领事馆。这些领事在西方列强入侵中国的过程中，充当了先锋的角色。一方面，他们公然干涉中国内政，包庇为他们效

厦门文史丛书
厦门史地丛谈

1890年—1920年间的厦门"海关口"（现厦门海关大楼前），停靠着许许多多大小船舶

劳的洋奴，迫使地方当局镇压反抗侵略的人民；另一方面，有些领事本来就是商人。如德记洋行老板德滴，身兼西班牙等三个国家驻厦门领事，还在1874年美日勾结进攻台湾时充当日本侵略军顾问，为其出谋划策。记里布一上任就破坏条约规定的关税协定，坚持海关不能按进口货的数量纳税，而应按实销售量征收。接任记里布的英国驻厦门领事阿礼国，无理要求海关降低税率，在得到答复以前，竟然指使英商拒纳关税。阿礼国等因扩大侵略有方，受到英国政府的赞赏，被称为"通商口岸最有效力的殖民官员"。

厦门原是中国东南沿海的重要口岸，航运业十分发达。厦门商人拥有大小商船1000多艘，开辟国内外许多航线。开埠后，航运业受到洋船排挤，迅速衰落。大批船工失业。

《南京条约》规定洋货进口税率仅值百抽五，而又免征内地厘税，有利于外国商品的大量输入。厦门开埠不久，福州将军璧昌在奏折中报告说："至（1843年）九月间，夷人开市通商，其在厦门行销者，无非棉花布匹、洋货等物，内地之棉布不复畅销……"导致手工业纺织业的破产。

至于开埠后外商在厦门开设的洋行操纵进出口贸易，掠卖华工，外国银行垄断金融，以及披着宗教外衣的外国传教士的文化侵略活动，等等，更是罄竹难书。

□原载《战友》，1997年3月

中菲友好与厦门

中国与菲律宾的友好往来,可以追溯到遥远的古代。而任何一本论述中菲友好关系的史册,不论用的是那一个国家的文字,总要出现厦门这个地名。

从18世纪40年代到19世纪,菲律宾的苏禄群岛和吕宋岛,与厦门有着密切的贸易往来。苏禄国王还多次选派使者,取道厦门前往北京晋见清朝的乾隆皇帝,不断深化中菲友好关系。

此后,厦门与菲律宾群岛的海上交通、贸易,持续不断,成为中菲官方和民间相互往来的重要口岸。1934年6月,原籍厦门,多次蝉联菲律宾中华总商会会长的薛芬士,率领由20位菲律宾商界、政界人士和30位华侨组成的中菲旅行团,前来厦门考察、访问;厦门商业界知名人士洪晓春等,也应邀组团参加1935年菲律宾的嘉年会,彼来我往,增进了中菲的相互了解和友谊。

1946年7月4日,菲律宾摆脱美国的殖民统治,赢得独立。1947年1月28日,菲律宾共和国政府委派的外交人员李里和加西亚抵达厦门,筹备建立菲律宾驻厦门领事馆。加西亚对新闻记者发表谈话时指出:"菲律宾华侨百分之八十以上,都是集中厦门出口到菲律宾的,所以菲律宾政府认为,迫切需要在厦门设领事馆。"他还强调:"除美国外,菲律宾政府在国外建立邦交,派遣使节,当以厦门为嚆矢。"1947年3月1日,菲律宾共和国驻厦门领事馆正式开幕,首任领事李里在开幕词中郑重表态:他和馆员们来到厦门,"纯为支持增进贵我两国关系更密切、更友谊"。写到这里,

清光绪年间华侨赴菲律宾护照

不禁想起一件往事，1899年在马尼拉建立的中国政府驻菲律宾第一个总领事馆，首任领事陈纲，是厦门人，而菲律宾在中国土地上建立的第一个领事馆，选择在厦门。这并非巧合，是厦门和菲律宾的缘分特别深厚。

1975年6月9日，中菲两国政府发表联合公报，将两国人民的传统友谊和两国政府的外交关系，推向一个新的阶段。1984年10月20日，厦门和菲律宾的宿务市正式结为友好城市。1986年6月17日，前来北京访问的菲律宾副总统兼外交部长萨·劳雷尔在记者招待会上说："由于菲中两国关系在过去十一年中迅速发展，两国政府已达成协议，不久将就厦门和菲律宾的宿务开设领事馆事宜，进行商谈。"

这十多年来，菲律宾共和国官员和民间社团前来厦门考察、参观、旅游、比赛、演出和访亲探友的，络绎不绝。厦门市政府代表团和经济、文化团体，也多次前往菲律宾访问、演出。值得一提的是：发动人民力量支持科·阿基诺总统上台的菲律宾红衣主教海梅·辛，祖籍厦门，至今还有亲属住在厦门。1984年11月和1987年11月，他两度访问厦门，传递科·阿基诺总统将在今年到厦门寻"根"的信息，为中菲友好关系的继续向前发展作出努力。

在科·阿基诺总统访问厦门的时刻，让我们祝愿中菲人民共同浇灌的友谊之花，结出丰硕的友谊之果。我们还祝愿，让厦门这个名字，在中菲友好关系史上永放光芒。

□原载《厦门日报》1988年4月17日

厦门与香港的交往

厦门与香港的关系，源远流长。1939年冬，香港大学教授许地山应香港福建同乡会邀请，向乡亲们做了一场《香港小史》的专题演讲。许地山教授断言，明代以前，福建的船户已泊居包括香港岛在内的广东沿海各岛。

130多年前，已经有客货兼载的轮船定期航行港厦之间。根据厦门海关报告的记载，1865年"有六艘轮船形成一条往返于香港、汕头、厦门与福州之间的定期航线"。1872年，丹麦的大北电报公司铺设厦门连接香港、上海的海底电缆，开办厦门与港、沪的电讯联系业务，加快了两地的信息沟通和经贸往来。

在海关的贸易报告中，1873年开始出现厦门商人直接从香港采办洋货的记录；1880年，"有16家厦门商行从事与香港间的贸易"。这些片段记载证实：最迟在19世纪70年代末80年代初，不仅厦门人在香港开行设店，且已具有一定资本和竞争能力。

此后，两地的贸易不断发展。清末和民国年间，香港和厦门的输出入贸易一直名列厦门进出口贸易的第一、二位，显示了港厦经贸关系日益密切。港厦航线的船数、班次也一再增加。清末以迄厦门沦陷前夕，川行香港厦门航线的轮船公司有太古、渣华、和丰、永福、大阪、招商局等10多家，拥有轮船几十艘，几乎每天都有港厦航线的轮船进出厦门港，有时甚至一日进出二三艘。有一份1875—1938厦门口岸往返香港乘客的资料，其中前往香港人次最多的年份是1927年的16871人次，平常年份也都有几千人次。

抗战前，厦门与香港体育运动的交往也相当频繁。如1933年4月，香港南星篮球队远征厦门，与厦门英南、鹭江等篮球队交锋。在此前后，香港篮球劲旅中南篮球队、香港青年会篮球队，以及华南体育会篮球队也到过厦门，与厦门青光、鹭光、精武、同文等篮球队进行友谊比赛。

1937年7月7日抗战爆发。9月3日，驻厦门的国民党军官兵首次击退来犯的日舰，消息传到香港，香港同胞欢欣雀跃，香港福建商会除发电慰劳守军外，还特地派陈润生、郑静安为代表，带了得胜旗和慰劳品到厦门犒师。接着，居住香港的厦门乡亲又与海外华侨共同组成"旅港澳救亡同志会"，派出回乡工作团，由陈雪华率领回厦，参加抗日救亡运动。香港吉诚电影公司遣派摄影队到厦门摄制抗战新闻记录片，《武装的厦门》，鼓舞厦门军民保卫厦门的斗志。当日军登陆厦门时，又有香港建华电影公司派摄制队赶到厦门前线，摄制记录片《厦门血战记》。

1980年，香港—厦门航线恢复后的首航客轮"鼓浪屿"号

1938年5月13日，日寇攻陷厦门，大批难民搭乘"丰庆号"等轮船逃难香港，时适香港福建商会会长杜四端、副会长韩玉堂，香港华人慈善机构东华三院总理康镜波，都是厦门人。在他们的带动下，香港福建商会组成"救济难民临时委员会"。难民中有1000多人由救济会资助旅费转往东南亚各地投亲靠友，有1000多人落户香港，部分疏散到鸭利洲闽南人开设的面线厂、米粉厂、纸箔厂、酱油厂以及厦门人设在九龙的淘化大同酱油罐头厂等处就业。由厦门逃难来港的渔民130多人，在香港仔的石排湾形成一片厦门渔民聚居区。新中国成立后，居住香港石排湾的厦门渔民，陆续有人回家乡与亲人团聚；留在香港的厦门渔

民，有的改行打工或经商。其中有些渔民至今仍与家乡亲人保持联系。

自厦门沦陷至1941年12月太平洋战争爆发，厦门与香港的海运仍畅通，至1944年盟军舰队、机群在南中国海对日本实行封锁，船运始告断绝。

抗战胜利后，中断的港厦交往又再恢复了。1946年，有1284人从厦门乘坐轮船到达香港。之外，又增加了空运，有两家航空公司开辟了港厦定期航班。1947年初，香港的福建商会和同乡会曾经对旅港的福建人作过一次书面调查，并将材料汇编出版一本《香港闽侨商号人名录》。从调查的材料得知，当年住在香港的厦门人400多人，占当年在香港福建人总数的38%强，而厦门人经营的商号有60多家，占香港福建人经营的商号总数的46%。其时，厦门人在香港的商行多数集中在南北行街的文咸东街、文咸西街和永乐东街、永乐西街，主要经营进出口贸易，包括兼营进出口的汇兑信局和船务行。

住在香港的厦门人，从事的职业面很广，有律师、会计师、医师、工程师、教师、演员、新闻记者等各行各业，还有长期在海关任帮办的。

厦门解放后，台湾国民党当局对福建沿海实行封锁，妄图切断厦门的海上对外贸易。但就在厦门解放仅21天，来自香港的"永兴"号轮于1949年11月12日晚上进入厦门港，停泊在今客运码头起卸客货后，于翌日凌晨起碇离厦驶往香港。消息在香港报上披露后，继之而来的有"和乐"等挂外籍旗的轮船参加港厦航线。1950年9月20日，第一艘悬挂五星红旗的"建安"轮从厦门首航香港。不久，又有联通行等3家船务行参加港厦航线。20世纪60年代后，厦门外贸部门和航运部门经香港华润公司协助介绍，由香港英辉造船厂承造3艘500吨级钢质货轮，航行于厦门与香港之间，直到20世纪80年代初，从未间断。与此同时，厦门与香港的进出口贸易，仍保持着良好的伙伴关系。

厦门创建经济特区以来，港厦两地的友好往来，十分活跃。1980年1月1日，中断31年的厦门至香港定期客轮"鼓浪屿"号开航，继又增加"集美"号客轮。目前"集美"号、"闽南"号两艘客轮每周各两班次。客运量年年递增从1980年的46714人次，增至1996年的12万多人次。港厦的空中通道，继1983年10月25日中旅社的旅游包机首航成功之后，厦门航空公司、港龙航空有限公司先后开通了航班。其中厦门航空公司的航班数与运载的旅客数，1985年为35班、5480人次，至1996年已达到755班、129041人次。方便的海、空交通，促进港厦频繁的经贸、文化交流。

□原载《厦门晚报》1997年6月19日

厦门与美国交往的故事

厦门与美国有着150多年的交往历史,这里记述的只是官方与民间往来的几个故事

近代第一个到厦门的美国人雅裨理

雅裨理·艾贝尔·戴维(Abeel David)1830年受美国归正教会(American Dutch Reformed Church)派遣来华,在广州与裨治文、马礼逊两牧师一起工作。他懂得中文,还曾经在东南亚闽南籍华侨居住地学会闽南话。1842年2月前来厦门传教,是鸦片战争爆发后第一个进入厦门的美国人。

1843年9月,当年清廷的福建布政使徐继畬在厦门兼办通商事务。1844年1月,徐继畬会晤英国第一任驻厦门领事记里布时,由雅裨理担任翻译。此后,徐继畬多次向他请教世界各国的历史和地理,于1847年在厦门写了《瀛环志略》一书。在这本书中,徐继畬有一段赞扬美国首任总统华盛顿的话:"华盛顿,异人也。起事勇于胜、广,割据雄于曹、刘。既已提三尺剑,开疆万里,乃不僭位号,不传子孙,而创为推举之法,几于天下为公,骎骎乎三代之遗意。""美利坚合众国以为国,幅员万里,不设王侯之号,不循世及之规,公器付之公论,创古今未有之局,一何奇也。泰西古今人物,能不以华盛顿为称首哉?"

1853年,美国首都公园华盛顿纪念塔内竖立的一块中文纪念碑,刻的

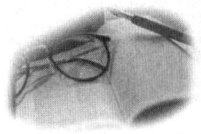

就是徐继畬在厦门写《瀛环志略》时的那段话。这个中文纪念碑,一直被认为是中美两国人民友好的见证。

雅裨理在厦门住了三年,因病于1844年12月离开厦门回国。返美后病情不见好转,1846年9月病逝于纽约。

近代第一个到美国的厦门人林针

祖籍长乐,落户鼓浪屿的林针,字景周,号留轩。曾应聘赴美国教授汉学。1847年2月,他自厦门出发前往美国,1849年2月,林针任满回到厦门,实际在美国生活了一年半时间,遍游美国南北的主要城市。林针著有《西海纪游草》,记述他在美国的教学生活和见闻,首次向中国人民介绍中国亲历者眼中的美国。

《西海纪游草》以大量篇幅介绍美国的教育,特别是科学技术。对美国的博古院(博物馆)、盲人院、养老院、报纸等,也有简略的记述。他还从美国买了一架"神镜"(即银版照相机)带回厦门。鼓浪屿日光岩东面巨石上那幅楷书"鹭江第一"摩崖石刻,就是他题写的。

在厦门写书的美国人

1847年,打马字(塔尔梅奇·约翰·范内斯特Talmage John Van Nest)27岁时,被美国归正会派到厦门传教。他会讲厦门方言,了解闽南人的民情风俗。当时教育不普及,尤其是妇女绝大多数是文盲,不识字,不能阅读《圣经》、《圣诗》。1850年,打马字和罗啻(Eeihd Doty)宾为霖合作,创造了一套以23个拉丁字母联缀切音的厦门话白话字(又叫厦门话罗马字),几个星期就能掌握应用。他们还于1894年编纂出版简明易懂的《厦门音字典》,既有汉字读音,又有释义。打马字在厦门工作、生活45年,回国后于1892年8月去世。

毕腓力是19世纪后期前来厦门的美国传教士,后来他担任美国归正教会设在鼓浪屿的寻源书院主理(院长)。他对厦门的历史、地理、风土民情很感兴趣,搜集了大量资料并利用厦门海关和英、美教会的档案资料,花了几年时间,于1909年出版*IN AND ABOUT AMOY*一书,写道:"厦门是中国的一个贸易中心,有着无比优越的港口,很早以前就为西方的旅行者和商人所熟悉。"这本书还附了许多幅珍贵的照片,至今仍为研究厦门历史的学者所重视。

美国舰队和美国商团访问厦门

[1908年美国舰队访厦] 1908年10月30日，一支由8艘万吨级军舰和补助舰队组成的美国舰队，载官兵1.3万多人到达厦门访问。

美国舰队在厦门停留一星期，至今，南普陀寺后山有块记录美舰访问厦门的石刻，它的原文是："大美国海军额墨利提督座舰路易森那号、同瑾呢阿号、阿海阿号、米率梨号同石乐达提督座舰喊士肯轮号、伊令挪意司号、肯答机号、凯尔刹臣号来游厦门。我政府特简良目贝勒、梁侍郎、松制军、尚方伯、海军萨提督率领海圻、海容、海筹、海琛四舰及阖厦文武官绅在演武亭开会欢迎。联两国之邦交，诚一时之盛典，是则我国家官绅商民所厚望焉！"

[1910年美国商团访厦] 1910年10月，一支拥有5艘军舰的美国东方舰队，又再光临厦门。美国太平洋沿岸和火奴鲁鲁等地商会代表，组成商务代表团，随舰队前来访问。代表团包括实业界巨头、银行家、工厂主和大商人，并随带眷属，还有律师和新闻记者参加。

据说，这次美舰和商团来访，是为答谢两年前厦门对美舰的盛情招待。南普陀寺后山，也有一块摩崖石刻，记录1910年美舰和商团访问厦门的事迹。

清政府在演武场上用大竹、布棚构筑了一座高约33米（100尺），宽约65米（195尺）的大牌楼，饰以中美两国旗和成串的五彩灯泡

清朝官员在设于演武场内的宴会厅里款待由美国海军少将额墨利和石乐达率领的东方舰队官兵们

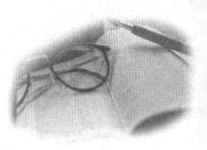

美国教会在厦门创办的学校和医院

■ 小学

[毓德女子小学] 1847年开设的第一个小学程度的女学堂。开办时仅有学生12人，校长是打马字（T.V.N.Talmage）牧师的第二女儿打马字·马利亚（M.E.Talmage），人家称她为二姑娘。1880年间，迁到鼓浪屿田尾，人们叫它田尾女学堂或花旗女学。1889年，改校名为毓德女子小学。

[田尾妇女福音学院] 又叫田尾妇学堂，简称妇学。院长（即创办人）是打马字牧师的大女儿打马字·清洁（K.M.Talmage），人们称她为大姑娘。这个学院是专为婚后妇女而设的，就学年龄相差悬殊。1894年，在校学生近200人，其中相当一部分是从漳州、同安和厦门郊区来的，都在学校住宿。学院1939年停办。

[养元小学] 创办于1889年前后，校址初设厦门竹树脚，后迁鼓浪屿。创办人打马字大姑娘，也是该校首任主理。养元学校专收男生，不收女生。文学家林语堂、天文学家余青松，1926年间任厦门自来水公司总工程师、美国哈佛大学毕业生林全成（又名荣森），都是养元小学的毕业生。

[美华学校] 1905年间，美国安息日会在鼓浪屿创办育粹小学，后来改名为美华小学，1910年后，迁往五个牌现鼓声路12号自建校舍，曾一度扩办中学。

■ 中学

[毓德女子中学] 1920年，毓德女子小学筹办增设中学部。1925年2月，由美国归正教育会办理，以英、美教会合办的寻源中学原校舍移作毓德女子中学校舍。美国人理清莲姑娘任主理。

[寻源中学] 1881年，由美国归正教会和英国长老会创办于鼓浪屿田尾。为纪念美国归正教会牧师打马字约翰，由主理毕腓力在美捐建打马字纪念楼于东

清末在厦门教会学校念书的女学生

山顶，作为校舍。初名寻源斋，后改称寻源中学堂。曾一度开办大学科，改称闽南寻源书院。1925年春移设漳州，校址改办毓德女子中学。

■ 医院

[保赤医院]　1842年6月先在厦门竹树脚设门诊，1843年开始收住院病人，1883年作为漳州平和小溪救世医院分院，1898年起划为厦门救世医院分院，由美国人郁约翰医师主持，其后由夏礼文（1935年）及华人医师陈五爵等主持。

[救世医院]　1883年，美国归正教会在平和小溪创办救世医院，创始者为美国人郁约翰（John otte）。1898年，救世医院总院从小溪迁到厦门鼓浪屿的河仔下（小溪仍留一部分）。郁约翰任救世医院院长，兼管厦门保赤医院。郁约翰从美国引进先进的X光机及其他大型的设备，首先实施外科手术。从1900年起，附设医学专科学校，培养出众多的西医。其后还设立闽南首创的护士学校，培养出一大批护士。1910年，厦门发生鼠疫，郁约翰在出诊中感染上病毒型的鼠疫肺炎，于4月14日晚溘然长逝，安葬在鼓浪屿。

1898年，美国教会在福建省平和县办的小溪救世医馆迁到鼓浪屿河仔下，成立厦门救世医院。该主楼为救世男医馆，右侧次楼为救世女医馆

厦门与美国旧金山的交往

据不完整统计，近现代曾经在厦门学习、工作过的美国人有200多人，其中有些是美国旧金山人，如1913年出生于厦门鼓浪屿并在那里度过童年的美国律师马歇尔夫人。1983年3月，马歇尔夫人特地与他的丈夫从旧金山来厦门，寻找她童年的故居和朋友。从厦门一回到旧金

山,又赶忙发来电报、感谢帮她实现宿愿的厦门中国旅行社导游丁一萍。

1982年4月10日,美国中华文化基金会会长、旧金山华侨历史学会会长,多年负责旧金山惟一的进步华语电台《汉声电台》领导工作的麦礼谦先生,带着他的夫人一起前来厦门访问,参观了华侨博物院并应聘在厦门大学南洋研究所作专题报告。

1988年以后,由旧金山美国建东银行董事长夫人,美国教育家黄淑玲女士推荐美国专家,于每年7月前来厦门举办为期一个月的"旧金山—厦门英语教育培训班",连续举办了七八年,为厦门培训了400多名英语教师。1995年6月,美国旧金山大学商学院教授MR.MURRAY应邀莅厦讲学,并受聘担任厦门大学客座教授。

而早在19世纪四五十年代,已有厦门移民到旧金山从事开矿和建设铁路。近年来,先后有厦门大学南洋研究所所长韩振华教授于1983年3月底出席在美国旧金山召开的第35届亚洲问题研究年会,厦门第二医院中医科主任黄奕卿应邀于1987年9月赴旧金山,参加第三届国际中医会议,并受聘为美国金山中医药学院内科学教授。

同安渔民救护美国飞行员

1945年3月22日,美国海军一架四引擎重型轰炸机在厦门上空被日军炮火击落于同安鳄鱼屿西海面上。机上航员13人,6人当场殉难,7人受伤。日军继又出动一架飞机和一艘快艇尾随追击。正在鳄鱼屿附近海域作业的渔民们冒死将美军飞行员全部接上船,送到安全地方。后由驻军107师派员护送,安全抵达漳州美国空军联络处。6名殉难航员遗体也相继被渔民发现捞回,备棺厚殓,转运漳州。

为此,美国驻华海军指挥官特向其中27人颁赠特制银质纪念牌各一枚,上缀一只鹰徽,有三四行中英文,记载着1945年3月在反对共同敌人的战斗中,厦门同安的渔民救护美国飞行员的英勇事迹。

附:厦门的美国领事馆及其历任领事

清道光二十四年(1844年)7月,驻北京的美国大使馆派哥伦布(Columbus)到厦门代理领事事务,筹建美国领事馆(American

Consulate, Amoy)。

1849年，俾列利查士威林（Charles William Bradley）到任领事，至1854年离任。

1854年，海雅多马士夏（T.H.Hyatt）到任领事。

1864年12月，倪分惠临（William Irvine）到任领事。

1866年1月，陈士威廉（Willian Patterson Jones）到任领事。

1865年，一说1867年1月，李让礼将军（General Charles William Legendre.le Gendre.李仙得）到任领事，一说1866—1872年在任。

1873年7月，恒德森约瑟（J.J.Henderson）到任领事。

1879年7月，勾伯若（W.Elwell.Goldsborough.兼管台湾）到任领事。

1885年9月，欧卫理（Willian S.Crowell.兼管台湾）到任领事。

1887年7月，范嘉士（Francis Cass.兼管台湾）到任领事。

1893年5月，一说1890年，壁洛博士（Dr.Edward Bedler.兼管台湾，1890年前后来华，1898年任广州领事）到任领事。

1893年，霍格（J.Hampton Hoge.兼管台湾）到任领事。

1894年四月初二日，金渥德（Delaware Kemper.兼管台湾）到任领事。

1897年5月，巴詹声（A.Burliang Johnson）到任领事。

1901年5月15日，费思洛（John.H.Fesler）到任领事。

1905年2月，安得森（George Everett Anderson）到任领事，一说1905-1906年在任。

1905年8月，来顿到任。

1907年9月18日，贝克尔（Edward Carlton Baker.白克尔）到任领事。

1908年5月13日，安立德（Julean Herbert Arnord.安立得）到任领事，一说1908年5月1日—1912年3月在任。

1908年七月初八日，慕纳德（Lester Maynard.刚来华）到任领事。

1911年二月初六日，巴宇乐（C.F.Brissel.刚来华）到任（署　副）领事。

1912年2月14日，安立德在任。

1913年时慕纳德为正，巴宇乐署副，医生彭休斯（Dr.A.Bonthius.负责救世医院，理学士，医学博士）。

1914年时慕纳德，医生锡鸿恩。

1915年慕纳德和医生锡鸿恩缺任，克为负责副领事。医生董拉普（Dr.G.Dunlap），亦属美国归正教会。警官（Marshall）拉廷（H.W.Lattin）。

厦门与美国交往的故事

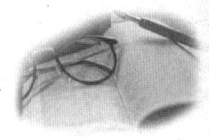

1916年10月，高思（Clarence Ebward Gauss）到任领事，至1919年。

1917—1918年，高思下有副领事步禄尔（Andrew J.Brewer），医生斯诺克。1920年8月，凯尔腾（Alger E.Carlton）到任领事，医生锡鸿恩。1923年凯尔腾下有副领事步禄尔（V.G.Staten），医生厚士瑞（R.Hofstra）。

1924年8月，魏伯（Leroy Webber.刚来华）到任领事。一说凯尔腾下有负责领事魏伯，领事职员斯撞（G.W.Strong），医生锡鸿恩。翌年魏伯为领事，斯撞为副领事，医生锡鸿恩。

1926年5月20日，勃德纳（John Risley Putnam）到任领事。下有副领事塔尔曼（S.W.Tallman），医生锡鸿恩。

1927年10月15日，墨立本（Harvey L.Milbourne）到任署副领事，职员格拉斯（F.Fglass），医生锡鸿恩。

1928年5月，勃德纳返任。

1931年10月14日，一说10月13日，傅克林（Lynn W.Franklin）到任领事。

1934年2月21日，狄克（Hassel H.Dick）到任领事。

1940年时领事为马美砥（K.de.G.Macviffy 1939年1月1日来任）。

1940年10月25日，梅瑞乐（George Robert Merrell）到任领事。

1941年6月3日，裴尔激（James B.Pilcher）到任领事。太平洋战争爆发，领事馆关闭。1946年4月，上海总领事馆副领事柯芬（Clarence E.Coffin. 汉名柯福恩），美国海军军官前来结束馆务，后美国厦门外交事务由上海总领事馆负责和英领代理。

□原载《厦门晚报》2003年7月22日

*美国驻厦历任领事名录，是我的朋友房建昌先生提供的。他在中国社会科学院工作，副研究员。

阻力重重的旧厦门市政建设

20世纪二三十年代，厦门进行大规模的市政建设，开辟新市区。其间，先是受资金的限制和来自多方面的阻力，有些马路修得不笔直，继而由于日本侵华战争步步升级，时局紧张，压抑了新市区的进一步扩展。但总的说来，旧厦门的市政建设还是有成就的，赢得人们的称赞。在事隔五六十年的今天，重温这段历程，觉得旧厦门市政建设过程中，既有深刻的教训，也有值得借鉴的经验。下面只就当年厦门市政建设过程中受到的重重阻力和市政当局采取的对策，略作陈述。

旧厦门市政建设过程中受到的阻力，主要来自四个方面。

一、士绅受人利用，挺身出面干涉

地方上有些士绅，由于封建观念作祟，迷信所谓"风水"，因而当开辟新市区兴修马路触及他们的祖厝、祠堂或祖坟时，往往受人利用，挺身出面干涉，事例甚多，不胜枚举。如1926年7月间，市政当局计划填筑厦门通向禾山的马路，决议挖掘兜仔尾水鸡腿一带山丘，就近取土以节省造价，就遭到有些士绅出面阻挠。

事缘兜仔尾水鸡腿一带山头，有多座兜仔尾后保乡人祖坟，乡人以该山与本乡风水有关，阻挠挖山。乡人利用有祖坟在该山头的一些有影响的地方绅士，如一个曾任思明县县长、一个曾任紫阳小学校长和一个颇为富有的侨商的头面人物，出面召集坟主六七十人开会，组织保存兜仔尾水鸡

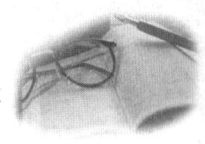

腿附近坟山公民团，反对迁坟取土。其所持理由，一是市政章程征用土地，限于马路线内，而"该地非马路路线所经之区域，无迁坟之必要"；二是"迁坟不啻毁坟，无端祸及枯骨，尤难默视"。公民团除具呈市政会撤销成案外，并组织一大批人分别向各机关请愿。市政当局只好采取行政手段，派警劝阻，保护工人挖土。

二、神棍、地痞唆使居民反对拆除庙宇

厦门开辟马路前，大街小巷遍布供祀各类"神灵"的寺、庙、宫、庵、祠、院100多座。有些庙宇香火鼎盛，神棍勾结地痞流氓，占庙敛财，坐收渔利。市政建设开辟马路，要拆除庙宇，他们的利源就会断失，于是造谣惑众，煽动居民中的善男信女，出面阻挠拆庙辟路。如龙神庙（其址在今沙坡尾）、大使宫（在今定安路）、潮源宫（在今晨光路）、先仙寺（在今厦禾路鹭江小学附近）、土地庙（在今厦禾路兜仔尾段）、二妈宫、中正庙（均在今霞溪路）、广益堂（在今磁街）、大观院、万兴宫（均在今将军祠）、福德爷宫（今中山路局口街口附近）、桥头宫（今厦禾路、开元路交界）等，在辟马路时，都发生不同程度的风波。市政当局不胜其扰，但在居民迷信成风的情况下，为了缓和矛盾，只得采取兴建新庙安置众神的妥协办法，这对消除市政建设阻力，颇有见地。

1928年5月开始修筑中华路（今中山路东段）的工地现场

三、不同政治派系为争夺市政权益，制造阻力

旧厦门的市政建设，大权实权掌握在统治厦门的海军派手中。利之所在，引起一些官僚政客的眼红，想方设法，力图夺权。他们为达到夺权目的，不顾体面，借口制造事端，兴风作浪。最突出的事件是，1927年9月，国民党厦门市党部的某些要员，为了夺取市政建设权益，演出一出"抓市政督办公署会办周醒南"的丑剧，弄巧成拙，搬起石头砸自己的脚。

旧厦门市政建设一开始，就出现了华侨竞相投资买房地产的热潮。由于初期的房地产价格一直上升，搞房地产买卖的一些公司和经纪人，为了能买到位置适中的地皮建造楼房，不惜花钱托市政官员打通关节。市政建设部门，成为机关人员追逐的肥缺。1927年5月，久想染指市政建设的国民党厦门市党部的党官们，乘市政会董事任期届满即将改选之机，成立一个"厦门市政促进会"，标榜要为改革市政而努力。他们四出活动，拉拢选票，锐意夺取市政会董事的多数席位，进而控制市政建设的实权。讵料福建省政府接到改组市政会的报告，批示缓期半年改选。消息传开，市党部的官僚深怕夜长梦多，本可稳操胜券的一切努力都将付之东流，因而迫不及待地以厦门市政促进会名义，召开会议，通过两项决议：

（1）函漳厦海军警备司令部，国民党厦门市党部转国民党福建省党部，要求撤销厦门市政会，厦门市政督办公署，并请迅速组建厦门市政府，由革命团体组织参事会或市议会；

（2）发表宣言，否认厦门市政会，并宣布凡向市政会所购买之土地，一概无效。

之后，又由厦门市政促进会领衔，市党部御用的厦门市总工会，厦门市商民协会、教育协会、华商协会、学生联合会、妇女协会等共同联名，具呈厦门市党部，请求实行上列两项决议案。

厦门市政促进会花了三个多月时间进行的一系列活动，动不了漳厦海军警备司令部撑腰的市政会一根毫毛。于是本来在后台导演的市党部跳到前台亮相，于9月10日在总商会召集各级党部联席会议。会议由市党部常务委员李汉青主持，主要议题是如何改革市政。他们既不敢冒犯林国赓，也不敢得罪市政会的正副会长黄奕住、洪晓春等主要人物，只好拿外省人，当时督办公署的会办周醒南开刀，给他扣上陈炯明（背叛孙中山的粤军总司令）余孽的帽子，一致通过通缉周醒南议案。会后，市党部发动与会大小党官，前往堤工处搜捕周醒南。因周醒南下工地现场不在办公室，扑了

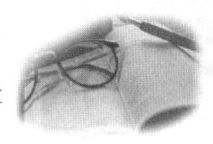

个空。

事件发生后，海军司令林国赓发表谈话，认为市党部的举动是"越权干政"，而没通过司法机关直接搜捕周醒南，"尤属扰乱治安"。为此，海军司令部致函市党部，明确指出："市政促进会为民众团体，有改革市政意见，尽可以建议的方式提出，不得有否认市政会及宣布向市政会所购地皮无效的决议，导致扰乱行政系统。"司令部在函中还向市党部提出7条处理事件的意见：

（1）今后不得再有干涉行政之事发生；

（2）厦门市政遵省政府议案，由延任半年市政会办理；

（3）市政督办公署仍旧存在，并行使其职权；

（4）市政概由市政会办理，市政促进会应即取消；

（5）周醒南并无谋为不轨的事实，应撤销通缉案，照旧供职；

（6）市党部应保证以后不得再有直接行动扰乱治安的事件发生；

（7）市政机关的设置，应由省政府主裁，地方不得越权。

9月13日，周醒南在厦门各报刊登启事，摘录于下：

"（衔略）10日，有市民一百多人至堤工处搜捕，适醒不在。次日阅报，知市党部联席会有缉周议案。醒今职务系杨总司令（按：指杨树庄，时任海军总司令兼福建省省长）委任，果有通陈炯明及吞没公款等不法情事，应呈检察机关查办，身家俱在，讵能私逃。醒籍广东，服官闽粤，曾受陈炯明任命。如一经委任，永远指为余孽，今日政府高级军官如李军长济琛，古厅长应棻，皆陈炯明旧属，亦可指为余孽乎？市政会为议决机关，督办公署为执行机关，所行者均市政会通过者，尚有督办主持，岂会办一人能把持发卖公地。今违法围搜，倾陷存心，惟有呈请辞职让贤

1928年6月开始拆除厦门老城区旧民居，修筑中山路的施工现场

思明北路建于1927年7月，翌年6月竣工。全长435.9米

20世纪30年代的大同路是厦门繁华的商业街，南泰成、永康成等大百货商场都开设在这条街上

（下略）。"

市党部开了几次会议，研究如何答复司令部来函问题。9月14日正式复函司令部，只就捕周一事作出答复，取消市政促进会事避而不谈。其复函内容主要有两点：（1）"关于通缉周醒南案，是因为本月10日各级党部联席会议时，有人报告陈炯明勾结漳属三点会匪，而周醒南、梁海余系陈炯明余党，不能优容，遂议决通缉究办。"（2）"散会时，一班同志至惠通巷堤工处寻周，欲指交警察送交官厅，原出于爱护党国之一片热诚。主席李汉青虽知手续欠妥，一时无法阻止。现经贵部查明周醒南在厦，确无谋为不轨情事，并为之保证，自应免于通缉。"

与此同时，市党部还函市政促进会："准贵会函请规定权限，俾有准绳而资进行等由。准此。查贵会系促进市政之团体，并非办理市政机关，但需筹议如何促进市政向政府建议，勿庸直接干涉市政事务。至市政机关之设置变更，应由省政府主裁。"接着，李汉青自请处分，否认市政会及其卖地无效和呈请省政府取消市政会、督办公署等两项提案，也都放弃。从此，市政促进会不再活动，形同虚设，徒有其名。

显而易见，这次争夺市政建设大权实权的较量，市党部李汉青、陈荣芳（1948年曾任国民政府厦门市市长）、郑剑秋等官员败得很惨，对那些力图阻挠市政建设的官僚、政客，也是莫大打击，从而缓解来自官僚、政客方面的阻力。

四、最大阻力来自外国籍民

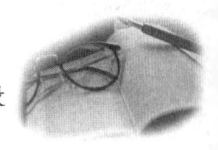

1926年到1932年间,是旧厦门市政建设的黄金时期,辟马路,建楼房,各项工程进展迅速。但工程建设中受到的阻力,也是这段期间最严重。市政当局在处理上述三方面的阻力时,采取软硬兼施,力图避免矛盾激化。而在对付来自外国籍民的阻力,往往采取强硬的手段。若非如此,居民群起效尤,旧厦门的市政建设,很可能导致半途而废的下场。

在旧中国,外国籍民凭持入籍的领事馆为靠山,不少人胡作非为,根本目无中国政府。旧厦门市政建设中,外国籍民不让征用土地阻挠拆屋的情事,层出不穷。先后出面为其籍民撑腰的,有英国、美国、法国、荷兰和日本的驻厦门领事馆。上述领事馆都以所谓保护该国人民的利益为借口,干涉我国内政,妄图阻挠市政建设的进行。

1928年6月和1929年5月,当市政会决定开辟中山、大同两路时,多次受到驻厦英国领事的抗议,其借口是两条马路延伸到海边,侵犯所谓"海后滩英国租界"主权,且收用的房屋土地,多属英商洋行产业,而市政会制定的收买民房办法,英国领事不能接受。督办公署通过厦门交涉署转函驻厦英国领事,往返交涉,指出:"开辟中山、大同两路,接连海后滩,虽有用及英商洋行之地,然于英商非但无损,而且有益。盖马路开辟,人货往来,极为利便,有益于洋行的通商。"在交涉信函中,督办公署强调:"查本市改良市区应拆卸之屋宇,无论何国籍民,均与华民同样按照市(政)会定章办理,不稍歧视。"交涉中,工程照常进行不受影响。驻厦美国领事馆,为堤工处收用美国归正教会滩地事;驻厦法国领事馆,以法国籍民宋两仪的园地被收用事;驻厦荷兰领事馆也因其籍民王赵氏在瓮菜河拥有的地权请求保留事,分别向市政当局提出严重交涉。市政当局仍采取对付英国领事的办法,一方面以函件形式,往返交涉;一方面强制收用该收用的滩地、土地、园地,以免工程施工遭受影响。

日本籍民拒不按期拆卸房屋引起交涉之事更多,除郭景村《厦门开辟新区见闻(1926—1933年)》提及者外,兹再略举一二事例于下。

1925年底,市政会决议动工修建瓮菜河马路(今思明南路中山路口与思明东、西、北路交叉路口地段)。1926年1月8日,驻厦日本领事井上庚二郎致函厦门交涉署交涉员刘光谦,声称:"要与市政会协商收买办法,协定未成立前,籍民居屋,不得进行拆卸。"市政当局置之不理。1月13日,市政当局对日本籍民黄传甲的住宅强制拆卸。15日,日本领事提出书面抗议并威胁说:"市政当局突然带同军警及工匠,擅将上开(黄传甲)厝屋任意拆卸,实属蔑视中日条约……本领事断断不能容忍。惟此时当该责任者若无表示遗憾之意,并保障将来再无发生此事,本领事为职责上保护敝国人之财产……而自设法防止再生此事,并讲究直接保护敝国人财产之方法。将来若是因此酿出事端,市政当局,当然自负责任……"言下之意,如市政当局以军警保护工人强行拆卸日本籍民房屋,日本领事也将使用武力对付,甚至不惜制造事端,而将责任归市政当局负责。

面对日本领事的威胁恫吓,市政督办公署仍坚决执行市政章程的有关条款,华人、外国籍民,一视同仁。3月20日,西庵宫门牌28号日本籍民庄焰山住宅拒不听从拆卸,且阻止拆卸邻居房屋,所持"理由"是:"邻屋拆则其屋自毁也。"市政会乃派工程股会董4人持函司令部,请调陆战队士兵一个排偕至庄宅,封锁庄宅的对外联系,然后令工人动手拆庄邻屋。庄妻郑氏被阻不得外出,待邻屋及庄与邻屋共有的公墙

1933年3月22日《江声报》报道

拆完,才撤兵归队。旋而庄宅也告倒塌。庄妻郑氏急赴日本领事馆报告,日本领事立即先以电话口头抗议。当天下午,又提出书面抗议,再次扬言要用武力保护"日本臣民"。3月28日,市政会与市政督办公署以督办陈培琨、会办周醒南名义,函请交涉署转函日本领事馆交涉。信中义正词严地指出:

"拆卸房屋,中外业主一律待遇,最为公允,万无厚待籍民而薄待市民之理。如果督办公署或本会于定章外,再与日本领事协定,在我为断送国权,在彼为违约,市民反对,友邦(按:指其他各国)借口,

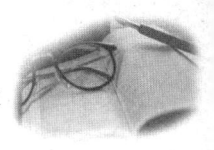

彼此均有不利。盖改良市区与外领协定章程，征诸万国，无此前例。即按之中日两国约章，亦无此明文。……查本会之处置应行拆卸厝屋，按章执行。……对于日籍与本国籍民及他国籍民，一律待遇，日本领事自不能为过分之要求。至应否负赔偿，依章办理，本会万不能为日本籍民开一特别例。"

市政会和督办公署对日交涉的强硬态度，得到广大市民的支持，也使意存观望的本市业主，打消阻挠念头，推动市政建设的顺利进行。

1931年，日本发动侵略我国东北三省的九一八事变。1932年1月28日，又发动进犯上海的侵略战争。随着日本加快侵略我国的步伐，日籍浪人在厦门的气焰日益嚣张。这时，市政会、督办公署相继撤销，成立路政处，嗣而路政处又改组为工务局，虽仍然继续拆卸房屋修建马路，但整个市政建设已走向低潮。1933年2月21日，工务局派警保护工人拆卸义和街房屋时，日籍浪人"十八大哥"头目林滚以该街门牌29号房屋为他的产业，不让拆卸。武警徐建国、石世卿上前说明奉命执行公务，林滚不容分诉，指挥浪人围殴武警并夺走武警佩带的短枪，始扬长而去。当天下午3时，驻厦日本领事三浦义秋派两名馆员到市公安局访局长林鸿飞，极力为林滚的暴行辩护。林鸿飞仅提出还枪和赔偿医药费的要求，不如前市政当局态度的强硬。这固然与局势紧张有关，也反映了林鸿飞是个怕事的懦夫。

此后至1937年抗战全面爆发，旧厦门的市政建设除部分收尾工程外，再没新的项目施工。

□原载《厦门文史资料》第19辑，1992年8月

被遗忘的漳厦铁路

清末民初，福建曾经有过一条28公里长的漳厦铁路，因为它"前不过海，后不过江"，既没跨海到厦门也没越过江东桥抵漳州，因而人们称它为"盲肠铁路"。

挽回路权　自办铁路

19世纪90年代，列强扩大对中国的经济侵略，并展开了侵占我国路权的剧烈竞争。光绪三十年（1904年）末，法国人魏池串通榕、厦官绅翁松村等人，筹划兴筑从嵩屿经漳州、龙岩、邵武与江西连接的铁路，并由法驻闽领事照会闽浙总督，"要索福建全省铁路权"。此举触犯了日本在华利益，其驻京公使和驻闽领事，也多次照会清廷，以闽省系其势力范围为由，提出要建铁路应与它合作。

当时，全国掀起了挽回路权的群众运动，福建也出现署名"福建人公启"的传单，揭发法、日"各欲争占路权以扩张其势力"的阴谋，号召人民"群策群力，争回路权"；在厦门出版的《福建日日新闻》发表社论，指出"铁路为一国存亡之所系"，提出自办铁路的主张。漳厦铁路就是在这种形势下筹建的。

1905年，闽籍京官光禄寺卿张亨嘉等发起组织商办福建全省铁路有限公司，并由在京当官的福建老乡联名，推举被朝廷贬黜、赋闲在福州老家的原内阁学士陈宝琛任总理。公司章程规定："本公司专招华股，凡

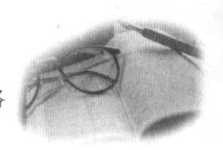

我华人之侨居外洋各岛者，但查实系华人，即得与股。""凡附股之人，无论有无官职，皆为股东，应得各项利益，一律从同。"并在"招股章程"中强调："……如有为外国人代购股票，及将股票转售、抵押于外国人者，本公司概不承认。"体现了维护民族尊严的正义立场。

先天不足　产后失调

然而，良好的动机却没能带来良好的效果。

商办福建全省铁路有限公司，拟招优先股120万股，每股银元5元，如招募的股金能全部收齐，将有股款600万元。但经一再努力，实际到位资本只有240多万元，其中东南亚各地的闽籍华侨买股170多万元。

铁路公司最初计划在全省各府县大兴铁路，后来限于财力，将范围缩小为由厦门对岸的嵩屿至漳州、东石经安海至泉州和马尾至福州这三段，但仍无法兑现。最后仅选址地势平坦投资较省的九龙江下游，先行兴建，取名漳厦铁路。

漳厦铁路1906年4月开始勘测路线，由于借用法国人嘉龙的尼等二人为临时工程师，再次引起日本的干涉和阻挠，多次向清廷提出抗议。这场风波，以改聘中国人陈庆平为总工程师宣告收场。铁路的动工，亦拖延到1907年7月才开始。

漳厦铁路开工后，历经近3年的时间，到1910年5月基本完成嵩屿至江东桥东侧一段轨道，全程28公里。轨道铺设单线，标准轨辐为4.85尺（约1.6米），

漳厦铁路设在海沧嵩屿站的站房

漳厦铁路只留下一段回忆

沿途大小桥沟441米，桥梁5座。只这么一段轨道和站房等附属设施，就花了工程费220万元，募集的股金几乎全被用光，还有一些收尾工程和营运前的准备工作，得再投入资金，只好以铁路的站房材料等财产作抵押，向交通银行广东分行有息贷款50万银元，以资周转，勉强维持。

车不直达　商旅不便

为了早日回收资金，漳厦铁路公司于1910年5月试通车后就匆匆忙忙办理通车营业，在厦门磁巷口（今鹭江道邮政局右邻）设"漳厦铁路公司总局"。

公司购置英国造24吨和美国造21.5吨火车头各一座，搭客列车二等车厢2个，三等车厢6个；运货列车有盖车厢3个，无盖车厢6个。其路线从嵩屿起，经海沧、下厅、通

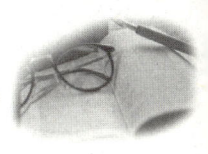

津亭、后港溪、石美、蔡店、吴宅至江东桥东侧共设9站。客运列车每天由嵩屿至江东桥东侧上行、下行各两次，票价头等1.05元，二等0.70元，三等0.35元。乘客8时50分和14时15分自厦门乘轮渡拖船启程，11时57分和17时22分到达江东桥东侧；下行列车7时15分和12时40分自江东桥东侧开出，9时50分和15时15分到达嵩屿乘轮过渡厦门，全程约3小时。

因为嵩屿离厦门还有海程3.5公里，从江东桥东侧过渡到西侧上陆后，距离漳州也还有17.5公里旱路。旅客搭乘漳厦铁路火车，"必由船而车，复由车而船，需时既久，劳费繁多，反不如水路之利便"。这是当年《银行周刊》一篇文章的描述。还有署名张景松的文章说：带有行李、货物的旅客、商贩，"深感不便，叫苦之声，不绝于耳"。

人浮于事　年年亏损

更为可怕的是，福建全省铁路公司名为商办，实权都落入封建官僚手中，机构臃肿，人浮于事。总理陈宝琛月薪高达400元，协理4人也都有高官头衔，各支月薪300元，其他司事、查账等，多数有裙带关系，不懂业务，坐领干薪。通车之前，有职员85人，支领月薪共3453元。通车后职员增至130多人，开支更大，造成入不敷出，"客货所入，不足以供行车、养路之用"，月月亏损，一直是以政府月拨3000元补助度日。

1909年3月，清廷下诏重新起用陈宝琛。他奉旨进京，先是在礼部任礼学馆大臣，后来还当了末代皇帝溥仪的老师。可陈宝琛仍牢牢抓住漳厦铁路的用人和财政大权，在京进行

1910年5月试通车时行驶在铁轨上的车辆

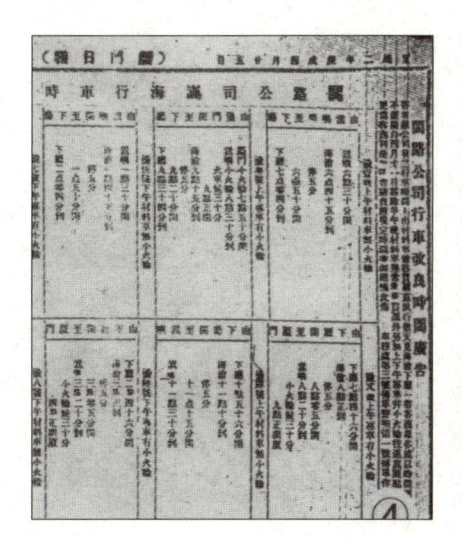

1910年《厦门日报》刊登的列车时刻表

遥控。虽股东们啧有怨言，且有人公开指责，但直到1911年7月，辛亥革命的烈火已燃烧大江南北，他才呈上《退职意见书》，承认："公司股款告竭，函电交驰中外，股东无有起而应之者。"

陈宝琛辞职后，推荐广东知府陈炳煌继任，陈力辞不就。嗣又推举厦门商绅叶清池，叶也不肯接手，只留郑霁林坐办在公司里处理日常事务，所有外欠各款，都无法筹措，负债累累，职员月薪，暂发八成。

民国成立后的1913年9月，财政司奉令停拨补助费，漳厦铁路的维持愈加困难。同年10月间，公司派代表陈元凯赴北京，要求交通部将铁路收归国有。1914年5月，交通部派丁志兰、曹璜两个委员前来调查，经报部批准暂为代管，改"商办福建全省铁路公司"为"漳厦铁路管理处"。但业务仍无起色，还是年年亏损。

路政腐败　暗饱私囊

1919年12月，交通部有意垫款建造嵩屿码头、江东铁路和江东、漳州段，管理处改称"漳厦铁路管理局"，委任王靖先为局长，并从其他路局先移拨50多万元，兴建嵩屿码头。王靖先是海军总长刘冠雄的女婿，官僚习气十足，喜欢僚属拍马屁。码头建造中，僚属营私舞弊，贪污中饱，他也乐得接受孝敬，后以交通拨款不继，拟建工程陆续停办。

当交通部接办漳厦铁路时，民众都寄以厚望，希望能扫除民办时期的弊端，早日实现将路线延伸到漳州的承诺，而事实却与人们的愿望相反。1915年3月16日菲律宾马尼拉华文《公理报》发表评论文章，指出："不意归部办后，尤见腐败，滥用无学识无道德之人以管车务，且杂沓无章。前此商办时，惟带货物则要买票收费，今则带些行李，也要勒收重资。若与其相识之人，则多带物货，且免收费。"文章揭露：铁路所设警队，本来是要保护旅客安全的，"乃该警队，在车中时则执枪佩刀，如临大敌；穿来穿去，睁目狞视，如不遂所欲，则施以种种威吓。故近来搭客，日见其少"。

在这种路政败坏的情况下，漳厦铁路根本不能赢利。据《中华年鉴》统计，1921年有乘客18.84万多人，客货运总收入56579元，总支出为113688.54元；1922年有21.68万多人，总收入为76825.71元，总支出为85574.19元。仍然是年年赤字。

病入膏肓　寿终正寝

1922年，北洋军阀臧致平占据厦门"独立"，并自封为"闽军总司令"，漳厦铁路一度归臧军接管。1923年7月30日至10月10日，南军（闽南地方武装）与北军在嵩屿一带展开争夺地盘战争，漳厦铁路客货运输全部停止。

1924年，黄奕住等华侨富商和地方人士组织公司，拟出资300万元收买该路，将铁路延长至龙岩，开发闽西煤矿。因受战局影响，没有实现。1927年7月，铁路改由国民政府福建省政府建设厅派员管理；1928年初，又交由漳厦海军警备司令部借款整顿。但积重难返，已病入膏肓，无药可治。同年12月31日结算，仅积欠利息达2.73万多元。1928年9月17日《南洋商报》报道，漳厦铁路由于路基、轨道失修，车厢损坏，全程仅28公里的铁路，"必至停车数次"，"搭客方面，益感行路难之叹"，而"当事者只顾收入，不为修理，遂至坏上加坏"，因此搭乘漳厦火车者，"至今寥寥无几"，"每月必垫亏千元以上"。1930年，漳州嵩屿间的公路告成，火车遇到汽车竞争，居然惨败，堪称世界交通史上的奇闻。于是铁路营业，不得不宣告停止。

抗战爆发前的1937年2月，闽西的朋口至新泉公路建造铁桥，福建省政府建设厅令漳厦铁路管理处主任林寄凡将所存铁轨拨300根交漳龙汀工程处主任吴文华提运，又拨400根供应峡南公路建桥作桩。剩下的4000多根，3000多根存嵩屿，1000多跟存江东桥。及至抗战爆发，国民政府漳州军政当局异想天开，将一部分铁轨运作修筑防空洞之用，剩余的铁轨奉建设厅令，运到永春湖洋乡公所保管。

到了抗战胜利时，残存的铁轨已被盗卖得一干二净。漳厦铁路留给后人的只是一条杂草丛生的土堤和沿途几间破落的站房，难怪它要被人们遗忘。

□原载《厦门晚报》2003年6月29日

悲剧背后的黑幕交易

——揭密1930年"便利"轮惨案真相

1930年4月9日傍晚,全禾汽车公司川走同安澳头与厦门五通之间的"便利"轮,由澳头载客200多名启航前来五通,中途因超载覆沉,全船旅客,九死一生,捞救生还的仅18人,死难者达192人。这是闽南乃至福建交通史上的一场大悲剧,史称五通港"便利"轮惨案。

超载酿祸

全禾汽车公司与漳厦海军警备司令部有直接的经济利益关系,它以盈利的一部分担负海军禾山办事处的经费为条件,买通在禾山行车营业权。许多海军官员都受聘为公司的顾问、咨议,坐领干薪,军方安插不少亲朋戚友在公司里任事。

公司辖下的"便利"轮,是艘从台湾买来的旧船,年久失修,不堪重负,更经不起风浪,按照海关检定发给的航行证,限载85人,但该轮为了赢利,却常常超出限额,载客100多人。

关于"便利"轮存在事故隐患,早就有人提意见了。在惨案发生前半个月,厦门《江声报》曾于3月25日、3月28日和4月9日连续三次刊载消息,指出该船破旧不堪,且又经常超载,极其危险,呼吁从速改进。然而全禾公司装痴作聋,置若罔闻。

9日下午,与全禾汽车公司联运的澳头站看到候船旅客已达200多人,一艘"便利"轮怎能容纳得了,立即升起旗号,向五通站报告需要加备电

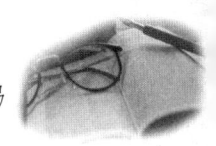

船。时五通站站长得到消息，只是打电话通知公司多派汽车接送。可是旅客等了几个钟头，还不见五通站加派的电船前来，有些人急着回家便先上船。其他人见状，也争着登船。成倍的乘客把"便利"轮挤得水泄不通。船负重载，颠簸而行，到了半程，碰了几下浪头，东倒西歪，司舵掌舵不稳，悲剧就这样发生了。

见死不救

当"便利"轮翻船之际，漳厦海军警备司令部的"禾侨号"炮艇，正在出事地点附近巡弋。这艘海军当局向禾山旅居新加坡的华侨募捐建造的"为了保护华侨故乡人民生命财产"的炮艇，在侨乡人民遭到意外灾难急需救援的时刻，竟然见死不救，任凭尚未沉没的旅客的疾声呼号，径自驶往集美方向。

当天晚上，全禾汽车公司经理陈有才接获报告，竟也泰然处之，既不赶往现场了解，也没及早派船营救。海军警备司令部、思明县政府、公安局以及海关等部门，在当晚闻讯后，也均未采取任何措施设法营救，使得不少本来可以生还的旅客，含冤九泉。

乘客多数是晋江、南安、惠安、同安、安溪等县人氏，其中大部分是回国探亲后要再出国的华侨。德化旅客一帮21人和福州一家18口，同遭灭顶。

惨遭死难的旅客，在风浪之中漂泊，有的被鱼群挖出肠肚，有的被啃碎面部，有的四肢残缺不全，惨不忍睹。最令人心

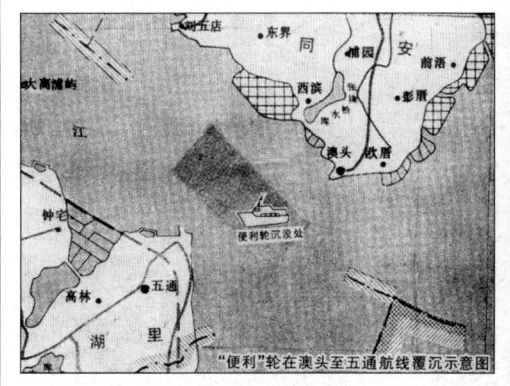

"便利"轮在澳头至五通航线覆沉示意图

碎的是，有一个妇女被捞起时怀中还紧抱着婴儿。

任尸浮沉

惨案发生后，沿安海、水头迄澳头、刘五店，死者亲属往来不绝，哭声载道。88岁的鼓浪屿合顺发粮店店主方天赐偕子福泉、侄油治3人同时罹难，福泉的妻子哭得死去活来，自念生活无依，终于蹈海殉夫；同文中学高中部学生陈而程，体质本就衰弱，为觅父尸，奔波数日，终于哀伤过度而告气绝。

死难者家属在悲痛之余，成立五通港便利轮惨案尸亲团，向当局请愿，要求督促全禾汽车公司立即寻捞尸体并逮捕责任人。激于义愤，本市各社团和闽南各县旅厦同乡会，也纷纷予以声援；各报连续发表评论，对视人命如草芥者口诛笔伐。

看到群情愤懑，舆论沸腾，全禾汽车公司当然也要有所表示。4月14月，公司被迫答应要出动小火轮一艘，汽轮两艘，帆船4艘到出事地点及附近海面捞尸。

可是连善后的费用，全禾汽车公司也想"节省开支"。例如说好以每日80元的代价雇"胜利号"电船，拟定15日中午以前出发前往金门海面捞寻尸体。但是15日下午1时，"胜利号"仍旧停泊码头。善后委员会人员亲赴船中，促其开航。船员说：船中油罄，要待机油来了船才能开航。到了3时许，"胜利号"电船还在装米，好像不是要开往金门海面捞尸的，委员会以电话诘问全禾公司总务主任吕锡璜。吕推说：因恐空船颠簸，故装米以实重心。但直到当晚，"胜

1930年4月13日《江声报》的报道

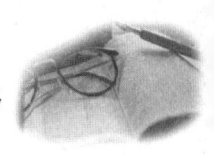

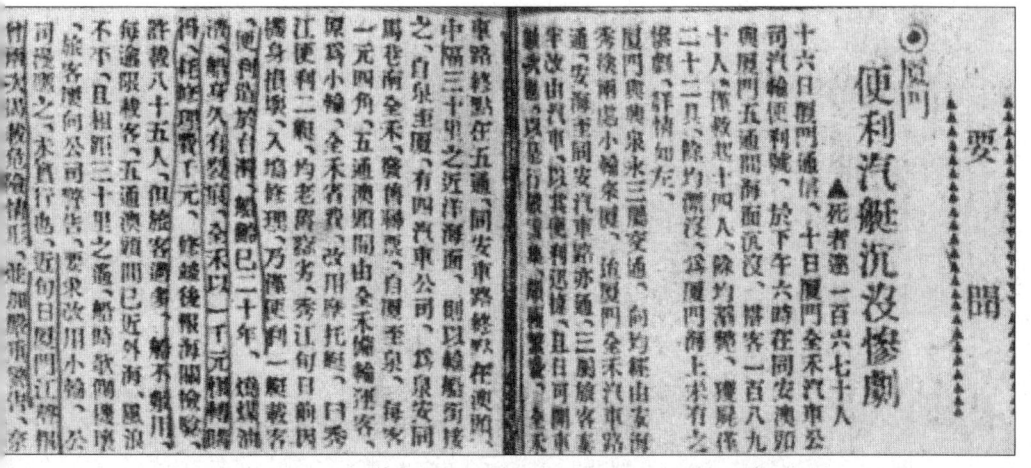

当时影响巨大的上海《申报》关于"便利"轮惨案的报道

利号"仍然没有去捞尸。

大约经过了两星期，尸体只捞起150多具，经家属认领的，仅70多具。有的尸体捞起之时，已经面目全非，难于辨认；有的放在临时尸棚，好几天没人认领，臭气蒸腾。

推卸责任

4月15日全禾汽车公司在东亚旅社招待各报记者，由常务董事陈日铭报告肇祸经过。陈说："该船如何沉没，或谓为机件损坏，或言为船边入水，究其实，则敝公司尚未得准确之报告，即各船员，亦无一归来报告者。当时之发觉，反皆从间接得来，直至今日，尚莫明真相。敝公司经理，对此事焦灼万分，外间议论，无非不知其苦衷。"继而又说："敝公司为了此事，已破耗数千巨款。沉船有罪，罪在舵工。"

公司经理陈有才则在报上刊登启事："就职务言，自应由联票主任负责；就善后办法言，应由董事会拟具方案，交由经理处执行。无论有才个人对刑事责任如何，尚有研究之余地。全禾汽车有限公司，非有才个人私产，吾国公司法，初具雏形。"这个启事，就是说，有才是不犯法的，犯法的是联票主任黄晴晖；公司是要负责的，但负责是有限的，有公司法可以依据。说来说去，无非是为自己开脱罪责。

而全禾公司的总务主任吕锡璜，干脆把责任推给不会开口的老天，说什么：此系天灾，公司搭客，双方各受损失。

尽是假戏

惨案发生后，与全禾公司狼狈为奸的国民政府海军当局不动声色，而且还令公安局派警到公司门口站岗，实行保护，以防意外。

那时候统治厦门的军政党政机关，有海军警备司令部、国民党思明县党部、思明县政府和思明地方法院。由于内部分派分系，争权夺利，互有矛盾，在处理"便利"轮惨案的过程中，它们所采取的方式方法，不尽相同。

在尸亲团发表宣言，闽南各县的惨案后援会及南洋各属侨团函电交驰，谴责军政当局、要求缉凶的情况下，思明县政府不得不装模作样，召开了一次党政军联席会议，决定由法院对责任人执行逮捕。然而陈有才等人在得到海军司令部秘密通知之后，早已逃之夭夭。

1930年5月5日上午10时，地方法院院长邓济安和检察官卢凤鸣接见了请愿的代表。卢说：本院不是不想拘捕全禾公司的经理、董事和重要人员，无奈迭出拘票，都捉不到人。你们如果知道他们的行踪，可前来报告。代表们答称：全禾汽车公司各重要人员，实未远遁，贵院肯派警往拘，立即可获。卢检察官允诺派出12名法警，并请各团体代表同往。

这本来只是一场假戏，没料到事出意外。当团体代表偕同法警奔赴美仁宫全禾汽车公司时，适逢代理经理林志池和董事柯克明在办公厅，真的被抓到了。这么一来，可就弄假成真了。海军禾山办事处接报后立即派出武装士兵，拦途劫人。法警出示徽章和拘票，团体代表也声明身份，而士兵却说，我们是奉命保护全禾公司的，无论你们是哪一机关、团体，都不许你们抓人，边说边将林、柯两人夺去。团体代表欲与他们理喻，竟被士兵扭住殴打，连法警也不能幸免。

钱能通鬼

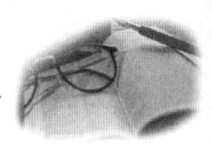

旧社会钱能通神使鬼。海军当局是全禾汽车公司的靠山,始终明目张胆、毫无顾忌地公然庇护,这已不用说了。就是国民党思明县党部和思明地方法院,也不过是耍着"支援"的骗局,既限制了群众的斗争不超越"请愿"的范围,又能欺世盗名,抬高"声誉",并借此向全禾汽车公司勒索更多的报酬。

当法院在受贿6000元,县党部在接受了一笔相当可观的"礼仪"后,它们从此就不再与海军当局唱假戏了。

全禾汽车公司还通过律师陈李梁收买了律师界,通过《厦门小报》主笔陈沙仑收买新闻界,以及收买尸亲团的个别负责人,以分化尸亲团。从此之后,各种奇形怪状的论调都出来了,什么当局不肯处理全禾汽车公司,是为了维持闽南的交通不致陷于停顿,个中苦衷,应该谅解;什么群众闹后援,是"该杀的共产分子"从中鼓动,企图捣乱治安。县党部不再召开各团体联席会议,有些报纸也停止抨击。到了这种时候,少数真正有正义感、想要为死者伸冤的人,孤掌难鸣,无能为力,也逐渐心灰意冷了。

还有部分尸亲,迭次向福建省政府控告,把希望寄托在省府能秉公处理。可天下乌鸦一般黑,到了8月上旬,省府果然派了4个专员来厦,接见了死者家属,只是安慰他们一番,缓和群众的不满情绪。临走之时,又将案卷骗走,说是带回研究。但回省以后,一声也不响。

后来,思明县政府贴出布告:本案已奉令移闽侯地方法院审理。闽侯地方法院究竟如何审理,拖延三四年还无下文。

死了192人,轰动闽南以及东南亚的"便利"轮惨案,由于当局的庇护、纵放,经过5年多时间,直到1935年9月9日,法院才作出裁定,准将全禾汽车公司出让给兴泉漳厦汽车公司的股金7万元进行扣押。而全案的处理,又拖了半年多,最终大事化小事,草草收场。

□原载《厦门晚报》2003年1月26日

1935年9月3日《江声报》的报道

历史上的筼筜湖开发

《厦门晚报·乡土》编者的话

不久前,由德国欧洲旅游研究所编制的《筼筜湖开发利用规划方案》接受了专家的评审。

从20世纪90年代综合整治以来,以白鹭洲为核心的筼筜湖区域,已成为厦门最有身价的地带和人们文化休闲娱乐活动的重要场所。与老城区对照,这里少了一份拥挤局促;与环岛路相比,它又多了一份人文的延续。

毋庸讳言,20世纪70年代的围垦筼筜港,曾造成后来的生态破坏。但我们不能苛求前人在特定时代背景下改造大自然的实践。从大量方志资料来看,自明末至解放初期,人们从未放弃对筼筜港的开发利用。所幸,经过治理后的筼筜湖,如今已成为厦门的黄金宝地。

本版发表的这篇文章,即是讲述历史上筼筜湖开发的故事。

填滩为田　始于明末

关于筼筜港名称来源,说法有三:古时,港北岸遍植名曰"筼筜"的竹子,绵亘数里,故港以竹名;而《海澄县志》的说法是:"港当汐时,

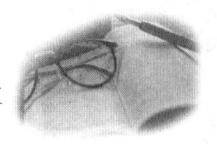

中流一带，宛转纤长而未分岐，形如竹，故名'筼筜'"；此外，还有人以港湾由岛内的西海岸向东伸入而称之为"弯东港"。

地质勘探资料揭示，古时候筼筜海湾范围较大，向南延伸到现在市区的溪岸、故宫路、双莲池一带，向东北深入岛内五六公里，海水可抵达江头。直到1970年筑堤围坝前，筼筜港的水域面积尚有10平方公里。如今湖明路中段那一座六层的石塔，原在筼筜港中，是筼筜沧海桑田的历史见证。

筼筜港两岸山峦起伏，是个天然的避风坞。它曾经是江头、牛家村对外海上交通的要道。宋末元初，南宋丞相陆秀夫等拥宋帝昺逃难南下，就是从筼筜港渡海登上对岸嵩屿转往广东的。明末清初，福建黄檗山高僧隐元应邀赴日本弘法，其所乘的大帆船，也是从筼筜港出海的。

父老相传，大约350年前的明正统年间，吴仓（今梧村）社的吴姓族人已在今凤屿一带填滩为田，种植农作物。明末郑成功驻师厦门，岛上人口骤增，开始小规模地在筼筜港南岸浅滩填土成陆，搭建民居。清初，厦门海上对外贸易发展迅速，商业兴隆，市井繁华，在开发岛上西南隅滨海地带的同时，不断向筼筜港南岸扩伸，到130多年前的清代咸丰、同治年间，在今厦禾路西段出现了一大片"新填地"。

筼筜港盛产鱼虾，味道鲜美，背呈金黄色的江鱼，更是名闻遐迩。每年秋深气候转冷，水温

原在筼筜港靠近埭头社的石塔，现位于湖明路旁，是筼筜港沧海桑田的物证

清乾隆版《鹭江志》描绘"筼筜渔火"的诗画

下降，鱼群纷纷由外海游入港湾。入夜，在港中捕鱼的小船以数百计，渔船上的灯火随波浮沉闪烁，若隐若现，构成别饶风趣的"筼筜渔火"景观。几百年来，一直是厦门八大景之一。

几经开发　全都告吹

1930年前后，主持市政建设的周醒南曾经制定填筑筼筜港计划：首期在北岸邦坪尾山（狐尾山）与南岸浮屿之间建造木桥，贯穿两岸；工程先行"填筑南岸计划由厦门造船所起，折而之东至豆仔尾山止，计划全部面积770多万方尺，定为商业区域"。第二期"填筑北岸，沿邦坪尾一带，此地山川明媚，空气清新，定为住宅区域"。又"邦坪尾山之右方，海深至40余尺，可泊大船，则定为工业及屯栈区域"。

该计划呈报当时的福建省省长李厚基核准，正欲付诸实施之际，政治风雨突变，李被赶下台，省府拨款不继，工程中止。

1937年7月，旧厦门市工务局开办厦鼓轮渡，大批划小舢舨的船夫失业，呼吁救济。事搁多年的填筑筼筜港计划被改为兴建渔场，开展养殖以解决船工失业问题。

参与规划的集美水产学校校长杨振礼实地考察后，认为市区思明北路、福茂宫、斗西路及海岸路等地的"路沟污水秽物，均汇入筼筜港，水分无法清净。更溯而上，如禾山之文灶、双涵、莲坂、江头等四条溪流，一遇水位高涨，亦均倾泻而下，是筼筜港除容纳海咸水外，又混渗淡水，故不能养放咸水鱼类或纯淡水鱼"，从而提出养殖"乌鱼"的建议。至于筼筜港围筑渔场的计划，"系由本市新填地起，跨海筑成一条石基混凝土敏土之长堤，直达禾山崩坪尾，堤面极广，足以行驶汽车"。

因工程费至少需100万元法币，财政枯竭，难以实施。其后将原计划改为堤坝"由后江埭筑起，仍衔接对岸崩坪尾。堤身用土筑，堤面修小，仅容行人"。"而思明北路等线路沟污流，则流向堤外。堤坝则分段安置水闸，承受外海退潮，涵蓄禾山四条溪流。如遇溪流猛泻，或雨水冲溢时，则开闸放诸外海"。可没几天，全面抗战就爆发了，计划落空。

宏伟蓝图　胎死腹中

自抗战胜利至厦门解放前夕，又先后有厦门禾山区公所、厦门市农会

历史上的筼筜湖开发

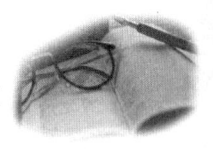

以及好几家华侨投资组建的公司，向省、市政府提交填筑开发筼筜港为农场或渔场的申请。

1946年4月，禾山区公所拟自乌石浦、屿后海滩连吕厝、江头堤岸筑成长坝，化海为田。继而厦门市农会为实现"填筑禾山筼筜港化海为田事"，与禾山区农会共同派人勘察，编造工程费用预算。同年3月，有胡王仪照具呈市政府，请求准许开发筼筜南岸海滩垦殖；接着，缅甸华侨林文炳等呈文福建省政府，发起组织华侨实业公司，拟开发筼筜港，从事捕鱼、垦田、筑坝围地经营房地产业。同年9月，华侨企业有限公司的李世源，拟围垦乌石浦社海滩，一再呈请厦门市政府要求核准。但他们的宏伟蓝图都没有成功。

1947年7月，东南亚各地华侨集资创办的福建经济建设公司，提出投资筼筜港的填筑计划，拟从美头山脚至官浔社，筑堤岸一道堵截，长1.2千米，中部沿江头一带为全岛中心，规划为政治区，南部后江埭一带为海运吐纳江道，划为工业区。但热闹了一阵子，还是空雷无雨。

1948年，厦门市地政局长苏宗文邀集印尼、新加坡、马来亚、菲律宾的侨商组成福建土地开发公司，向福建省政府建设厅申请开发筼筜港。但因解放战争神速推进，1949年8月福州解放，股东纷纷出国，公司胎死腹中。

1963年筼筜港上"群牛游海"风光

解放初期　重新规划

新中国成立后，随着经济建设和人口的增长，城市用地越来越紧张。第一个五年计划期间我市拟扩建新建的几家工厂，都因厂房、仓库缺地安排而推迟。为解决生产、生活用地需求，除逐步向郊区扩展外，填海扩地成为有关部门优先考虑的问题。

【65】

1953年，筼筜港筑堤计划征求陈嘉庚的意见。陈先生提出："筼筜港同时考虑船舶，考虑同时修造5000至10000吨轮船六七艘的规模，以适应华南一带轮船修造方面的需要。"规划建设部门同意陈嘉庚的意见。是年底，市里还邀请苏联专家沙士可夫到筼筜港实地考察，征询他对工程施工的意见。

1954年8月，由中央航务工程总局、省水利局工程师和高集海堤指挥部及市建设局技术干部，组成了筼筜港勘察设计队。勘察设计工作从1954年8月底开始，到1955年5月结束。根据收集的资料进行分析研究，汇编了《筼筜港初步规划草案》，并上报中央和省政府。

《筼筜港初步规划草案》除前言、港湾资料、港区规划计算、码头建筑物拟议、堵港堤堤口断面检算、基础检算及初步意见外，还附了土壤试验成果表以及筼筜港地形图、厦门岛附近港外海底地形图等11张图表。为尊重陈嘉庚先生的意见，规划了港中留一条宽500米的航道用于航运之需，草案再次送请陈先生审阅，陈先生有不同意见，工程搁了下来。

三年灾害　计划中止

1956年福厦公路改道，为减少路程，从现在香江花园附近建筑一条小海堤直达乌石浦，使江头一带与筼筜港隔离，成为陆地。高集海堤竣工后，市政府将修建海堤节余的资金用于投入工业建设。到1956年底，筼筜港南岸厦禾路北侧的几家工厂，利用厂区背后浅滩填土成陆，扩大工厂范围。后江埭工业区形成后，筼筜港南岸仍有一大片浅滩可供填土造地。

市建设局于1957年采用分期分段投资办法在筼筜港填土造地，以适应工业建厂需求。4月中旬先投资50万元，开始实施第一期填土工程，填土范围自后江埭至文灶，土方来源于工地附近的塔厝社山坡。12月3日，开始在原后江埭养殖场填土。工程竣工后，在这一带兴建了筼筜港盐场，为卤化厂提供生产化肥原料。

由于三年自然灾害，计划中止执行。1960年，为解决粮食问题，由民政局组织，采取以工代赈形式，从莲坂修筑一条长1000多米海堤到屿后，今仙岳路一带由海滩变为陆地，用以种植农作物，并先后建了厦门罐头厂塘边农场、粮食局畜牧场等，原来的筼筜港盐场也改为筼筜港农场。此后至"文革"前，文灶至梧村之间的一些工厂，采取蚕食的办法陆续在筼筜港浅滩造地，扩展地盘。筼筜港的水域面积，日益缩小。

筼筜新姿

围海造田　目标未果

1970年，毛泽东主席发出"备战备荒为人民"的号召。6月15日，厦门市革委会召开贯彻中央34号文件会议，提出争取三年实现粮食自给的目标。

之后，市革委会连续召开会议，讨论研究围垦筼筜港的计划和具体问题。提出"筼筜港是一个面积很大的海滩，海土很厚（10多米），很肥沃。除了中间有400米深滩外，其余都是浅滩。准备从外海社（航运单位）做条堤到东渡的突出部，全长1700米，面积有7000多亩，可耕地6700亩左右"。

对围垦筼筜港的具体事项，除提出工程土、沙、石的需用量和要求各区局指定一人负责工程组织外，劳力来源是从各工厂、企业和街道抽调，仿照军队编制组建10个营2个直属连。人员由轻工食品、商业、财政、卫生、文教、交通、电讯、市政建设等系统和鼓浪屿区、东风区（开元区）、向阳区（思明区）组成，直属连由机关组成。

筼筜港围垦首批动员劳力7.5万多人，街道居民以完成土方为主，石料和砌石由省四建负责，运输沙、石和各种材料的船只每天30艘，由交通系统负责。

1970年7月29日上午，围垦工程破土动工，所需土石大多从文灶、金榜山一带和厦港不见天挖取，吃掉了文灶附近的小山丘和金榜山、不见天的一部分。1971年9月竣工后，建成长1700米、顶宽12米的堤坝，围成面积10076亩（其中水面3000亩）的内湖。由于淡水资源不足，造田未成，1973年改为建筑用地，辟为新区，并开始修建湖滨南路，继而又修建了禾祥东路、禾祥西路。至此，筼筜港成为筼筜湖。

□原载《厦门晚报》2004年4月21日

厦门自来水工程建设前后

创办自来水公司的历史背景

厦门淡水资源紧缺

解放前通称的厦门,由碧海环绕的厦门本岛和鼓浪屿组成,水文条件较差,淡水资源紧缺。几百年来,居民为利用地下水源,也不知开了几百口水井,但滨海的水井大多带有盐分,且水质硬度高,苦涩难于入口,不能饮用。滨海居民挖井取水,只用以洗涤地板或冲刷沟渠。靠近山麓的水井,有的水质甘冽,居民则用于酿酒,制豆腐,品茗之用。如后路头的"文渊井",中府衙的"葫芦井",李厝墓的"管仔井",释仔街的"豆腐井"。石泉、仙洞、虎溪岩、太平岩等处的泉水,被诗人墨客誉称为甘泉。白鹤岩至碧山岩一带,外清寺、美头山、深田内等地方的水井都可以饮用,但储水量不多,旱季水少,久旱干涸无水。

当时,"廿四崎脚"以上称内街,居民饮用以井水为主,少数富有人家花钱买泉水。"廿四崎脚"以下称为外街(今镇邦路、升平路、海后路一带),靠近海滨,饮用水"概须仰给外来水船"。"水船由南太武山下一带载来,或由石码、海沧各乡社运到,吸取原料(淡水)不一,所载之水,遂未能十分清洁。但比厦地所用水较无盐素,是以居民皆争向水船购用"。[1]这就是人们俗称的"船仔水"。水船一般停泊于帆礁(今第一

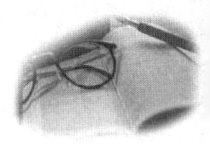

码头）附近卖水，除一些居民自备水桶到这里买水外，还有不少水贩买了水经由附近的一条小巷进入家居铺户兜售，日积月累，这条小巷也就被名为"担水巷"。

　　大约在清朝末叶民国初期，卖水在厦门逐渐形成为一个行业。水也分了等级，最上等的是石泉水。石泉水在白鹿洞山坑里，从石穴中涌出来，非常甘冽，但出水量不多，这种水专作泡茶之用。其次是花园水，那是靖山、白鹿洞山下一带花园里的井水，水质也比市内井水好。最差的是"船仔水"。上海《申报》曾经刊载过批评"船仔水"经营者只知利己，不顾损人。水船设备简陋，水装满船舱中，任其风吹日晒，飞尘累集，或一二日到厦，或三四日不等，对于卫生大有妨碍。更有一般无知的船夫，每当水船到厦泊定，不管汗流浃背，浑身尘秽，开启仓中所载清水，用手掬起洗濯其身，任其污水流入舱内。少顷，挑水小贩毕集船头，转瞬间而全船之水悉行售尽，其状殊属令人心惊。[②]由此可见，居民饮用船仔水，健康毫无保障。而当年的厦门，街道狭小，房屋栉比，火警频繁，乏水扑灭，危害尤烈。

居民生活用水亟待改善

　　厦门淡水资源紧缺，居民用水不便和不利于身体健康的问题，清末兴泉永兵备道道台周莲，已有觉察。光绪二十二年（1896年）五月廿九日，上海《申报》有一条厦门新闻，写道："周子迪观察以厦门居民食水不便，井泉多碱，山泉则有挑而售之者，取价甚昂贵。观察特委侯少尉就东辕门相近八角楼前，开出自来水井，仿照淡水洋井开办。已开数千尺，未卜能有甘泉上溢否？"兴泉永道台是当年厦门地区的最高行政长官，为解决居民用水问题，他指令下属仿照外国商人在台湾淡水开"自来水井"经营供水业务，但没有成功。

自来水公司应运而生

　　民国建立后，随着商业的发达，市场繁荣，人口也日渐增多，地方人士改造旧城区，建设新城市的呼声，不绝于耳。民国九年（1920年）春，酝酿多年的厦门新城市建设条件成熟，成立了由富侨、绅商和地方有识之士林尔嘉、黄奕住、洪晓春、黄世金、黄廷元、周殿薰、李禧、王选闲等

31人任会董，组成厦门市政会，推举林尔嘉、黄世金为首届正、副会长。市政会的任务主要是筹集建设资金，发动本地股商巨贾和海外华侨回乡投资，并为厦门新城市建设出谋献策。时厦门尚未设市，地方政府（思明县政府）也相应成立厦门市政局，负责新城市的规划、设计和施工。

城市居民的生活用水问题，关系到千家万户，不仅引起市政会诸会董的关注，居民们更迫切企望早日解决。就这样，创办厦门自来水公司和自来水工程建设都提到议事日程。

筹建自来水公司的首次会议

厦门市政会成立的翌年，开始筹办自来水厂的事。1921年6月28日的上海《申报》，就刊载了一篇题为《厦门筹办自来水之会议》的报道："厦门富绅林尔嘉与各绅商集合资本，筹办厦门自来水公司。……6月15日，发起人林叔臧等，假座白鹿洞山麓之颐园（富侨叶清池的别墅，已废——笔者）开会。出席者除林叔臧外，有叶心镜、施光铭、黄秀烺、吴蕴甫、黄乃川、黄世金、叶寿堂诸君。推林君为主席。"出席会议者讨论了筹备经过的报告后，达成协议11条，主要有：（1）采择美国人卫工程师报告书内第一条计划办理。（2）试验实测费用，由发起人各再垫出五百元，仍作优先股办理。（3）聘用林全成为机师（工程师），担任实测及试验职务，薪俸暂定月给大银260元。（4）设立筹备处，推举黄世金为筹备处主任，暂假电灯公司办事；任用试验、测量人员及费用，由主任酌办。（5）推选林叔臧、黄世金两人，起草本公司章程。（6）股本总额定为160万元，每股100元，分作两期交纳；第一期股款，股份招足时征收。（7）抄录议案送达缺席的发起人，让他们知晓会议情况。

正当厦门市政会推进筹办自来水公司之际，林尔嘉由于身兼多职、公务繁忙导致积劳成疾。1922年，他坚辞一切职务到海外养病，旅居瑞士七年，筹办厦门自来水公司的重任，改由厦门市政会第二届会长黄奕住承担。

黄奕住完成筹办自来水公司重任

黄奕住祖籍福建南安，少时离乡背井到海外谋生。先到新加坡，继至印尼苏门答腊的棉兰，后又移居印尼中爪哇的三宝垄，以经营糖业发家致

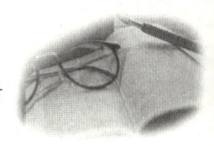

富。1919年4月挟巨资回国，定居于鼓浪屿。1920年，他怀着"吾侨民苦海国苛法久矣，若不思为父母之邦图其富强，徒坐拥厚资非丈夫也"[③]的理念，常常到处"观山审海"，奔波于厦门、上海之间，调查市场和商务状况，谋在祖国大展宏图，"亟为厦门地方谋公益"[④]。

位于鹭江道的厦门自来水公司办事处（址在今国际银行大厦）

黄奕住筹办自来水公司，始于何年何月，他的《自订回国大事记》没有明确记载，而据其长子黄钦书等撰写的《先府君行实》记述，1919年4月，黄奕住回国定居鼓浪屿后，"先办电话公司，斥资赎鼓浪屿电话权于日商手……次办自来水公司"[⑤]。黄奕住《自订回国大事记》载，承办电话公司是1921年4月16日，收买日商在鼓的电话权是1923年的事，直到1924年8月23日，才首次出现与自来水公司有关的"大事"。综上所述，筹办自来水公司的是林尔嘉、黄世金等倡议于先，继由黄奕住接棒，经多年拼搏大功告成。

以黄奕住为首筹办的自来水公司，起先拟募股金100万元，设一万股，每股一百元，黄奕住自认四千股股金40万元，为第一大股东。其余六千股，派周幼梅等分赴国内外筹集。一万股股金100万元的筹集任务完成后，于1923年5月召开首次股东大会，决定组建"商办厦门自来水股份有限公司"和董事会，选7人为常务董事,不设董事长,黄奕住、黄世金两位为常务办事董事。先租海后滩旧名番仔街(今升平路)的太古公司房屋办公,遂即汇集相关资料,呈报北京国民政府农商部立案。

自来水供水设施的兴建

水源勘测与水库选址

1923年5月厦门自来水公司组建后,立即开展水源勘测和水库选址,由工程部主任林全成负全责。林全成又名林荣森,厦门本地人,毕业于上海圣约翰大学,留学美国麻省理工学院。他与公司聘请的美国水利工程师卫根一起,翻山越岭,几乎走遍厦门岛内的山峦峡谷,终于选中了位于厦门岛东南端曾厝垵上里村的一处山谷兴建水库。这里距市区约五英里,群山绵峻,西姑岭、东坪岭、黄厝岭三面环抱,砌石筑坝,可将雨水和泉水集储其间,水源充沛。净水池选址南普陀寺西侧的赤岭山颠。

上里、赤岭等处山坡山下,既有村民零散的田园厝宅,又有坟墓荒冢,没处理好,工程就无法动工。于是赶紧编制计划,绘制图表,呈报政府备案,请求保护并发贴收买田园厝宅和迁墓的布告。

给价买地、迁坟

当年,正是厦门改造旧城市、扩建新市区的黄金岁月,地价节节攀升。自来水供水工程的征地迁墓,难度较大。首先村民要价偏高,这是人之常情,可以理解。而不少需要给价收买的田园厝宅,由于多数是祖上遗留的公业,后代享有产权的人众多,诸如,让不让给价收买,卖价要多少等等,意见分歧,互相扯皮,虽屡经协商,仍解决不了。更有凭借地方恶势力恃强敲诈勒索的,蛮不讲理,纠缠不休。至于迁移坟墓,更非易事,有封建迷信所谓"风水"作祟,也有补偿不能满足要求故意拖延时日,情况复杂,令人难以想象。所有上述问题,最后都得花钱动用政府权力和疏通族长出面"调处"。

经自来水公司请求,思明县公署由县知事具名,于1923年7月18日发贴布告,晓谕"诸色人等知悉":"尔等如有上里山流域及赤岭界线以内一带园墓,自示之后,务于四个月内持出园地卖字与公司接洽,照章归其

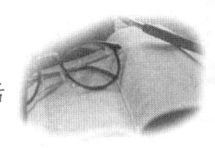

给价收买。至坟墓地主,于领价半月内即行迁移,尚有无主废坟,逾期即由公司代移别葬,各宜凛遵毋违。"之后,对给价买地迁墓工作虽有起动,但进展缓慢,影响工程施工。

除呈请思明县政府外,自来水公司还一再呈请福建省政府责令督促思明县政府认真推动征地、迁墓工作。1924年6月20日、7月14日,福建省长相继分令实业厅、厦门警察厅、思明县知事,加意保护厦门自来水工程建设,"对于上里山及赤岭流域界限,经前委员勘界以内之坟墓,间有未经迁移者,务令于一个月内,一律起迁……"但仍收效不大。

昔日厦门自来水滤水池

为加快征地迁墓步伐,以利工程施工。自来水公司再次呈请地方政府刊发布告,催促进行。1924年9月30日,思明县政府以警察厅长杨遂和思明县长王允提会衔,发出布告:"查蓄水池地点,系勘定赤岭,计上里山流域面积共10.87英方里,赤岭界线以内面积计1.20方丈,此皆技师择定取水所必需者也。惟两处流域界线以内,间有荒冢芜园,均归自来水公司给价收买,以资即日兴工,而重卫生消防……凡属上里山流域及赤岭界线以内一带园墓,其有主者,由出示之日起,四个月以内持契到自来水公司查验,公司照章给价收买。至于坟墓墓主,应于领价半个月以内,即将坟墓迁移远处别葬,以免纠葛,而利进行。"警察厅长和思明县长在布告中强调,除同意自来水公司的要求"定期派员会同勘界"外,着令相关业主、墓主遵照公司规定期限办理卖地迁墓。[7]

上里蓄水池(水库)

几经波折,1927年10月,公司已供水营业了好几个月，该给价收买或租赁的田园厝宅，以及坟墓迁移等手续，才基本办完。

工程招标承建

　　1924年8月，公司常务办事董事黄奕住前往上海，主持自来水工程招标事宜。参加投标的有中国、英国、荷兰、德国、美国、日本六个国家的洋行、公司。标价以荷商110万元最高，日商70万元最低。经过对各洋行、公司提供的投标资料进行比较、研究，选取德国西门子洋行中标，以全部建筑费90万元交付承包，并于同月23日签订合同。事后，日商以标价最低而未能中标为由，向我国政府提出交涉。政府以厦门自来水工程系商办，由谁承建，商家自定，政府无权干涉顶回日商的交涉。

　　自来水公司与德国西门子洋行签订的合同，规定在合同签订后立即组织施工，务必于1926年竣工。自来水公司应一次性先交付30万元，一年后再交30万元，完工后再交30万元。但后来结算实际建筑费92万元。合同承包建筑工程如下：（1）上里蓄水池：自来水供水水池一座，管理室及宿舍三座。（2）赤岭滤水池：沙滤池三座，洗沙机一架，化验室一座，办事处及宿舍三座，瑞士臭氧灭毒机一架。（3）水仙路修造厂：厂房一座，机件全副，试表房、试表仪器全副。（4）水管路线：由上里至赤岭生铁管17.4尺，并铺设由赤岭至市区2—12寸水管。（5）用户水管装设：寸管500户、4分径1000户。（6）消防设备：水龙头300副，防水门45个。

　　上文提到，厦门的卖水已形成一种行业。正当工程即将竣工的1926年初，有人组织水船联合会，推吴队为会长，会址设在大史巷。联合会以自来水公司占夺水贩权益为由，先具呈向厦门总商会呼吁，申言如不得要领，将向法院提起公诉，并以快邮致全国各方面。《致厦门总商会呈》全文见载于1926年2月27日的新加坡《南洋商报》，文长不录，主要要求赔偿水贩的"常年得利，以资生活"。事后经调解息事。

竣工验收

　　上里水库堤坝于1925年8月15日奠基，1926年8月，工程基本完工。上里蓄水池（水库）占地面积17.87万平方米[①]，主要汇集雨水及地面延流蓄水，在水库的汇水区域边沿建一条732米长的引水渠。水库汇水总面积为2

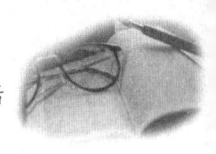

平方公里，库容为100万吨。大坝结构为花岗岩砌成的拱形坝，长103米，顶宽5米，坝高25.5米，中央设有集水井，由四个高、低位置不同的闸门控制放水入集水井，再通过大坝下面的内部控制室用管道直接输送至赤岭水厂。泄洪设施由二部分组成，一部分系三个自流泄洪孔，水位超过即自然泄洪，另一部分由三个排洪栅闸控制泄洪。

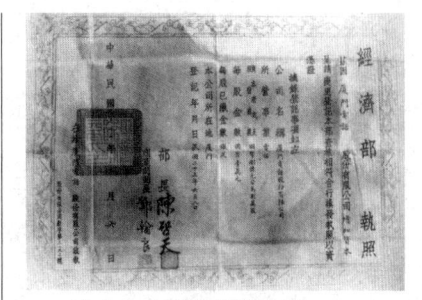

赤岭滤水池位于南普陀寺的西北侧，占地24306平方米，是厦门市第一座自来水厂。制水设施有户外式慢滤池一座共4格，总面积1642平方米，因原水系汇集雨水和山泉入水库，自然沉淀，水的浊度低，所以不设沉淀设施，水位过滤后进入两座容量各1840立方米的地下式清水池，在清水池边建有一座臭氧发生设备（由三个氧原子组成的强灭菌气体），利用臭氧进行消毒后，从清水池安装两条300毫米铸铁管直接利用自然重力流送至市区管网供应各用水户。

至此，公司先试行放水，开始试营业。1926年10月28日，商办厦门自来水股份有限公司开成立大会，董事会票选黄奕住为董事长，黄世金为副董事长，并任常务办事董事。公司规定，常务办事董事黄奕住、黄世金和总经理周幼梅、总工程师林全成四人，每星期开会一次，共同研究一周的大事。如有事不能解决，再请其他五位常务董事开会议决。若再不行，即召集临时董事会解决。

自来水公司初期的经营

自来水公司开办之初，用户不但要承担昂贵的安装费，且水费每加仑卖2分，也是当时全世界最贵。但居民以用水方便，既卫生又安全，

自来水公司的经营执照

自来水公司的股票

还是乐于安装自来水，因而公司营业蒸蒸日上。自1926年10月开办至1927年底止，营业收入共大洋（银元）8万元，1928年升为10万元。用户1928年700户，1929年增至1200户。为适应厦门新城区扩展居民激增的形势，公司增资至200万元，增建沙滤池、水管线等设备，并购置汽轮，输水供应停泊港内的中外轮船；在鼓浪屿设分池和水塔，供应鼓浪屿居民自来水。又在市内增装水管线，满足用户要求，还在市内各处增设代售水处，方便未安装自来水的用户。1932年出版的《厦门工商业大观》，载有获准代售水处的代理人和地址，从略不录。

1935年，自来水公司出版《（民国）廿四年度工程报告书》，据其披露的数字，1931年装表用户2375户，1932年2532户，1933年2633户，1934年2565户，1935年仅至6月止就有2626户。用户数几乎年年上升。用水量每日平均737.000加仑，每年2800万加仑。每千加仑国币2元，机关1元，工业5角，消防免费。1934年全年营业总收入35.73万多元，支出27.75万多元。

1938年5月，日本军国主义侵占厦门，劫夺自来水公司，进行掠夺式经营。1945年8月抗日战争胜利后，国民政府官僚资本渗透自来水公司，用人唯亲，管理紊乱。从1946年至1949年，厦门的居民日多，而公司的日制水能力、市区供水管道长度和有关设备不仅没有增加，反因年久失修而减少，增加的只有水价。1948年每吨水价折合1936年币值为6角6分，比1926年（每吨水5角3分）上涨24.53%。多数居民用不起自来水。1949年，年售水量34.2万吨，日均供水量不足一千吨，全市水表户3600户。

注：

①②上海《申报》，1912年9月24日。
③④⑤黄钦书等：《先府君行实》，载《黄奕住传》，湖南人民出版社1998年11月版。
⑥⑦新加坡《南铎日报》，1924年10月20日。
⑧《厦门城乡建设志编纂简讯》第16期：《城市供水》，厦门市建委《城乡建设志》编写组，1987年11月30日（油印本）；《厦门市土地志》，鹭江出版社1996年11月版；《厦门晚报》，2002年5月14日。

□原载《思明文史资料》第3辑，2006年10月

厦门造船业"光宗耀祖"

《厦门晚报》编者按

4月8日,福建省有史以来建造的最大吨位的船舶——一艘载重5.38万吨的双壳散货船从厦门造船厂的船台上下水。造船业的专业人士在媒体上表示,希望厦船重工成为我市龙头企业,并作为我国乃至全世界造船业船配供应基地。

文史专家洪卜仁老先生读了相关报道之后,极为振奋,昨日在接受记者采访时说,造船工业是本市历史悠久的传统产业,它的发展与厦门港的兴衰休戚相关。

洪老先生认为,在可以预见的未来,物流依然以船舶运输为大宗。厦门海湾型区域性中心城市的建设呼唤造船工业的繁荣,造船业是属于潜力大、前景好的未来支柱产业。历史证实,港兴则造船业兴,厦门港四百余年的军事、贸易与厦门及其邻近地区的造船业相互推动。洪先生娓娓讲述几百年来厦门港的历史变迁与造船业的星移斗转。

古代开放港口与造船业的兴盛

明清时厦门被纳入世界贸易体系

宋元时期随着泉州港的兴起和繁荣,厦门逐渐成为来往船舶中途停泊的地方，以至设防驻兵，以渡口码头和军港为特征的古港初步形成。

此时民间造船已经开始。600多年前，厦门建城，其间漳厦海域的航运活动逐渐活跃，相继开辟了10余条国外航线。随后，葡萄牙、西班牙商船先后到厦门港贸易，设立商行；海上民间贸易的兴起和移民大批出洋，使厦门港粗具规模。活跃于海面上往来贸易的船只不少是"厦门造"，厦门开始仿造西洋的"夹板船"。

明末清初，郑成功父子据厦经营海上贸易，船队进出厦门港，市井一派繁荣，厦门港成为东南沿海的重要港口和贸易中心，也成为造船业的重要基地，而且在收复台湾的军事行动中发挥了重要作用。

16世纪，厦门成为"中国第一个输出茶的港口"之后，从孤岛一跃成为闽南的港市中心，并且一开始就被纳入世界贸易体系。那时民间造船非常活跃，史书记载厦门当时"私造巨舶，岁出诸番市易"，仅嘉靖二十六年（1547年）明政府就处斩97名"非法"与葡萄牙人贸易的厦门商人。

郑成功军需拉动造船业兴旺

17世纪初郑氏家族从海上贸易中受惠。郑芝龙成为"长江、珠江之间沿海的无可争辩的霸王"，拥有大帆船"千艘以上"。在1637年下半年，从大陆开往荷据台湾的19艘船中，有15艘是厦门船。这些船大都来自厦门或邻近的造船作坊。

郑成功时期，厦门港持续开放，北伐清廷东征台湾的庞大军政开支，驱使郑成功大造船舶投入对外贸易。每年派到日本的船就有30艘左右，去东南亚的也有16到20艘。这些船大部分要靠本土造。军队也大修船舰，厦门变成了一个热火朝天的基地。

史料记载，当地人听说要收复台湾，纷纷前来献船、献料、献工，赶造战船，只用两个多月时间就修造300余艘。有大帆船、水舶船等各类战船8种。主力战船吸取西洋"夹板船"优点，航行与战斗性能俱佳。

而施琅攻台也大受厦门造船之利。他于康熙二十年（1681年）十一月十五日由北京抵厦门，"一面整船，一面练兵，兼制造器械"。到了1682年夏，他至少新建造了运兵船（小快哨）100艘，登陆艇（小八桨）200艘，总算"船坚兵练，事事全备"。

从1684年清康熙开放海禁后的150多年间，厦门两度开放了海禁，设立海关，厦门港的内外贸易航运迅速发展，成为全国贸易大港和对台运输的

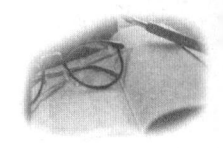

唯一合法口岸。与此同时，港口航运业促进了厦门及周边经济的兴旺，区域经济和航运业的发展又刺激了造船业的发达。当时经常停泊在厦门港内的军粮船就有千余艘，没有强大的修造船能力是不足以应付的。

造船工人占厦门人口近十分之一

1730年，厦门设立了军工造船厂，几经兴废。当时厦门拥有熟练的船舶制造业工人，以致于在雍正十二年（1734年）福建总督与巡抚联名上奏，建议台湾战船转移到内地"福厂或厦门厂之处"建造，原因之一就是台湾工人"未能量材度用，且不识准绳锯械之法"。

厦门的船舶作坊设在今天同文路、晨光路一带，后搬至沙坡尾，还是以造战船为主。民间造船也很活跃，遗址则在今天开元路30号至50号地段。

清道光十二年（1832年）的《厦门志》记载：因为贸易"利数倍至数十倍"，商人不顾风险，"视汪洋巨浸如衽席"，"骤富骤贫"。许多人倾家荡产造船，"造大船费数万金""其大者可载万余石，小者亦数千石"。制造业工人纷纷从各地移民前来，厦门一时"船工大盛"，工种齐全，"土、金、银、铜、铁诸工率自外来"，用今天的话说，就是形成了产业链。靠造船谋生的人"以万计"，占当时厦门总人口的近十分之一，造船业成为厦门的支柱产业。

鼓浪屿燕仔尾山麓的厦门机器公司，1902年由爱尔兰人创办，能修造蒸汽船。新中国成立后，原址改为厦门造船厂鼓浪屿工地

造船是厦门近代工业史的缩影

厦门港的国内外航海贸易到鸦片战争前仍保持一定规模，并有相当的造船能力。鸦片战争伊始，还曾造

船预备与英国海军作战。1842年2月，新任闽浙总督颜伯焘亲到厦门督办防务，添筑炮台，创建船坞，积极引进外国新式造船技术和铸炮工艺，自造战舰50余艘，自铸新炮一千门，以便进入大洋，与英舰在海上交锋作战。可是侵略者恰恰乘这些"水陆兼备"设防尚未全部完成，清廷"裁撤兵勇"的时候得逞了。但颜伯焘等人"新铸千斤炮"，建造欧洲式的干船坞以及制造新战舰的造船技术，也令侵略者大为称赞。

英国人创办的厦门新船坞有限公司在今第一码头附近建成，翌年正式营业。该厂拥有一座花岗岩砌成的干船坞，能修造长度310英尺的船只

鸦片战争后，厦门港被殖民者划为五个通商口岸之一，被动地由面向南洋变为向全世界开放，外国航运业大肆占领远洋和沿海运输市场，港口规模进一步扩大，但其实是长期入超的商港。厦门近代造船工业也是由外国资本开始的。

英商私建船坞公司

1858年，英国人擅自在厦门建立了一个厦门船坞公司。这是厦门第一家近代工业企业。最初这个船厂在海滨浅滩草创两处勘验船底的设备，建了有长300尺、宽60尺的石坞一座，为了和黄浦、香港地区的船坞竞争，它在成立后的数年间，一连开辟了两个新的船坞。它所修理的船只，除了轮船兵舰外，还包括大量的帆船，在1862—1867年的五年之中，就修理了帆船328只。它还制造小轮船在厦门港内航行，1867年建造过一只汽机拖船，"和本地的舢板争着拉拢买

厦门新船坞公司的木工车间雇用了许多厦门工匠

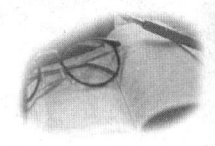

卖"。

由于它和本土帆船修理业的竞争有了成效，所以在进出厦门的外国船只日益减少的情况下，仍然得到发展。1892年公司进行一次改组，改组后的厦门新船坞公司，不但船坞进行了改建，能修长达310尺的船只，而且在船坞之外，又兴建了机器厂、炼冶厂、铁工和木工等工厂，这些厂房"都装配着现代机器"。经常雇佣廉价的中国工人200人左右。

1893年，鼓浪屿还出现了一个厦门机器公司。这是个小型企业，由本地华人买办打着英商招牌开办的，但管理和经营，却掌握在外国人手中。除了只能修理船舶的局部损坏之外，兼营的铸铁业务也不能承受超过1千磅的工程。到了清末，远洋巨轮激增至万吨，厦门船坞已不能胜任，外船来华纷纷跑到港、沪修理。而且由于洋务运动的成效，福建船政局成立，罗星塔船坞的设备较为完善，开到闽口的各国船只也多就马尾修理。再加上本地人对英商没有好感，不愿意和他们打交道，先后成立了几家民办的机器厂，利用浅滩修理船只。因此，厦门船坞的营业日趋衰落。

船坞差点落入日本人手里

第一次世界大战时，轮船稀少，英商得利大减，便想把厦门船坞卖掉，此举差点让船坞落入日本人嘴里，并引发了一段故事。1936年4月1日的《江声报》记载了这段历史。

原来当时厦门船坞已经有少量华人资本，管理权却落在大股东德记洋行的大班英商伟任手中。1918年，正值军阀李厚基驻闽时期，德记洋行要收盘，便想把厦门船坞转给华人股东，但没人接受。伟任便私下跟日本人谈定为40万元的价钱，由"台湾闻人"辜显荣出面，交了定银1万元，约3个月后成交。消息传出时，离成交不到两个月，厦门各界人士非常愤慨，四处奔走，"起而力争"，"遍讦当道"。李厚基也觉得船坞被日本人占去不是好事，于是命令厦门道尹汪守垠与驻厦的英国领事交涉。结果英国人答应由政府出资41万元赎买。该款项省里认拨半数，其余由厦门商人捐派。当时是民族资本发展之机，厦门经济不错，20万元"一呼即集"。省里的款项则财政厅拨一点，剩下靠发行船坞彩票弥补了。

这个故事还有另一个说法，当时伟任着急把船坞卖出，故意与日本人串谋，伪造合同来提高价钱，如国人要赎买就中了圈套。而汪守垠也参与其中，并赚了数万元，后来被李厚基察出，被"解职羁押"。但无论如

新船坞公司的机器车间，有钻床、车床和镟床等设备

厦门新船坞公司的锅炉车间

何，厦门船坞已经变成了国人所有，并改名为厦门造船所。而李厚基也不会想到，4年后造船所成了他的救命之所。

1922年，李厚基在军阀混战中败走，携着巨款从福州潜逃来到厦门。谁料他旧部臧致平的军队哗变，在夜间发动捉他。李厚基只好逃到了厦门造船所藏匿躲命，才得以逃脱。

而臧致平离开厦门后，造船所又改隶于海军部，名称也变更为厦门海军船坞。

军阀委派的厦门海军船坞的管理者建树不大，但都还在为海军驻泊厦门的舰艇做大小修等。1929—1933年间，也为海军警备司令部建造了一艘小汽船，为本地机关新造及修改小汽船多艘。而后"管理不善，材料缺乏，员工星散"，这种状况一直持续到1938年5月厦门沦陷为止。

战后造船业厚积薄发

从抗战开始，由于政治、军事因素的影响，厦门的港口、航运、贸易、城市建设一并落入低谷。厦门港退出沿海主要港口的行列，降为一般的地方小港，造船也基本围绕军事和渔业服务。战争结束后，为民生的造船逐渐恢复。1946年的《厦门大观》记载："造船业现随渔业之活跃，极呈兴盛。该厂地蚁集大学路与沙坡尾一隅，老板技工悉为惠安籍。"造船工人的收入也不错，"技工每日工价一至二万，小工也在一万左右"。可

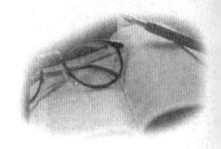

以想见战后经济对造船的需求旺盛。据载，当时有兴厦、源成等船厂16家。

解放后，在沙坡尾的几个私营船厂合并成厦门第二船厂。1957年，厦门造船所与厦门第二船厂，两厂合并为一，改名厦门造船厂。

在20世纪60年代，厦门造船厂承担本省造船任务的大宗，以"善打硬仗"出名。

20世纪70年代中期，厦门以商港为主的性质和发展方向得以重新确定，建设大规模现代港口，厦门港再次崛起。1981年厦门设立经济特区，厦门港被推向对外开放的前沿，发展成为外向型多功能的特区港口。厦门造船业也重新振兴，从1983年开始生产第一条出口船舶开始，此后10年生产的60%～70%的船只用于出口。但很快跟不上新形势了。1996在海沧排头动工建造新厂，1998年跨进万吨级船厂行列，此后捷报不断。

2001年，厦门市政府提出逐步实现由海岛型城市向海湾型城市转变的建设思路，厦门港的目标是国际干线港。而厦船重工经过两次跨越式的发展，要为现在乃至将来厦门市港口经济的发展提供配套支持，必须再次突破瓶颈，支撑产业链、产业群的形成，形成投入产出匹配的规模效益。

厦门与造船有关的地名

关于清初开放海禁民间造船的史料，除文献记载外，至今还留有造船遗址的相关地名。如夹板寮，"夹板"为"17世纪葡萄牙人和荷兰人所用的欧式帆船，华人称为'夹板船'。""寮"则是作坊的意思。第一码头过去有块礁石称为"帆礁"，是以前的晒帆处。在第八市场的古营路，过去叫车辂，是专门制造滑轮的场所。"车辂"即指以前升降船帆用的滑轮。大同路镇邦路衔接处有条横竹路，是加工造船所需的竹子的地方，以前就叫竹仔街。思明北路公交停车场附近有条路叫索埕，那是制作船只用绳的地方。开元路到思明北路周边跟造船有关的地名，说明这里以前是造船作坊的集中地。

□原载《厦门晚报》2004年4月14日

旧厦门的金融业

钱庄和银行是旧中国金融业的一对"骄子",1949年上半年,厦门有钱庄30多家,银行20多家。当时厦门市区不到10万人,"依人口计算,每七千人中就有一家银行,破世界银行密度"的记录。

厦门钱庄业的兴衰

现代银行出现以前,在我国起着调剂金融,活跃社会经济作用的是钱庄。厦门钱庄存在的历史约200年。

清朝中叶的乾隆、嘉庆年间,厦门通用制钱。白银和洋元得兑换制钱,才能在市场上买卖东西。就这样,经营白银、洋元兑换的制钱店,应运而生。鸦片战争后,随着厦门国内外贸易的繁盛,钱店逐渐发展成为钱庄,也有叫它为银号的。

厦门早期的钱庄多数是独资经营的。19世纪80年代,厦门钱庄与银号、票号三种名称并行,规模较大的有江昌钱庄、厚诚钱庄、源通银号和蔚泰厚、新泰厚等山西票号。清末民初的钱庄,有洋溢、金宝和、永富、鼎元等20多家,资金自数百元至万元不等。当时的钱庄,以经营者财产的多寡为信用的基础,除办理存放款业务,有的还兼汇兑、茶叶出口贸易等业务。

到了20世纪20年代,厦门进行市政建设,开辟马路,兴建洋楼,华侨纷纷汇款投资地皮房产和工商企业,大量侨资涌进厦门,经济繁荣,存款猛增，对富商巨贾产生强烈的刺激，新开业的钱庄犹如雨后春笋。1930年前后，钱庄公会拥有会员87家，近似兑换店性质而没参加公会的小钱庄，还有30多家。这一百多家钱庄，主要集中在今天的海后路、中山路、水仙路、镇邦路和大同路靠海口地段，也有十来家分散在洪本部、打铁街和磁街一带。它们多数是合伙经营的，资金多者几万元，少者仅几百元，悬殊很大。各钱庄根据本身资金的厚薄和活动能力的强弱，分别经营活期、定期存款、信用贷款、抵押贷款、信用透支、抵押透支、同业拆放以及香港、上海、福州、汕头与厦门间的汇兑；买卖黄金、白银、外钞；投资房地产，代理国家银行和商业银行发行钞票；零星兑换外钞、银元；代售轮船客票、航空奖券（彩票）等业务。资金雄厚的钱庄，一般营业设在二楼，但也有兼设门市的。

20世纪20年代，作为社会经济枢纽的银行已相继设立，厦门钱庄之所以能存在甚至发展，是因为它们具备比银行更为优越的条件，归纳起来，主要有两个方面。

第一，银行刚诞生不久，人们对它还缺乏充分的认识，尽管它的资金大大超过钱庄，但制度较严密，手续较麻烦，而钱庄历史久远，重视信用，已取得商家、客户的信赖。加上钱庄的营业时间长，星期天和假日照常开门，对客户热情，存放款手续简便，因此受到商家、客户的欢迎，乐于光顾。

第二，钱庄聘请熟悉市场情况人员当跑街，经常到有关往来商家、客户串门，联络感情，招揽生意。商人普遍认为向银行贷款要抵押品，有损体面；钱庄通过跑街掌握市场动态，了解来往商家的资产、营业状况，主动贷放信用借款，吸收的存款有出路。

但是厦门钱庄业的黄金时代很快就消逝了，20世纪30年代初的世界经济危机延续了好几年，严重冲击了东南亚华侨的工商业，百业惨淡，侨汇锐减，在侨资哺育下繁荣起来的厦门市场，又再走向萧条。原来从事房地产经营的钱庄，由于存款骤减，地价暴跌，银根周转不灵，继之又受到国民政府实行新货币政策的影响，业务从此一蹶不振。1932年全市钱庄的营业，不及1931年的十分之六。据我个人接触的不完整资料统计，1932年到1936年间，陆续停业、倒闭的钱庄达49家，其中资金10万元至50万元的有：华侨兴业、同济、豫丰、裕孚、捷顺、鼎昌、中孚、炳记、盈丰、长裕、日兴等；资金2万元以上的有：美源、李民兴、懋成、银江、鸿隆、泰源、福成春、同恒昌、建源、瑞泰、巽成、裕大、晋元、利享、乾丰、振华、绵利、金汇丰、英合美等。此外，还有丰益、利川、万协美、信义孚、荣泰、裕丰、礼益、源益、光裕、震南、镒丰、泉厦、元亨、永源、江昌、信裕、永利、和源、成隆等。到了1937年，仅有40家，全部资金法币150万元。

厦门沦陷期间，多数钱庄迁到公共租界的鼓浪屿，继续营业。抗战胜利后的钱庄，有华记、捷胜、泰兴、茂华、大川、协顺等30多家，但大都资金薄弱，以经营外钞、银元的兑换为主，放款和汇兑的业务极少。这一时期的钱庄，已是日薄西山，奄奄一息。

外资银行

1843年11月2日，厦门因《南京条约》被迫开埠后，外资洋行、工厂与日俱增。1878年，英资的汇丰银行首先在厦门设立分行，它一直经营到1950年1月才停业，前后存在72年。

汇丰银行厦门分行，起先属香港总行直接控制，没有另筹资金，逐日收付，都当天转拨香港总行账内。抗战胜利后，改由上海分行管理，才有独立的资金和账务。

早期的汇丰银行厦门分行，主要业务是代收海关关税、吸收侨汇、存放款和办理洋行押汇。它在厦门设立分行不久，就发行以西班牙洋元为单位的"银元钞票"，票面分为一元、五元、十元、二十五元四种。到了19世纪60年代中叶，它发行的钞票，"在厦门一隅，已约六七十万"。出口茶叶和华侨汇款，一律以汇丰的"银元钞票支付"。上海的《申报》写道：来自侨汇中心之一的厦门的消息说，在1886年终一个月之间，由汇丰经汇的侨汇，"约有一百二三十万元"。《台湾经济史初集》记载："在台湾茶叶汇集出口的中心厦门，差不多全靠汇丰银行的通融周转，仅仅这一家银行的茶叶存款即高达百万"。1886年至1887年间，汇丰银行仅通过姓叶的买办和姓龚的绅士两人经手，就贷放厦门商人二百多万两。由此可见，当年汇丰银行厦门分行存放款的业务，相当活跃。

清末民初，汇丰银行除丧失代收海关关税的特权外，其他业务仍然保持。嗣后，中国银行、华侨银行、中兴银行陆续在国内外许多地区成立机构，开展侨汇和外汇业务，逐步打破汇丰银行垄断侨汇和国际押汇业务的局面。抗战前，它的唯一优势，是凭借资金雄厚和厦沪间调拨灵活，把持厦门的申汇开盘。

旧厦门的金融业

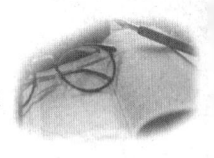

厦门沦陷,汇丰迁移鼓浪屿,业务紧缩。1941年12月8日太平洋战争爆发,与日军占领鼓浪屿的同时,汇丰银行被接管停业。抗战胜利后,汇丰的业务远较战前逊色,只剩少数洋行与它保持往来。

1895年日本占领台湾。1899年9月,日本财团开设台湾银行,10月就在厦门筹办支行,1901年1月正式营业。台湾银行支行办理中外汇兑,进行企业投资,吸收存款,发放贷款,还发行票面一元、五元、十元和五十元四种银本位钞票,流通福建沿海各县。

汇丰银行设在鼓浪屿分行

五四运动期间,厦门人民激于爱国热情,纷纷持着台湾银行银本位钞票兑换银元,存户也争相提取现款,台湾银行储备的少量银元不足支付,因此钞票失去信用,逐渐在市面上消失。20世纪20年代,日本加紧侵略福建的活动,厦门各界人民开展抵制日货运动,台湾银行业务一落千丈,1927年4月9日宣告倒闭。后来虽经改组复业,但厦门商户存有戒心,很少与它来往。抗战爆发,日本侨民撤离厦门,台湾银行也办理结束。

1938年5月13日,日本占领厦门,台湾银行于6月6日复业,继又代理日本银行。沦陷期间,厦门的经济命脉全由台湾银行操纵。

1918年12月,台湾金融株式会社在厦门设新高银行,1920年改组为商工银行,资金200万元。新高银行同样受到厦门人民反日爱国运动的冲击,于1927年宣告结束。

台湾银行

台湾银行、新高银行之外,还有丰南信托公司和金融组合,也是经营银行业务的日资金融机构。它们的主要业务对象为日籍商行。厦门沦陷期间,它们成为台湾银行垄断厦门金融市场的工具。

荷兰设在殖民地印度尼西亚的安达银行,1924年初派副经理前来厦门筹办分行,同年2月15日正式开业,宣布分行的资金是当时的中国国币60万元。

安达银行厦门分行的主要业务,是外汇买卖和经营进出口的银行业务，其次是存放款。它的存户以当年荷兰殖民地的归侨最多。安达银行在厦门不搞投资，从厦门吸收的存款，一律交爪哇总行处理。它还代理荷兰轮船的客运和货运，代办荷兰殖民地华侨的有价证券和遗产内调，收取手续费和保险费。

太平洋战争爆发，安达银行与汇丰银行遭受同样的命运。抗战后，它的业务远不如战前，1949年8月停业，前后在厦门经营26年。

美资的美丰银行，总行在上海，1924年9月9日来厦门开设分行，因业务不好于1930年停业。

厦门的英商德记、和记两家洋行，代理过英资渣打银行、有利银行；德商宝记洋行和英商德忌利士洋行，也先后代理过荷兰资本的小工银行。这些银行在厦门的主要业务是国际押汇。

中国资本的银行

中国资本的银行就其资金来源和业务职能，可分为国家银行，省、市地方银行、商业银行，等等。厦门因为是华侨的家乡，又有侨资创办的银行。

旧中国具有国家银行职能的，清代是大清银行，民国时期是中央银行和拥有大量官僚资本的中国、交通、农民银行。抗战期间日伪南京政府的中央储备银行，只在沦陷区行使国家银行的职能。上述国家银行，都在厦门设立分支机构。

省、市地方银行除一般银行业务外，享有代理省市金库和发行钞票或辅币券的特权。福建的省银行，清末有福建银号，北洋军阀治闽时期有福建银行，国民政府有福建省银行。各时期的省银行，也都在厦门设立分支机构。沦陷期间日伪创办的厦门劝业银行，抗战胜利后的厦门市银行，都属市级地方性银行。

□原载《厦门方志通讯》1985年第1期，原标题为《略述厦门的钱庄和银行》

交通银行

中央银行

神州风云鹭江浪

——厦门人民收回海后滩警权纪事

1925年5月，英、日帝国主义制造了五卅惨案，全国民众义愤填膺，厦门人民也罢工、罢课、罢市，掀起声势浩大的反帝爱国运动。

6月6日清晨，2万多名群众齐聚演武场，举行厦门各界人民声援五卅惨案大会。

上午9时，示威大游行浩浩荡荡地行进被英国强占的海后滩租地，"打倒帝国主义"、"取消不平等条约"、"收回海后滩租界"的雄壮口号声，响彻云霄。

海后滩是岛内滨海交通要道，它东北接市区，商业荟萃；西南临鹭江，帆樯林立。早在1844年，英国驻厦领事就以不平等条约为依据，租赁了厦门港水操台、南较场为英商及其眷属的居住地。1851年11月，英人又以居住地"地方狭窄"为由，要求改租海后滩从岛美码头（原厦门商会附近）到新路头（原外贸大厦前）一带。

腐败的清政府在派员与英领会勘地界后，划给了除前后公路四丈外，计长55丈、横宽16丈的租地范围。后英人擅自填海，侵吞临近公路，到同治末年，将地盘扩大到长90多丈，横宽30多丈，一直伸长到接近磁巷路头，还在此设立工部局，雇用20名巡捕。

在五卅运动之前，厦门人民为收回海后滩主权已进行了几十年的不懈抗争。

光绪初年，英人贪得无厌，又想填海占地，市民奋起抗争，将填筑的地权收归国有。1907年11月，林尔嘉的电话公司在海后滩架设线杆，被工

1919年英商太古洋行在海后滩架设飞机镜头

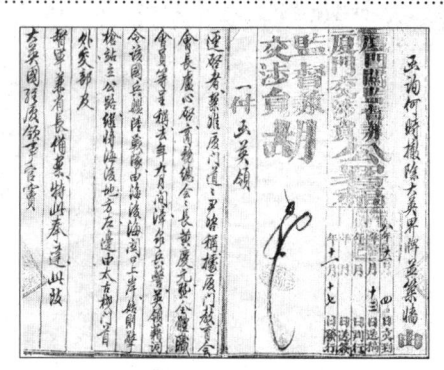

"海后滩"事件档案

部局拔掉，厦门各界强烈抗议，英人才不敢刁难。1909年8月，厦门学生为庆祝孔子诞辰，经海后滩往演武场会操，英领事竟提出照会，此事引发长达一年多的抗议学潮，迫使调换领事。1918年7月，英国借口闽粤军阀混战，影响"租界治安"，派遣海军陆战队驻扎海后滩，厦门人民通过两个多月的斗争，迫使英军撤出。1919年，英商太古洋行在原轮渡码头架设飞桥，厦门人凿沉运载器材的汽船，57个群众团体组成保全海后滩公民会，迫使侵略者将所竖旗杆移位，拆除围墙隘门，答应向中国政府缴税。

到了五卅期间，海后滩已成为洋行集中地。因此，英、日驻厦领事设于群情愤慨，预先和漳厦海军司令林国赓讲好，由林派出军警在日本台湾银行、三井银行和英国太古洋行屋顶架设机关枪，以为恐吓。游行队伍目睹林国赓的卖国丑行，怒不可遏，从地上捡起一切能够投掷的东西，把台湾银行、三井银行和太古洋行的玻璃窗户捣得稀烂。"保护安全"的军警吓得目瞪口呆，不敢动弹。这一壮举，打下了帝国主义的威风，为5年后收回海后滩英国租地，创造了有利的条件。

看到空前未有的反英浪潮，英领事许立德于6月14日照会我外交部交涉员刘光谦，主动提出撤销租地巡捕，请求中国政府派警进驻。对厦门人民要求修改租界章程中不平等条款一事，许立德也以"领袖领事"身份表示，可以将华董名额从原来的一名增为3名。

1930年5月，英政府终于无条件交还海后滩租地。

□原载《厦门晚报》2005年6月1日

"国家安危,公安系于一半"

——厦门市公安局诞生前前后后

一

1949年9月下旬,中国人民解放军第三野战军第十兵团相继攻取漳州、石码、同安、集美等厦门外围的城镇,形成三面包围厦门之势。厦门解放,已是指日可待。

为做好新解放区特别是大中城市的接管工作,根据中央的部署,6月初,中共中央华东局决定,委任张鼎丞为中共福建省委书记兼福建省人民政府主席,率领接管国民党福建党政机构的干部队伍,随十兵团一起行动。华东局还批准组建中国人民解放军华东随军服务团(简称"南下服务团")。6月16日,经中央批准的中共福建省委员会和福建省人民政府在苏州组成。接着随军接管福州、厦门两市和八个行政专区的党政领导班子和干部的配备也相继确定,并从苏南抽调一批公安干部,作为接管和组建福建各地公安机关的骨干。9月下旬,中国人民解放军厦门市军事管制委员会在泉州成立。中共厦门市委员会和厦门市人民政府的领导成员也同时任命。中共厦门市委会暂不设常委,林一心任市委书记,梁灵光、许彧青、杨士敬、杨文蔚、唐劲实、粘文华等6人任委员;梁灵光、张维兹分别任厦门市人民政府正、副市长。

厦门市军管会成立的隔天,厦门市军管会公安部和公安接管组组建。中共厦门市委委员唐劲实被任命为军管会公安部长兼接管组长,余明任副组长。根据公安工作的特点,公安接管组下设若干个接管组。治安组由顾一平任组长,负责接管国民政府厦门市警察局各科、室、队、所,以及其附属机构和设施;社会组由吴新民任组长,负责接管国民政府党、团、特系统及清查战犯;司法组由张坚朴任组长,负责接管凤屿福建省第三监狱、拘留所及感化所;机动组组长曹守义,负责接管国民党海员特别党部、宪兵及军事谍报机关,处理散兵游勇,接收国民政府厦门市政府社会科户籍室;秘书组负责整理综合各接管组情况的材料、统计等。各区接管组分别接管各区警察分局及其下辖的各分驻所,杨布任思明接管组组长,刘建光任开元接管组组长,曹瑛任厦港接管组组长,刘峙峰任鼓浪屿接管组组长,孙德庆任禾山接管组组长,还有水警接管组组长郑天民,负责接管水警系统。外事组负责一切有关外国侨民问题的接洽与处理,由市军管会直接领导。各接管组都配备若干名骨干和助手。

根据华东局接管江南城市工作的指示和福建省公安部门的接管方案,参照接管组搜集的有关厦门情况的材料,从9月15日至26日,公安接管组在泉州起草《厦门市军管会公安接管方案》,初稿刚完成,26日便随厦门市军管会移师同安集训。期间曾邀请厦门地下党林华同志和厦门《江声报》社社长许祖义等介绍厦门的情况。接管组在学习有关接管方针政策的同时,研究了掌握的最新敌情动态材料,修订了《公安接管方案》。10月3日,在同安完成《厦门公安接管方案》的定稿。

《厦门市军管会公安接管方案》在综述厦门的政治概况之后,明确提出:接管阶段的具体任务:强调在接管过程中,就应着手建立人

20世纪30年代的厦门公安局外观

20世纪30年代的厦门公安局正门

"国家安危,公安系于一半"

厦门公安局镇压反革命分子

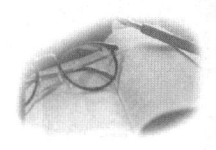

接管后的厦门市公安局大门

民政府公安局,以便逐步转入正常的城市治安管理,加强对反动残余势力的肃清工作。

二

1949年10月17日,厦门全岛解放。国民政府在厦门的党政军机构分崩离析。厦门解放后,主要的工作是必须迅速建立新生的革命政权,巩固胜利果实。

厦门是我国东南沿海的重要口岸。蒋介石逃台后,重视对厦门的战略地位,力图直接控制厦门。1949年7月22日,为了给残敌打气,蒋介石在蒋经国等人护送下来到厦门,召集高级将领会议,指示"固守厦门"事宜。厦门解放前夕的10月7日,蒋介石冒险再度来厦,部署反革命潜伏和破坏计划,幻想厦门成为"反攻大陆"的桥头堡。

　　厦门处在解放军三面包围后,特务头子毛森垂死挣扎,在10月12日上午9时,窜进市警察局,召集200多个警官进行反共动员,叫嚣什么"尽忠"、"成仁",要旧警员们坚持反动立场。临解放时,国民政府的厦门市警备司令部军法处长魏光清,下令释放监狱里的土匪、抢劫犯等,阴谋为厦门解放后埋下社会隐患。

　　显然,这一切都给军管会公安部的接管工作增加难度。但全国解放的大好形势产生的巨大威力,为接管工作创造了有利的条件。

　　17日厦门解放当晚,唐劲实和余明率领公安各接管组组长及主要骨干20人离开住宿地同安汀溪,进入市区,投入接管前的准备工作。为了迅速控制市内治安机构,他们顾不得休息,19日就开始接管国民政府的厦门市警察局及其直辖的刑警队和保警队。20日,各组的接管工作全面展开。由于接管计划安排周密,接管人员胸有成竹,接管工作紧张有序地进行。

　　各接管组进驻接管单位,第一件事是召开警员大会宣布接管命令,随即收缴枪支弹药,集中管理。接着,各接管组组长向旧警员讲解《约法八章》,宣传党的"首恶必办,胁从不问,立功受奖"政策,帮助旧警员消除思想顾虑,鼓励他们悔过自新,立功赎罪;要求他们坚守岗位,听从指挥,保护好文书档案和财物。会上,接管组长还严肃地责令旧主管做好移交的准备,编造清册,听候接收。

　　据《接管方案》掌握的材料,国民政府厦门市警察局设督察室、行政科、司法科、外事科、秘书室、会计室、刑警队、保警队、消防队、清道队、拘留所、感化所,下辖思明、开元、厦港、鼓浪屿、禾山、水警6个分局及13个分驻所,共有官佐、长警、工役976人。接管时,国民政府厦门市警察局局长刘树梓、督察长王福青和骨干特工、财会人员30多人已逃往金门、台湾,留下的警员都有准备移交的打算,各科室的文书档案保存得较完整,机关没遭受重大破坏。各分局和各分驻所接管情况不尽相同,有难有易,但大体上与《方案》的估计基本相似。只有水上警察局的情况出乎意料。原来是福州、三都澳、泉州等地解放时,潜逃的水警人员来到厦门,国民政府将他们拼凑组成福建水警总队,取消了厦门水警分局,使接管时机构对不上号。但接管组很快就调整定位,按新机构接管。

　　遵照上级"统一部署,自上而下,各按系统"进行接管的指示,公安系统整个接管过程高度警惕,不让反动派有丝毫反扑的机会,接管比较顺利。截至10月底,接管工作告一段落,共接收了旧警员824人。其中消防

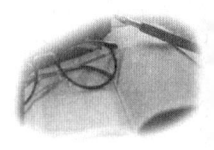

队、清道队人员接管后立即恢复工作。刑警队和保安队，一面清点移交枪支弹药、物资，一面组织学习，给他们改造自新的机会。接管的档案包括国民政府厦门市警察局、福建省保安司令部、福建省保安处、驻闽绥靖公署、第三战区司令部办公室、福建省部分县警察局、国民党厦门市党部、三青团厦门支团部等单位的档案，共102箱。接管的枪弹，共有机枪5挺，长枪293支，短枪……还有美式吉普车1辆，警艇3艘，以及被服、家具、文具、汽油、自行车等物资和部分现金。

三

1949年10月21日，厦门市人民政府成立。第二天，厦门市人民政府公安局也随即诞生。福建省人民政府任命唐劲实为局长，余明为副局长。局址设在民国路51号（今新华路43号）。

厦门市公安局成立初期，干部队伍来自三个方面，一是军队转业干部，二是闽南的中共地下党党员，三是"南下服务团"成员。市公安局内设秘书（下设秘书股、供给股）、人事、治安行政（下设户籍室、消防所、交警队）、社会、保安（下设侦缉队）、司法（下设看守所）等6个科。市人民政府任命陈涤为秘书科科长，赖洪辉为副科长，曹守义为人事科科长，顾一平为治安行政科副科长，吴新民、洪国琮为社会科副科长，夏博为保安科科长，刘克为副科长，张坚朴为司法科副科长。

10月31日，思明、开元、厦港、鼓浪屿、禾山、水上等6个公安分局也相继成立。接着于12月29日，又成立了各公安分局管辖的16个公安派出所，即由思明分局管辖的思明、升平、中华派出所，开元分局管辖的开元、鹭江、美仁派出所，厦港分局管辖的厦港、曾厝垵派出所，鼓浪屿分局管辖的鼓浪屿、内厝澳派出所，禾山分局管辖的江头、钟宅、殿前派出所，水上分局管辖的厦门港、石码、浯屿派出所。

公安局组建初期，计有市局机关干警、勤杂人员及公安武装共227人，各公安分局、派出所干警共342人，全局总人数合计569人。

在新的人民公安队伍尚未建立前，教育、改造旧警员是市公安局诞生初期的政治任务之一。10月30日下午5时，市公安局在开明戏院召开第一次全体旧警员大会，唐劲实局长首先分析了解放战争的胜利形势，指出人民政府的治安政策是肃清国民党反动派的残余势力，建立革命秩序，维持治安，坚决镇压任何企图进行反革命捣乱活动。接着，他阐述了处理旧警员的方针，基本是通过教育和改造，使之成为人民公安的一员。他说，凡有一技之长的旧警员，只要不是罪恶昭著或坚决反动的，均按照实情，量才录用；希望回家生产或转业的，可准予离职。最后，唐局长着重提出今后的任务和应遵守的8条守则：（1）不包庇匪特；（2）不擅离岗位；（3）不打人骂人；（4）不强买强卖；（5）不假公济私；（6）不敲诈勒索；（7）不阳奉阴违；（8）不堕落腐化。唐局长语重心长地告诫旧警员：违反守则就会受到人民检举和惩罚，要使自己成为一个真正的人民的警察，就必须遵守守则，忠实地执行工作任务，坚决保护人民的利益。

后来的事实证明，从旧警察局接收过来的警员，绝大多数能够认清形势，弃暗投明，经过教育改造，可以成为人民公安的一员。如有个警察为追捕贩毒犯，勇敢地从楼上窗子跳下追赶，终使罪犯落网；有4个警员捕获匪船一艘，俘获惯匪6人、枪6支和若干弹药。还有一个警察破获伪造银元捣乱金融市场案，人赃俱获。大多数警察值勤态度都有较明显的转变，工作负责，按计划执行。但也发生了一些警员违法乱纪的行为，如借机敲诈，贪污受贿，甚至勾结流氓，包庇匪特，隐藏非法武器，等等。上述案件查出处理后，局领导深深感到，人民警察的建设是治安工作的重要关键，必须吸收新鲜血液，从工人和学生中培训一支忠于党、忠于人民的公安队伍。1950年12月16日，第一期警训班正式开学了，新招收的70多位学员成为解放以来厦门的第一批人民警察。

厦门市公安局从诞生的那一天开始，就挑起肃清国民党潜伏的特务间谍，粉碎反革命破坏阴谋，维护社会治安秩序以及防空、防火，保卫海防等重担，在斗争形势十分严峻的时刻，接受挑战和考验。在市委、市政府和上级公安机关的正确领导下，许多同志通宵达旦、夜以继日地忘我工作，在短短时间，就使公安工作步入正常的轨道，为公安工作的健康发展打下了坚实的基础。

四

"国家安危，公安系于一半"。建立新的国家机器，维护城市的社会治安，是一项规模庞大且十分复杂的系统工程。解放初，国民党政权和美帝国主义的侵略势力阴魂未散，鬼影犹存。敌人慑于我军事威力，转入秘密隐蔽活动，这就决定了公安工作重中之重的任务，是集中力量肃清匪特等国民党残余势力，镇压严重危害社会治安的各类犯罪分子。

"国家安危，公安系于一半"

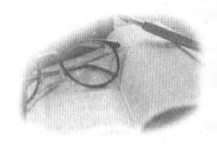

据国民政府警察局的资料，1949年从各地溃退来厦的国民政府军政人员3460户、18646人，10月份，一度增至4万多人。散兵游勇尚未统计在内。解放前夕，国民政府和党、团及各系统特务机关部署潜伏以及残留下来的特务500多人。这些魑魅，都是社会治安不稳定的火苗。解放前，厦门的流氓、烟犯、赌棍、妓女等社会渣滓3104人，也是诱发社会治安问题的隐患。

厦门解放的头几天，国民党军的一些散兵与来不及逃窜的残卒，满街乱窜，有的强占民房，有的强买强卖，骚扰百姓，群众敢怒而不敢言。市公安局配合警备部队，在半个月时间内，共收容处理了散兵、伤俘5464人，大街小巷充斥散兵游勇的现象从此消失。

解放初，厦门的盗匪抢劫活动十分猖獗。自10月17日厦门解放那天起至12月底的70天里，市区共发生抢案25件，海上33件，其中11月间的一个夜晚，竟然发生4起抢劫案件。市公安局组织警力，迅速破案，缉捕案犯，缴获作案枪械和赃物，并报经福建省人民政府批准，枪决了李水桶、吴永福等匪犯。随后又连续侦破了多起抢劫案件，吴在川、陈永明等一批穷凶极恶的匪徒正法，威慑了罪犯，使全市抢劫案逐渐减少，社会治安日益好转。

1950年，厦门市公安局破获偷窃案38起，破获扰乱金融案15起，贩卖和隐藏武器案38起，敲诈勒索案48起，逮捕斗殴闹事的流氓头子96人，使各类刑事犯罪活动得到遏制。与此同时，厦门市公安局还进行收缴非法武器与民

海防斗争时期的何厝派出所民警向村民发放救灾物资

枪登记，至1950年3月底，全市收缴非法武器共有各种枪支499支，各类子弹9804发，有力地打击了残余的反革命势力及破坏分子的捣乱活动。1949年10月23日，市军管会宣布解散国民党、三青团、民社党、青年党等反动组织。市公安局于12月10日颁发布告，限令国民党军队在乡军人向所在地公安机关办理登记，1950年1月12日开始到20日结束，共登记686人。有些隐瞒没办理登记的，在随后的户籍整顿中被发现，受到批评教育。已登记和新发现的所有国民党军队在乡军人都纳入派出所管理，防患于未然。

在刚刚解放后的两个半月内，市公安局即破获了特务组织活动19起，逮捕了国民党反共救国军闽西纵队司令林一声，自卫军漳属纵队副司令连英豪，国防部3811部第七大队大队长夏剑秋，"反共救国军"总队长叶金泰及其骨干陈成德等。还破获了国民党厦门警备司令部军事法官魏光清等一伙特务，并缴获大、小型电台4部及一部分特务活动物资，有力地打击了特务活动的嚣张气焰。但由于厦门与国民党军队盘踞大小金门岛，一水之隔，处在海防前线，敌特活动依然比较猖獗。市公安机关始终把防特肃奸，视为巩固革命秩序、保卫人民利益的首要任务来抓，市公安机关在市民的积极参与下，连续破获国民党国防部保密局厦门直属潜伏组组长何金铨，电台台长兼报务员吴志忠等一大批潜伏的国民党特务组织。

1950年3月18日，中共中央发出《严厉镇压反革命分子的指示》后，市公安机关坚决贯彻中央指示，坚决打击反革命活动，巩固人民民主政权，集中力量开展镇反运动，先后破获一批深藏的反革命组织，捕获了一批罪大恶极的反革命分子和特务分子。逃出厦门匿藏在漳州的大汉奸、日伪厦门特别市市长李思贤，也被捉拿归案，经公审后伏法。

弹指一挥间，半个世纪过去了。在庆祝厦门市公安局50周年华诞之际，忆往昔峥嵘岁月，喜看今朝盛世太平的公安战士们，又迈向新的征途。

□原载《厦门日报》1999年10月24日

蒋介石到过几次厦门？

《厦门晚报·乡土》 编者按

蒋介石解放前曾经多次到过厦门，但究竟到过几次，每次来厦又有些什么动作，时人及后人所知甚少。

与其他"大人物"到厦的情况迥然不同，除"第三次来厦"纯属虚拟外，蒋介石早年是个初出茅庐、尚未发迹、职位不高的一般军官，其行踪不受媒体重视，两次到厦报刊均未见载。晚年两次来厦，正处于国民政府日薄西山、四面楚歌之际，这个沙场败将、失意政客的到来，既没有车水马龙的迎迓排场，更没有民众夹道欢呼的风光。因此，迄今见诸报刊的几篇文章，均语焉不详，说法不一。

近日，我市地方志专家洪卜仁通过对海峡两岸大量解密档案材料和当年本埠报纸新闻的细致研究、严谨考证，给我们提供了这篇史海钩沉的揭秘专稿，为关心乡土文史的读者揭开了这个历史悬案的谜底。

第一次来厦 "幽境高蹈，啸歌自适"

早年蒋介石是怎样来厦门的？这得从孙中山南下护法说起。

1917年7月，孙中山在广州建立中华民国军政府。翌年春，委派蒋介石任总司令部作战科主任。未几，蒋随粤军援闽，旋升任陈炯明部驻漳州的第二支队司令，设司令部于长泰县城。

　　当时，粤军中派系复杂，有以陈炯明为核心的东江派、惠州派，有以参谋长邓铿（冲元）为头领的粤东派，还有以闽军首领许崇智为中心的福州派。"独在异乡为异客"的蒋介石，因缺乏基础，什么派都沾不上，爹不疼娘不爱，光杆司令，没有实权，受尽派系倾轧之累，很想离职不干。

　　1919年3月，蒋介石请假回上海探亲，5月下旬返漳后，陈炯明要他仍回长泰去。蒋心里很不是滋味。正在这时候，其母来信要他接妻子毛氏随军，他就以安置家属为由，于6月4日离开漳州到鼓浪屿。

　　起先，他租赁鸡母山麓一间民房，不久又搬住乌埭角同宗蒋某的私宅。因辞呈尚未获准，有时候他还得从鼓岛到芗城谒见陈炯明，并前往长泰与浙军旅长李斐然、伍文渊等应酬周旋。6月21日，他从鼓岛寄信给邓铿，申述在军中有难言之苦，希望能得到谅解。十几天后，蒋的下属丘耀西（统领）挨浙军痛揍负伤，他闻讯后，于7月9日再次致函邓铿倾诉衷肠，检讨自己"才不足以御下，德不足以服众，而信又不足以孚人"，提出"如一日不退职，精神多受一日苦痛，即职务亦一日荒废"。三天后的7月12日，他给总司令部正式寄去辞呈。

　　解马系鞍，暂离军旅生涯的蒋介石，感悟"无官一身轻"，领略鼓浪屿"海天奇景，头脑胸襟，贮满新鲜空气"；"往登郑成功古阅操台"，仰慕其雄风不已。如此悠哉游哉地在风光秀丽的海上花园度过二三个月美好辰光，"幽境高蹈，啸歌自适"。（引自《蒋介石日记》）

　　同年8月中旬，传来孙中山辞去中华民国军政府总裁职务，蒋介石心情非常沉重。9月5日他从海滨散步回寓，提笔写下这么几行似诗非诗的句子："明月当空，晚潮汹汹。国事混蒙，忧思忡忡。安得乘宗悫之长风，破万里浪以斩蛟龙。"

　　9月11日，蒋介石接陈炯明总司令函，"挽留甚力"，他置之不理。

　　9月27日，蒋介石告别鼓浪屿，携夫人悄悄地搭乘轮船赴沪，结束他与厦门的第一次"结缘"。

第二次来厦　"神经刺激，需要治疗"

　　蒋介石从鼓浪屿回上海后拜见了孙中山，要求让他出国留学，孙不表赞同，劝其仍回粤军工作。1920年3月27日，蒋介石接到粤军首领朱执信从蒋介石到过几次厦门？

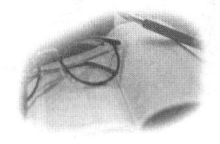

漳州发来的电报，29日又接到陈炯明来电，都是催他返回漳州。31日，陈、朱又迭电迫催，再次嘱其迅速返漳。蒋出于无奈，于4月8日回到漳州粤军司令部。陈炯明派他参加制订作战计划。事毕，蒋介石就以"受人排挤，神经刺激，需要治疗"为由，经常溜到鼓浪屿"疗养"。五六月间，还一度潜回上海，直到7月8日才由沪上回漳，但仍经常往鼓浪屿跑。8月7日，他与廖仲恺从鼓浪屿抵达上海，两人一起谒见孙中山，商谈粤军和国内时局问题。

这一次蒋介石来鼓浪屿没带夫人，都是租住旅馆、酒店。据说，当年开设在龙头码头岸边的厦门酒店，老板徐桴是浙江人，与蒋有同乡之谊，所以蒋到鼓浪屿住厦门酒店的日子较多。这一年，蒋介石断断续续地在鼓浪屿呆了四五个月，期间两度往返上海。

关于蒋介石早年在鼓浪屿居住，解放前岛上父老流传着一段有趣的逸闻。

青年时代，蒋介石喜欢寻花问柳，还曾经染上梅毒，后来找一位台湾籍在鼓浪屿开诊所的黄姓医生才治好。1927年4月，国民政府定都南京成立那天，报上刊登蒋介石的大幅标准像，那位黄兄认出照片上的"大人物"，就是

1949年2月6日《社会》杂志关于下野后的蒋介石将卜居鼓浪屿的猜测

几年前由他悉心治好梅毒的那个人，自以为对蒋介石总算有点"恩情"，不管三七二十一地直奔南京求见。没想到蒋非但拒不见面，还给他加个"骗子"罪名，交宪兵拘捕入狱。黄医生获释回到鼓浪屿，赶紧收拾行装，一声不响地溜回台湾去。

"第三次来厦"　报刊炒作，纯属谎言

1949年1月21日，执掌国民政府党、政、军大权22年的蒋介石，被迫宣告"引退"下野，回到浙江奉化溪口老家"休养"。仅过两三天，厦门的几家报纸就刊载"蒋介石将卜居鼓浪屿"的消息，在厦出版的一些刊物，更是推波助澜，绘声绘色，若有其事。报道的依据有三：一是原蒋介石的侍卫长石祖德、副侍卫长刘树梓相继调任厦门市警备司令和警察局局长；二是闽南师管区从西林别墅（今郑成功纪念馆）迁出，让给一位来自南京的少将军阶"李主任"，这个神秘人物以"励志社"的名义花一万美元，大兴土木，将"西林"装饰得焕然一新；三是蒋介石的远房宗亲、浙江奉化人蒋恒德履新鼓浪屿警察局长。

过了一个多月的3月9日，福建邮政管理局邮务视察员郭铁鸣接奉中华邮政总局密函：鼓浪屿可能在最近期内成为极重要政治区，希迅速加强该屿邮政机构，增速邮运及邮递，并要求该员"注意随时予以督导"。3月18日，《星光日报》报道：邮局收到一件寄自"内政部"、信封只写"鼓浪屿蒋介石先生收"的信函，因无详细地址，只好将它投西林别墅转交。4月25日报载：凌晨0时50分，市电报局收到发自上海交蒋介石急电一通，限一小时内送达，该局发由鼓浪屿电报局送交西林别墅励志社。

对应蒋介石将卜居鼓浪屿的传闻，厦门电报局局长抓住时机，赶紧向上级主管部门打报告，申请增添韦机（快机）收发报机和电动自动发报机等有线、无线机件设备。5月13日，郭铁鸣更以书面形式向福建邮政管理局作了如下的密报：（1）厦门邮局日来连接溪口邮局发来函电及验证通知，奉令将蒋介石及其随员等信件改寄鼓浪屿邮箱第二号。（2）据各种迹象判断，已有蒋介石的机要秘书住在鼓浪屿。（3）各方转来蒋介石及其随员信件逐日加多，已面嘱鼓浪屿邮政支局局长，"对于此项信件应特加注意，指派干练信差随时投送，勿稍涉迟延，致起意外"。

4月下旬，报上又出现"传蒋介石'五一'莅厦"的报道，其消息来源为搭乘中航客机来厦的蒋介石亲侄儿蒋国桢。报上还有"24日深夜，中美

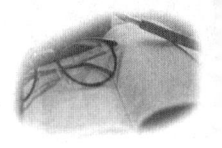

号总统专机在禾山机场着陆,引起各方对蒋已抵厦的揣测"的报道。

其实老百姓对蒋介石的到来与否,并不关心,倒是有些机构出于某种政治目的,极力炒作,以吸引人们的注意力。但此事却始终只听楼梯响,不见人下来。

后来的事实证明,1949年上半年所谓蒋介石"将卜居鼓浪屿",纯属谎言。(注:为行文叙事方便,姑且将这次炒作称作蒋的"第三次来厦"。)

第四次来厦 沙场败将,部署"反攻"

1949年7月22日上午10时40分,蒋介石从广州乘坐的专轮和护航舰徐徐驶入厦门港,停泊在鼓浪屿港仔后海面。随行人员有俞济时、黄少谷、沈昌焕、周宏涛、曹圣芬等以及不便公开露面的军事顾问、日本人根本博,前往迎接的有东南长官公署长官汤恩伯、福州绥靖公署副主任王敬久、第22兵团副司令唐泳三、代理警备司令万成渠、前任警备司令石祖德、厦门市市长李怡星、海军学校校长郭发鳌、厦门海军巡防处处长康肇祥、宪兵团长莫中令、国民党漳厦党务督导专员黄谦若、厦门市党部书记长王连元等10多人。

当天下午,蒋经国也从广州乘专机飞抵厦门,奉侍父侧;原厦门警备司令李良荣,则从福州赶到鼓浪屿"晋谒"。

在辽沈、平津、淮海三大战役结束后,人民解放军百万雄师过大江,于1949年4月23日攻克南京,并直捣上海,进军江南,蒋家王朝气数已尽。当时,作为东南的桥头堡的厦门,国民政府军方的残兵败将,纷纷龟缩一隅,凭借天然屏障和坚固碉堡,妄图作困兽之斗。蒋介石就是在这种背景下登临鹭岛的。

据唯一获准登轮采访的中央社驻厦特派员冯文质报道:那天,身着天青色绸长衫,脚穿黑布鞋的蒋介

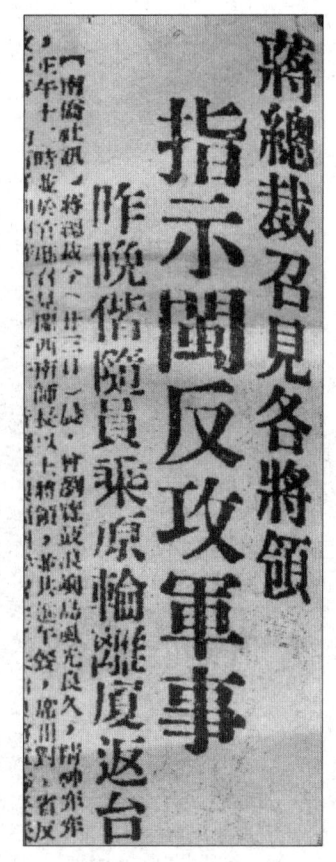

《江声报》1949年7月24日关于蒋介石来厦的报道

石，伫立"中甲板上遥览厦鼓风光"，"对此阔别三十载之鹭岛的青山卵石、碧海狂涛的绝好风光"，有着"甚多良好留念"，"频频不绝提起"，"神态尤见愉快"，表达他对厦鼓美景的眷恋之情。

当然，这只是在作秀演戏，蒋介石此次旧地重游，决不是回忆过去，而是给军心动摇的部下打气，稳定军心。

当晚，蒋介石没有下榻蓝衣社和地方军政当局为他准备好的行宫西林别墅，而是与22兵团司令李良荣等在黄家花园的中楼过夜，谈话内容保密，对外声称"垂询闽南侨眷生活情况"。

次日上午，菲律宾厦门代领事罗曼那一行5人，由市政府外事秘书许其田陪同前往行馆求见，蒋介石没空接见，由黄少谷代表他接待。中午12点，蒋以国民党总裁的身份，主持闽西南师以上军官参加的军事会议，部署防务和"反攻"事宜。会后，蒋与福州绥靖公署主任朱绍良就福建的政治、军事、经济等问题，在密室长谈。

是夜，只在厦逗留两天的蒋介石一行，乘专轮前往台湾去。

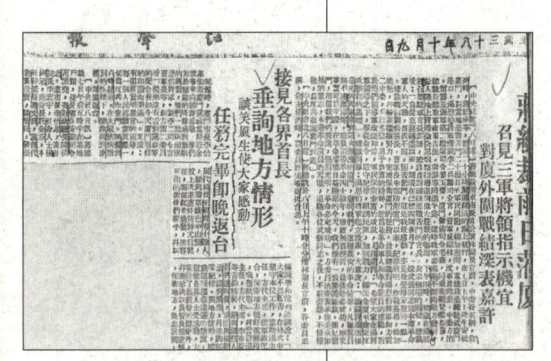

1949年10月9日《江声报》的报道

第五次来厦　大势已去，布置退却

仅仅过了70多天，10月7日上午10时半，蒋介石的座舰历经20小时惊涛骇浪的海上航行，横渡台湾海峡再次来到厦门。蒋经国亲侍左右，形影不离。日本顾问根本博依然随行，但不见报载只见于档案。

这时候，人民解放军势如破竹，长驱直入，已经解放了福州、泉州、漳州，即将揭开厦门战役序幕。兵败如山倒的刘汝明兵团逃厦时已溃不成军，只能借助混凝土构筑的工事作垂死挣扎。

蒋介石这一次来厦，前往迎接的有汤恩伯和兵团司令刘汝明、李良荣，军长曹福林、沈向奎，中央委员方治、蒋介石到过几次厦门？

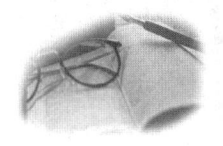

雷震及海军第二舰队司令黎玉玺、厦门警备司令毛森、福建省保安副司令范诵尧、福建省行政厅长陈拱北等。

由于厦门的国民政府党政要员如市党部书记长黄谦若、参议会议长陈烈甫、警察局长刘树梓等，都"擅离职守"，或出洋，或赴台，因此，这次蒋介石能召见的人物，除市长李怡星、高等法院院长李襄宇和市商会会长庄金章外，资历和知名度都不高，如党部代表黄敬贤、陈醒民、社会人士杨绍丞、警察局代局长王福青、中央社特派员冯文质、市政府民政科长周应声等。

当天，明知大势已去的蒋介石，强打精神，硬着头皮在位于胡里山的汤恩伯总部（原厦门竞强体育会两层小洋楼），召集三军将领举行军事会议，指示"固守厦门"的机宜，吹嘘厦门防线固若金汤。会后，还与参加会议人员共进晚餐，"席间与杨绍丞谈笑风生，并垂询部队纪律与地方情况"。但实际上，蒋介石是色厉内荏，他此行的目的，是部署总退却。

10月8日上午10时20分，蒋介石偕同东南长官公署副长官林蔚、中委谷正纲、俞济时、蒋经国等，即乘原轮返抵台北。临行时蒋呆立在甲板上，心潮逐浪，最后看一眼鹭江风光，无限怅惘，悻悻离去。

就在蒋介石离厦后的第9天，10月17日，中国人民解放军解放了厦门。

□原载《厦门晚报》2003年4月20日

1949年10月7日蒋介石在位于胡里山的汤恩伯总部召集军事会议

1949年，宋子文何事来厦门？

宋子文（1894—1971），原籍广东文昌（今属海南），生于上海。早年毕业于上海圣约翰大学，后去美国哈佛大学攻读经济学，获硕士学位，继入哥伦比亚大学，获博士学位。1923年任孙中山英文秘书，历任广东政府财政厅长、国民政府财政部长、中央银行总裁、行政院长、中国银行董事长、最高经济委员会主席、外交部长、驻美特使、广东省政府主席，与蒋介石、孔祥熙、陈果夫、陈立夫合称四大家族，是中国官僚资产阶级的典型代表。1949年后移居美国，1971年4月病逝于旧金山。

来去匆匆

1949年4月15日下午3时40分，旧中国红极一时的财阀宋子文，在全国人民的诅咒唾骂声中，突然从台湾飞临厦门。逗留不足18小时，于16日上午9时15分，又乘原机离厦飞往香港。

宋子文这次来厦，乘坐的是中国航空公司139号专机。同机前来的除了他的夫人外，还有上海永安公司副总裁郭礼安夫妇、前台湾省顾问李择一、中央银行驻港代表林维英等一行18人。当他的专机降落高崎机场时，军政要员厦门要塞司令史宏熹、市长李怡星、警察局长刘树梓、中

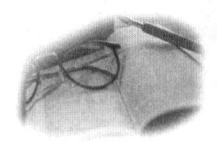

央银行闽台区行主任沈祖同、厦门分行经理吴本景等都拥上迎接。宋子文一行下机后，立即驱车经市区在鹭江道、升平路口的中央银行门前下车，从海关码头乘坐特备的小汽艇渡海到鼓浪屿，下榻于西仔路头的海滨旅社（址在今鹿礁路2号）。

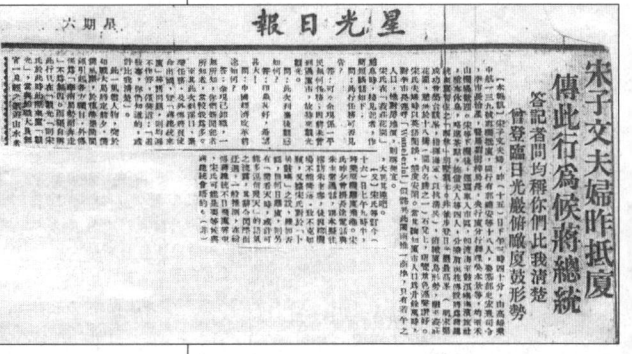

在海滨旅社稍事茶叙后，5时左右，宋子文夫妇等4人分乘肩舆，先到西林别墅（址在今郑成功纪念馆）观察一番，接着徒步登上日光岩顶，俯览厦鼓风光。下山后，又立即赶往菽庄花园，纵目环视，连声赞好。宋子文身着灰色秋绒西装，眼架黑色太阳镜，手携镶有"T.V.S"三个金字的手杖。他的夫人穿灰色大衣，也带黑色太阳镜。两人不时以英语闲谈，指东划西，哈哈而笑。

1949年4月16日《星光日报》报道

答非所问

当宋子文夫妇坐在菽庄花园四十四桥上的石凳休息时，记者们围了上去。宋子文在接受采访时，闪烁其词，答非所问，对这次来厦的任务，更是讳莫如深。

第二天，报纸刊登记者们与宋子文的对话内容。

问：宋先生此行任务，可否见告？

答：我现在是个平民，没任何职务。这次来厦，是因为以前没到过此地，特地前来观光。

问：你从台湾来，对台湾的观感如何？

答：印象甚好，希望甚大。

问：中国经济改革的前途如何？

宋子文当年下榻的海滨旅社

【107】

答：我已不在其位，一无所知。你们新闻记者知道的比我多。

问：宋先生在厦拟逗留几天？离厦后是否赴香港？

答：这要看厦门的气候而定，如果好，多玩几天。

在记者的追问下，宋子文承认了来厦之前曾到过奉化溪口晋谒蒋介石，离台飞厦前与台湾省政府主席陈诚夫妇共进午餐。抵厦后，还曾挂长途电话给福建省政府主席朱绍良。他还说："此行原拟赴榕与朱主席会晤，惟因福州机场不能降落，不克如愿。"

众说纷纭

4月17日《星光日报》和4月19日《江声报》相继报道，宋子文登机前再三叮咛前往机场送行的厦门各机关"首长"和中央银行厦门分行经理吴本景："黄金、银元，千万别让运走。"

厦门哪来的黄金、银元？又为什么不让运走？话得从1949年元旦说起。

正当1949年元旦来临之际，国民政府的中央银行奉命将国库中的一批黄金、银元秘密地装上一艘海关巡逻舰，于1月3日凌晨抵达厦门停靠在太古码头（今客运码头）起卸，立即装上军车运走，并派宪兵现场监督，不许人们驻足探望。

起先，人们以为运来的是军火弹药，司空见惯，不以为然。没料到事有意外，一搬运工人因疲劳过度、体力不支而晕倒，肩上的木箱摔地裂开，雪白的银元滚了出来。是日清晨，这条新闻不胫而走，取代蒋介石以"总统"名义发表的《元旦文告》，成为厦门市民最热门的话题。

对这批密运厦门的银元，数量多少，用途何在，民间流传着多种多样的推测，然众说纷纭，莫衷一是。

档案揭秘

1992年2月1日，台湾的《远望》杂志发表原中央银行稽核处处长李立侠的回忆文章，文中提及1949年初密运黄金、银元到厦门一事，但语焉不详。继而南京中国第二历史档案馆，也在《民国档案》上先后公布《1948—1949年中央银行密运黄金去台史料》和《国民党政府撤离大陆前向台北、厦门密运现金一组资料》，揭开中央银行当年将国库的黄金、银

1949年，宋子文何事来厦门？

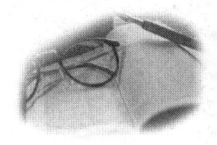

元运厦门的秘密及其来龙去脉。

1949年元旦晚上，中央银元发行局奉命将国库中的黄金151箱（计重纯金572899497市两），银元1000箱（计400万元）装上海关的"海星"巡逻舰，于2日清晨启碇，由海军总部派"美盛"舰随同护运。发行局派副主任刘华伦、魏曾萌、李友仁及办事员陈子豪随轮押运赴厦。

仅仅过了10天，1月11日，刚接任的中央银行总裁刘攻芸，又面谕发行局"将准备金项下之白银，即日再设法运厦3000万元"。因临时找不到轮船承运，延至1月20日，始与招商局洽妥由"海平"轮及海军司令部"美朋"轮同时装运，原计划"海平"轮装3000箱，"美朋"轮装2000箱，并决定利用当晚11时至翌晨5时的戒严时间，赶装完竣。但由于"银币散存各库，装卸费时"，"临时减少500箱，只装4500箱"。第二天清晨6时，起碇驶厦，由发行局派出纳科副主任杨苏生，办事员安震宇、浦修、张志民率领行警6名，随轮押运。1月23日，中央银行厦门分行电沪发行局："船已安抵厦门"，"已卸毕入库"。

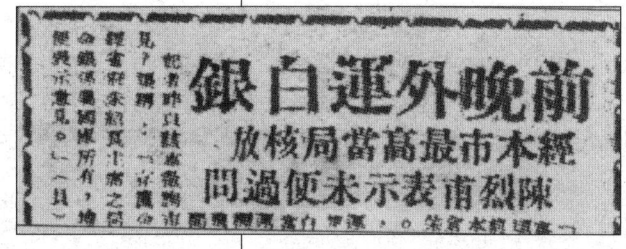

1949年4月29日《星光日报》报道

调运风波

国库的第二批银元启运厦门的这一天，也正是蒋介石宣告"引退"的日子。

代总统李宗仁上台不久，经费拮据，曾下令将运厦储藏的黄金、银元解运南京。正是在这种关键时刻，宋子文突然飞临厦门，其任务在于传达蒋介石不让黄金、银元启运南京的面谕，并部署将其运往台湾的机宜。

果然不出人们所料，与宋子文16日上午离开厦门几乎同时，国民党厦门市党部举行"纪念周"，福建省党部执行委员、国大代表黄谦若首先发难，纠集厦门市参议会、厦门市商会、工会、农会等，联合发起阻止金银外运运动。4月21日下午，市参议会召开金融问题座谈会，研究在厦金银出口问题。市长李怡星再三表示，非有福建省政府主席朱绍良的命令，绝不让存厦金银运走。紧接着，朱绍良专程到厦指示有关机构，非经他批准同意，存厦的黄金、银元一概不得外运。

　　事实上，所谓在厦金银拒运，仅是针对运往南京给李宗仁的"国府"而言，而执行蒋介石的指令将这批国库存厦金银运往台湾，却是通行无阻的。4月28日的《星光日报》报道："昨晚空陆运输频繁，笨重物品载往机场，存厦金银可能运走？"29日，该报续有报道："前晚外运白银，经本市最高当局核放。"记者在采访市参议会议长陈烈甫时，陈答："存厦金银系属国库所有，地方性的参议会，未便表示意见。"

台湾得利

　　国库运厦和运穗的黄金和银元，最后都运到台湾。

　　据国民党当局披露，从大陆运到台湾的黄金、银元共有三批，其中黄金277.5000万余两，银元1500万元，另有美金1530万余元存进美国银行的国民政府账号。美国前驻法国及苏联大使蒲立德曾在《展望》杂志发表文章，分析1949年和1950年台湾的经济与财政情况时指出："台湾面积仅约为波多黎各的4倍，它怎能维持60万的武装部队呢？这完全靠蒋先生将大陆的黄金运台，才安定台湾官员的生活。没有蒋先生由大陆运台价值10亿美元的黄金，台湾的经济将被通货膨胀的洪流所淹没。"

　　从大陆运去的黄金在台湾发挥的作用，蒋经国也曾有过这样的评价："政府在搬迁来台的初期，如果没有这批黄金来弥补，财政和经济情况早已不堪设想了。"由此可见，台湾经济的发展，乃得益于全国同胞血汗的培植。

□原载《厦门晚报》2003年3月16日

厦门华侨史话

遍布环球的厦门籍华侨

　　打开世界地图，在五大洲的30多个国家和地区，都可以找到祖籍厦门的华侨或华人。从国外的报道和有关资料估计，目前在国外的厦门华侨和华人，约占福建华侨和华人总数的10%左右。他们主要聚居在东南亚的新加坡、马来西亚、菲律宾、印度尼西亚、缅甸、泰国、越南和柬埔寨。美国、日本、加拿大、法国、荷兰、澳大利亚、印度和其他国家，也有他们的足迹。至今东盟五国和缅甸的一些城市，还有厦门华侨组成的厦门公会、禾山公会和同安公会等同乡会。

　　早在明代中叶，厦门已经开始有人前往日本、朝鲜、琉球和东南亚各地进行贸易。这些从事海上对外贸易的商人，成为早期厦门的华侨。

　　厦门从什么年间开始有人移居海外？因为受资料的限制，不好轻易下结论。根据杏林公社新垵大队邱姓族谱记载，元末明初，有个名叫邱毛德的人到南洋居住，从明朝嘉靖到隆庆间，新垵邱姓还有人到达马来半岛、吕宋和越南。《嘉靖实录》和同安黄姓族谱，也分别记述明朝嘉靖年间海沧、汀溪、嵩屿有人以"航海通番"到海外谋生了。在《东西洋考》这本书和道光年间的《福建通志》上，也可以看到万历和天启年间，有同安人陈甲、林福经商日本的记载。

　　从地方志和族谱看来，明末清初，同安沿海各乡和高浦、集美、郊区一带的渔民，纷纷参加郑成功的抗清水师，当清军攻占厦门，强迫迁界的时候，原来郑军水师中的壮士，回不了故乡，由台湾转往马来亚各地的，为数甚多。清朝中叶，禾山各乡和灌口、海沧等地的农民和手工业者，在封建统治阶级的残酷压迫下，生活不下去，不得不抛妻离子，漂洋过海，寻找活路。鸦片战争以后，由于西方侵略者在厦门大量掠卖华工，数以万计的厦门劳动人民被运到美洲、非洲和澳洲充当苦力。响应太平天国起义的厦门小刀会遭受清政府的镇压，部分起义队伍被迫撤退到东南亚各地。这一时期，是厦门人民出国的第一次高潮。

从辛亥革命到解放前夕，军阀混战、土匪横行以及日本的侵略，国民政府的抓丁、派饷，驱使更多的人离乡背井，漂泊外洋。

出入祖国的门户

明代中叶以后，厦门逐渐成为闽南华侨出入祖国的门户。

泉州港从明初开始衰落下去，邻近泉州一带的人民出国回乡，大多数取道厦门。漳州位于九龙江内陆，船舶放洋归航，也必须从厦门经过。乾隆年间编的《漳州府志》上，就具体地记述了龙溪人林光天和泉州人小蓬从吕宋一起回乡，船抵厦门的情景。荷兰殖民者侵占印尼的档案《吧城布告集》，也记录了从厦门出发到印尼的船数、时间和人数。例如：1786年7月27日从厦门到达雅加达的旅客250人，1792年6月22日到达的350人，1803年7月5日到达450人，1804年4月23日到达500人，1808年有两艘厦门的双层船载去979人。

道光年间，从厦门出洋到国外的华侨日益增加。泰国历史学家写的文章说，1822年前后，每年约有7万名华侨从厦门和广东省海陆丰附近的樟林，到达泰国。1830年3月25日的《新加坡报》刊载，单单是4艘进入新加坡港的厦门商船，就载去华侨1570人。

鸦片战争以后，中国开始逐步沦为半殖民地半封建社会，漂洋过海的劳动人民与日俱增。有准确数字记载的，1875年到1881年6年之间从厦门前往爪哇的达2898人，1895年到达苏门答腊的达1227人。

厦门与华侨的确是结下不解之缘。许许多多的华侨和外籍华人，都把厦门看成他们的故乡。曾经担任美国密西根大学教授的里默，在他的著作中写道："居留在菲律宾的中国人，尽管从来没有到过中国，还是把自己算作厦门人。像这样的例子是算不完的。"另一个美国学者雷麦写的《外人在华投资》分析厦门每年的侨汇时，认为"厦门与岷里拉（马尼拉）的经济关系，比厦门与天津的经济关系更加密切"。

几百年来，厦门与华侨的亲密关系一直在向前发展。最近两年，厦门有定期客轮"鼓浪屿"号和"集美"号直航香港，为海外华侨和华人的回国回乡探亲、观光，提供了许多方便。而目前厦门正在建造新的商港、码头、高层新型宾馆，必将进一步加强华侨、华人和祖国之间的亲密关系。

"甲必丹"苏鸣岗

15世纪初期，福建、广东沿海一带的劳动人民，纷纷定居在印度尼西亚的爪哇岛上。他们披荆斩棘，开荒种植，与居留地的人民并肩劳动，促使16世纪末爪哇岛上出现了好几处繁盛的华侨居留地。

1596年6月23日，荷兰殖民者侵占了美丽富饶的印尼土地。他们从长远的殖民利益出发，既需要华侨留在印尼，出卖血汗，开发当地的自然资源，又顾虑华侨人多不易控制，于是采取"以华制华"政策。他们决定在雅加达近四百个华侨中，物色一位有号召力的华侨充当首领，给他一些权力，以协助荷兰殖民者管理华侨和"解决其他一切困难"。经过细心的选择，这个华侨首领的职位，由厦门（当时属同安县）华侨苏鸣岗担任。被任命为华侨首领的人，称为甲必丹。

1619年10月11日，也就是我国明朝万历四十七年，苏鸣岗正式就任雅加达第一个华人甲必丹的职务，他当时大约只有40岁。苏鸣岗从小生活在雅加达，能说流利的马来语和葡萄牙语。他替殖民统治者收税，从中分到一些税款。荷兰殖民者为了解决市面上辅币的流通问题，还给苏鸣岗铸造铅币的特权和专利。此外，选他充当行政委员会的执行委员，让他参与殖民统治的政权活动。

苏鸣岗整整做了16年的甲必丹，凭借特权，发了大财。因为当时的明朝政府没有设立管理华侨事务的机构，不能保护华侨正当权益，而他在调解华侨之间的纠纷和维护华侨的商业利益等方面，是做了一些工作的。因此得到华侨的支持。

1635年，苏鸣岗决定离开爪哇"衣锦还乡"，并于1636年7月获准离开雅加达。当时荷兰殖民者霸占我国领土台湾，雅加达和台湾之间经常有帆船航行，他就打算取道台湾返回厦门。可是明末国内政治的混乱，使这位"老经世故"的苏鸣岗裹足不前。他在台湾逗留了将近3年，又在1635年重返雅加达,仍旧担任甲必丹职务,直到1644年5月逝世为止。

　　苏鸣岗的丧礼,完全按照厦门地区的风俗习惯办理。在他坟墓前竖立的墓碑,刻着"明·同(安)邑,甲必丹苏鸣岗墓",说明了直到他死的时候,还没有数典忘祖。1975年2月间,德国汉堡大学的汉学教授傅吾康,第三次到印度尼西亚考察华文碑刻,他发表的《印度尼西亚中文碑刻初步调查报告》,证实苏鸣岗的墓碑,至今仍然屹立在千岛之国的印尼土地上。

归国无门的海外赤子

　　辛亥革命以前历代的统治阶级,或者对华侨的正当权益漠不关心,或者采取歧视、排斥态度,甚至将华侨看成是"化外"之民,严禁他们和祖国往来。清朝康熙五十六年(1717年)颁布的律例明文规定,限令华侨三年以内回国,否则"不得复归故土"。雍正五年(1727年)虽然宣布废除禁令,却仍然规定"凡以前逗留外洋之人,不准回籍"。由于这些限制,成千上万的华侨,归国无门,老死异域。有些归乡心切的,冒险回国,一旦被发现,非但财产被没收,而且有丧生的危险。1733年,就有两起印尼华侨归国惨遭迫害的事件,其中一起是原籍漳州的华侨陈魏,另一起是原籍同安的华侨杨营。

　　陈魏和杨营,都是带着家眷从雅加达回乡的。他们回国的日期有先有后,但遭遇同样的命运。当他们乘坐的帆船抵达厦门港外大担口的时候,立即被海防官兵捉获。经过审问,本来判处打一百大板,流放边远地区三年。在他们再三哀求下,后来被勒索"捐谷一万三千石"了事。《雍正朱批谕旨》第55册,收载了他们受审的口供。

　　原来,陈魏因为家中还有老母亲和兄弟,他带着3个女儿一起回乡,想要侍奉老母,永远做个"盛世良民"。没料到满腔热情回到家门,却成为罪犯。他说:"我并不是甘心住在'番邦'的,如果我是个忘了故土的人,也就不会携眷回乡了。"杨营的供词说:自从解除海禁,在海外的漳泉老百姓,无不感激国家的恩情。不但我不敢忘本,就是现在还留居外邦的,也都有"思归之念"。从他们的供词中,可以看到华侨对家乡的深厚感情。

　　1749年,有个陈依老,也是带着家属从印尼回厦门时被捕的。他的遭遇比陈魏、杨营更为悲惨,家产全部被没收,人还被充军到边疆。

清政府虐待华侨的苛例，直到光绪年间仍然存在。连清政府的大臣薛福成，也不能不大声疾呼："必须大张晓谕，将旧例革除，庶华民耳目一新，往来自便。"

小刀会起义和华侨

1853年震动闽南和台湾的厦门小刀会起义，是中国近代革命史的一个组成部分。这次起义的组织者和骨干力量，是从海外归来的华侨。

小刀会的创始人陈庆真，出生在新加坡，原籍厦门郊区禾山殿前村。1849年6月，他和从暹罗回来的灌口人王真，一起在厦门棋杆脚五祖庙设立小刀会，开展革命活动，吸收会员。

当时，一方面是外国侵略势力的日益扩大，给中华民族带来灾难；另一方面，清政府为了赔款，加重对人民的剥削，苛捐杂税，层出不穷，弄得民不聊生。小刀会提出"遇事互相帮助"、"不准恃强凌弱，不准理曲袒亲"的主张，得到了广大群众的欢迎和拥护，贫苦的农民和破产的手工业者，纷纷加入小刀会。很快地，小刀会的活动范围扩展到闽南各县以至台湾。

小刀会队伍的壮大，引起清政府的惶恐不安。闽浙总督裕东平派遣密探，到处搜捕小刀会头目和会员。1851年1月初，陈庆真、王真等人不幸被捕杀害，和他们同时就义的，还有60多人。

1852年，闽南地区连续发生严重的干旱和水灾，广大农民陷入走投无路的绝境。1853年初，海外小刀会派江源、江发两兄弟回到故乡海澄，重新恢复小刀会的组织。没几天功夫，参加的达近万人。印尼三宝垄华侨黄宝斋的儿子黄德美。厦门靖山头贩卖牛皮的黄位，也先后加入小刀会。他们和江源、江发共同准备武装起义，因为风声走漏，海澄知县汪世清发兵围捕，江发、江源惨遭杀害。小刀会推举黄德美、黄位和江源嫂为首领，决定5月在灌口点燃起义的火炬。起义军势如破竹，连续攻下海澄县城、石码、漳州等地。5月18日，攻下厦门，建立起农民政权。

小刀会在清政府的残酷镇压下失败了，黄位和几百人还在海上坚持斗争，最后弹尽粮绝，被迫将船驶到新加坡逃难。黄位避居越南，其他成员也分散在东南亚各国谋生，继续传布"反清复明"的火种。20世纪初孙中山先生领导的辛亥革命，有不少小刀会的后裔参加。祖籍同安县的新加坡著名西医吴杰模，就是其中的一个。

印尼渔港的开拓者

在印度尼西亚东海岸，有一个举世闻名的渔港巴干亚比岛。岛上从事渔业生产的居民，保存着闽南的风俗习惯和语言，可以毫无疑问地说，他们是闽南华侨的后裔。

在荷兰殖民者统治的岁月里，华侨长期生活在与外界很少往来的社会中。因此，他们仍然保持着祖籍的方言、习俗和服饰。第二次世界大战以前，荷兰殖民者选派岛上的官员，条件之一是要通晓闽南方言，才能开展工作。印度尼西亚独立以后，派到岛上任职的官员，也要懂得闽南话。

以往不论西方学者或日本学者，他们出自资产阶级的偏见，每当提到巴干亚比岛上华侨的来源，几乎都加上"中国海盗"等恶意诬蔑的词汇。1979年6月在香港出版的《地平线》双月刊，登载一篇《荷印时代的印尼华裔社会》的文章，对目前巴干亚比岛上印尼籍华裔的祖先究竟来自何地，从什么时候开始定居岛上等问题，也认为无从稽考。

其实，巴干亚比岛上华侨的来源，我们的地方志早就有记载。《同安县志》卷三十六《人物录·垦荒篇》，明确无误地这样说：峇眼亚比是荷兰属地，荒无人烟。清朝同治年间，翔风十三都洪思返、洪思银等十一人在海上打渔，在风顺帆转的时候，远远看见火光照天，感到很惊异，就冒险来到这个地方。他们发现这里山川秀丽，鱼虾很多，就在这里盖草屋住下来。渐渐地，他们生活得很好，就在这里建筑房屋，定居下来。此后这里人口稠密，有几万人，变成了贸易市区。

清朝同治年间，就是公元1862年到1874年。翔风十三都，现在是同安县新店公社。这就是说，巴干亚比渔港，是距离现在110年前由同安县渔民开辟的。它的发展，也是与同安县渔民的辛勤劳动分不开的。这些同安县的渔民，是当时印度尼西亚华侨的一个组成部分。

辛亥革命前厦门的侨办企业

19世纪70年代以后，中国近代史上开始有了民族资本主义的工业、矿业和交通运输业。我们厦门的近代资本主义企业，从19世纪90年代开始出现，立即和华侨资本挂上了钩。

1904年，华侨陈日翔和林辂存，发起创办宝华制瓷公司，招股12万元，设窑制造瓷器，行销南洋。这是近代厦门第一个侨办企业。

帝国主义侵略的日益加深，唤起了中国人民开展"自办路矿，收回利权"的运动。1905年，福建筹建漳厦铁路，设立商办福建铁路公司，华侨投资达170万元；铁路公司的全部资金中，有三分之二是旅居印尼的福建华侨投资的。祖籍永定县的华侨胡国廉，早年在马来亚从事采矿业，富有经营近代工矿业的经验。漳厦铁路的兴建，他认股最多，并且回国担任铁路公司的协理，亲自参加漳厦铁路工程的筹划。1907年，他又和海澄县华侨吴梓材一起，投资200万元，成立"商办矿务总局"，打算在安溪等县开采矿产，为发展家乡的矿业和交通事业贡献力量。但是在清政府封建官僚的把持下，不久都失败了。

爱国爱乡的华侨，没有因为投资失败而灰心。1908年，华侨创办的厦门淘化食品罐头公司诞生了。它拥有资本4万元，年产水果罐头1000担，黄豆和腌盐豆各2500担，写下了闽南制造罐头食品历史的第一页。1909年，华侨郭祯祥兄弟等组织了一个广福种植公司，在同安、海澄、龙溪三县境内买下土地300亩，由印尼、菲律宾和台湾引进蔗苗种植。第二年，又成立拥有资金40多万元的华祥制糖厂，向日本购买每日榨糖80吨的机器，投入生产，开创了福建机器制糖的新纪元。

此外，1900年孙逊倡办的厦门电灯厂，1906年和1908年设立的公信玻璃厂和广建玻璃厂，1910年的永和小轮船公司等近代工业、交通运输业的资金来源，也都是华侨和归侨占多数。

反美爱国运动中的厦门华侨

1894年，美国强迫清政府签订为期十年的《中美会订华工条约》，其中有许多虐待华工的条例。1904年条约期满，美国又胁迫清政府续订新约，不但保留虐待华侨的条文，而且要把实施范围扩大到美国的殖民地菲律宾。美国蛮横无理的行为，首先引起旅美华侨的反对，发起"拒约"运动，得到各地华侨和全国人民的支持。到了1905年5月，"拒约"运动发展成为全国性的抵制美货运动，厦门人民积极响应，许多华侨都自觉地站到反美斗争的前列。

美国在我国进行拐卖华工的罪恶活动，是从厦门开始的。1868年，美国驻厦门领事李让礼，又公然在厦门设立招工馆，制造了许多令人切齿痛恨的罪行。厦门地区和漳州泉州一带，有七八万人侨居菲律宾。自从美国吞占菲律宾以后，华侨所受的压迫和剥削，比西班牙统治菲律宾时期还要严重。当时厦门的华侨望族、禾山莲坂人叶大年，以亲身的经历沉痛地控诉美国虐待华侨的暴行。他说：1898年美国占有菲律宾，征敛比西班牙增加十倍，而且苛例百出。新客严禁入境，旧客往返限定时刻，不能超过期限。华侨到菲律宾，入境时备受凌辱，先被关在"水厝"里好几天，又要脱光身体受检查，还要像犯人一样受审问。正因为这样，厦门华侨的反美情绪，格外高涨。

1905年7月20日，厦门人民在外关帝庙举行群众大会，通过抵制美货和印发拒签美约传单等决议。这次大会，是由厦门拒美约会会长陈纲主持的。陈纲是菲律宾华侨陈谦善的儿子，他亲眼看见美国在菲律宾虐待华侨的种种暴行，所以积极投身反美斗争的洪流。马来亚华侨黄乃裳等，也运用他在厦门参与创办的《福建日日新闻》发表评论，报道全国各地反美爱国运动的动态，把厦门的反美爱国运动推向高潮。

这年的10月10日，美国议院举行年会，打算讨论修改华工条约问题。华侨黄乃裳、林辂存等联合厦门绅商黄廷元、杨熊臣等，在外清的曾园宫口举行群众集会，通电警告清政府驻美公使梁诚，终于逼使清政府不敢和美国签订《华工新约》。

华侨和闽南的倒袁活动

1915年，袁世凯接受日本提出灭亡中国的二十一条要求，作为支持他做皇帝的交换条件。袁世凯卖国称帝的罪行，激起全国人民无比的愤怒，各地掀起声势浩大的倒袁运动。海外华侨也积极响应，纷纷回国参加反袁斗争。

当时，厦门是闽南反袁救国运动的中心。孙中山委任叶青眼为中华革命党福建支部长，在鼓浪屿鹿耳礁姓杨的华侨家里设立支部，许多成员是从海外归来的华侨。担任支部职务的陈金芳、丘廑兢等，都是华侨。

中华革命党福建支部，除了派人分头在福州和闽南的泉州、漳州等地发展组织外，还积极准备建立武装力量。菲律宾华侨杨光练开设在大史巷的新聚源客栈，是革命武装的秘密联络机关，从香港采办的军火，都通过杨光练的堂弟杨光涌暗中运入厦门。革命武装的另一个联络地点，是缅甸华侨丘仁心与人合作开设在岛美街的鸿茂行。丘仁心担任闽南讨逆军的军需，经费来源几乎全部由华侨负责。

反袁革命武装闽南讨逆军组成以后，驻师厦门郊区灌口的寨仔湖山口

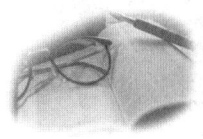

庙。不久，又迁移到天柱山的天柱岩。他们曾经袭击龙溪县角美和长泰县林墩、严溪等地的北洋军阀保安队，缴获了一批武器，壮大了革命武装的声势。讨逆军还指派武装人员，携带炸弹潜入厦门，轰炸思明县政府。他们的行动使北洋军阀的军政要员闻风丧胆，惶惶不可终日。

1916年5月27日，闽南讨逆军在进攻同安的战役中失利，主要负责人庄育才、潘节文牺牲了。革命党人又着手计划在厦门起义。经过一番准备，决定于1916年2月2日深夜分兵进攻县政府和道尹公署。槟城和吉隆坡革命党人接到报告，立即委派丘怡领、陈允洛带钱来厦门，充作起义经费。但是这次厦门起义因为内部出了奸细，也失败了。

辛亥革命推翻清朝统治成立中华民国，闽南的中国同盟会会员叶独醒、许春草等在厦门聚会的合影

演讲家林镜秋

70多年前，新加坡的中国同盟会露天演讲队，经常在桂兰巷、老巴刹等大街闹市，当众演说，阐述推翻清廷封建专制统治、建立民主共和国的革命道理。演讲队员中有一个被称之为"演讲家"的青年，名叫林镜秋，是厦门禾山茂后乡人。

林镜秋有7个兄弟，他排行第七。年轻时，他在家乡念书，就非常勤奋好学。他很会说话，又擅长书法、诗赋，受到同学们的钦佩。乡里有人劝他应试科举，他回答说，政治这样腐败，老百姓受尽苦难，做官并不是我的愿望。表明自己品格的清高。

20岁左右的林镜秋为了生活,就到南洋去,在新加坡,开设一家小皮鞋店。因为手艺精明,式样美观,很受顾客欢迎,生意逐渐兴隆起来。

　　清朝末叶,外患日益加深,每一个关心祖国前途的人,都有满腔义愤。孙中山领导的资产阶级民主革命运动传播到东南亚,使林镜秋十分振奋。1905年6月,他加入了中国同盟会新加坡分会。从此,他常常给《中兴日报》写稿,鼓吹革命,又积极参加露天演讲队的活动。他每次登台演讲,都是慷慨激昂,富有感情,侨胞围观,连道路都堵塞了。

　　辛亥武昌起义成功,林镜秋接受新加坡革命机关的委派,和蒋玉田、庄啸谷等人一起动身回国,准备在厦门组织起义。当他们抵达香港的时候,传来厦门起义胜利、建立军政分府的喜讯,于是改变计划,取道广州,考察政治情况。那时袁世凯在清朝廷当权,长江以北的一些省份,仍然控制在清政府手中。他和从美国以及东南亚各地回国的华侨革命党人联合登报,号召组织北伐军,彻底推毁清政府的封建专制统治。不久,南北议和,北伐军改为模范军。1912年3月1日,林镜秋荣获孙中山颁发的旌义状,奖励他对民主革命的功绩。

　　不久,模范军解散,林镜秋回到厦门,福建军政府都督孙道仁委任他为厦门暨南局(相当于现在的侨务局)筹办员。福建军政府的财政厅、民政厅,同时聘请他当顾问。

　　辛亥革命胜利果实落入北洋军阀手中,林镜秋不愿同流合污,回到新加坡创办正修学校,从事华侨教育。太平洋战争后,日本侵入新加坡,林镜秋悲愤成疾,病了几个月就与世长辞了。

侨办的《民钟报》

　　年纪比较大的厦门人,都知道厦门有个《民钟报》。最先发起筹办《民钟报》的,是菲律宾华侨林翰仙。当年正好碰上反对袁世凯卖国称帝运动高潮,不少海外华侨回到厦门参加反袁斗争。林翰仙认为革命运动需要有个舆论机关,于是在菲律宾募捐了大约2000元,带来厦门,邀请革命党人许卓然等合作办报。经过一番筹备,1916年10月1日,《民钟报》就在厦门局口街出版了。

　　旧社会办报不是一件容易的事。报份少,收入不敷支出,需要有充分的经费才能维持。《民钟报》出刊半年多,就发生经济危机。这时刚好仰光回乡的华侨陈允洛要去南洋,《民钟报》就托他向南洋侨胞招募股份,扩大基金。

陈允洛到南洋以后就到新加坡、马来亚、缅甸、印尼各地，拜访闽南华侨的领袖人物，陈述办报的目的。华侨领袖对故乡的文化事业都很关心，一致表示支持。在新加坡，是陈嘉庚和陈延谦两先生出面劝募，陈楚楠、庄希泉、李光前等也出了不少力，在爱国华侨的热情支持下，没几天工夫，新加坡就招股近万元。槟榔屿和吉隆坡，则有陈新政、邱怡领、郑螺生等发动劝募，印尼各地有李双辉、许南英（许地山的父亲）等带头倡议，仰光则由徐赞周鼓励兴商总会领导招股，所以成绩都很显著。只一个月左右时间，已经募得股款数万元。1917年10月底，陈允洛受各埠华侨委派，和仰光华侨李硕果一起回到厦门，11月1日，正式接办了《民钟报》。从此，《民钟报》成为名实相符的侨办报纸了。

接办后的《民钟报》，先后由陈允洛、王雨亭、李硕果等人任经理。报纸的骨干傅无闷、林翰仙、陈允洛等人，以至工友李于冷，都是海外归来的华侨。

《民钟报》经过改革版面，充实内容，由于新闻报道比较翔实，又敢于抨击反动政府的时弊，很受海内外读者欢迎，报纸的发行量日益增加。但也因此遭到反动政府的迫害。1918年5月28日，它第一次受北洋军阀政府标封；1930年9月8日，再次受国民政府中宣部训令厦门当局标封，从而结束了它的历史。

创议开辟三门湾的邹清辉

邹清辉原籍厦门，侨居印尼万隆。他是个工程技术人员，能制图造船，印尼文、德文和英文，都很精通。五四运动以后，他受到反帝浪潮的影响，带着夫人和儿女，全家回到祖国。起初，他住在上海北四川路横槟桥福德里，随后迁居浙江温州瓯江边缘的峻舍岭。他经常在瓯江与象山港之间来往，发现象山港南面的三门湾是水深良港，万吨巨轮不受潮水限制，随时可以进出，因

《民钟报》

而计划在那里兴办实业，创设农垦自治区。

邹清辉在上海有个名叫徐春荣的朋友，他通过这个朋友的关系，邀请上海颜料巨商吴善庆，中华国货维持会评议长王汉强等，共同发起开辟三门湾农垦自治区，并且到北京办理备案手续。当时的总统黎元洪把这事批交浙江省政府洽谈。浙江省督军卢永祥、省长沈金鉴对这件事比较重视，先是聘请邹清辉任浙江省实业厅高等顾问，接着指派实业厅厅长云韶任开辟三门湾农垦自治区筹备处主任，又在上海热河路永和坊设招待所，委托邹清辉的朋友徐春荣为招待所主任，准备接待回国投资的华侨。

于是邹清辉用印尼文撰写了《告华侨同胞书》，鼓励华侨回国投资，兴办实业，为祖国的富强贡献力量。在他的鼓动下，雅加达《星报》总编辑侯德广、富侨翁文福，三宝垄著名华侨糖商黄奕住、郭春秧以及马玉山等，先后回国，共同协商开辟三门湾计划。

当时华侨对投资祖国实业建设，有一定的热情。但是对军阀政府的贪污腐化，却有戒心。华侨要求农垦自治区内行政等事项，省政府方面不得干预，而省政府的意见是华侨只管投资和提出计划，行政等事项由政府负责主持。经过几次洽谈都没有结果，筹备工作就这样停顿下来。邹清辉等人只得另外找出路，黄奕住到上海办中南银行，郭春秧在杭州西湖购买宋庄为别墅，马玉山在上海办了糖果饼干厂。开辟三门湾的创议，就这样流产了。

新加坡名士邱菽园

邱菽园，厦门市海沧区新垵村人。青年时，他继承父亲的百万遗产，在当时的新加坡华侨中，算是数一数二的富翁。虽然他生长在海外，接触过许多华侨商人，可是他对经商却不感兴趣。

清末，帝国主义加紧侵略，封建专制统治日益

邱菽园

腐败，给中华民族带来深重的灾难。海外华侨受尽殖民者欺凌的处境，使有百万财产的邱菽园，不能不关心祖国的命运。他曾经倾向康有为、梁启超发起的维新变法运动，1900年唐才常、蔡锷等人在汉口设自立会，联络哥老会和收买清军发动反清武装起义，经济上大部分靠他支持。戊戌变法失败，避难海外的人，不管相识不相识，也不管是社会名流或"草莽英雄"，他都来者不拒，安排住宿，供应膳食，支付零用。后来辛亥革命志士秦力山等人到新加坡，同样得到他的招待和资助。

邱菽园对于慈善事业也很热心，例如山东、陕西、河北和福建的水旱灾害，他每次都捐献巨款，汇回国内赈济同胞。当地和家乡的学校向他募捐经费，他也毫不吝啬，慷慨解囊。因此，有人评论他，说他"豪侠好客，有信陵、孟尝之风"。

邱菽园很重视国内外文人学士遗稿的搜集工作。朱九江的《论史》，居梅生的《诗存》，作者生前没有能力刊行，他搜集到手，出钱付印，使这些著作能够流传下来。有些诗文，不能专集出版，他就汇编出版。他还邀集华侨中的知识分子，组织"檀社诗会"，留下不少诗文作品。他有两本诗文集，叫作《五百石洞天挥麈》和《挥麈拾遗》。

民国以后，邱菽园从原来的"百万富翁"变为贫夫穷汉，从园林别墅迁居僻巷陋室。但是他还是那样热情好客。晚年，他任新加坡佛教会会长，在华侨社会中仍然有相当影响。他在文化方面的贡献，至今还受到当地文化界的称赞。

同文书院和华侨

现在望高石上的第七中学，是过去同文书院的校址。同文书院由美国驻厦门领事约翰生倡议创办，但是办学的经费，全部是华侨负担的，美国人从来没有掏过腰包。

美国领事为什么要倡议创办同文书院呢？话得从美国和西班牙的战争说起。这场战争的结果，西班牙打了败仗。1898年，美国成为菲律宾的新"主人"。菲律宾华侨大多数是闽南人，美国为了在菲律宾拉拢一批亲美势力，所以要在厦门创办同文书院。这年3月，美国领事约翰生，邀请住在厦门的菲律宾富裕华侨叶清池、陈北学等人，组成同文书院董事会。后来董事会不断扩大，又邀请黄秀烺、黄奕住等有名的华侨参加。约翰生在《厦门同文书院沿革》这篇文章中承认："同文书院刚开办的时候，经

同文书院

济一切都是叶（清池）君等负责……而南洋华侨，特别热心赞助。"从1922年同文书院新建的校舍，分别用捐款董事的名字命名为"清池楼"、"奕住楼"、"秀烺楼"等来看，也可以得到证实。

由于同文书院是美国领事当董事长，美国人当校长，凡在同文书院毕业或肄业的学生，要申请去菲律宾的护照是比较容易的。这里有一个统计数字，从1905年到1935年间，同文书院学生到菲律宾的，大约3000多人，而且不少人在华侨社会中占有主要地位，如大杉行老板、菲律宾福建商会会长李清泉，华侨体育会主席陈掌谔，中兴银行经理叶天送等，还有菲律宾各同乡会、各行业商会或宗族自治会的主要人物，如曾廷泉、林西锦、王江水、蔡扶西、洪天生等，都是同文书院毕业的学生。当然，同文的学生，也分布在东南亚各国，甚至美国、英国和法国，但海外同文校友会的组织，却以菲律宾人数最多、影响最大。

同文书院经费的另一个来源，也是和华侨分不开的。当时厦门的美国领事馆巧立名目，规定凡是去菲律的华侨，不论新侨、旧侨，每张签证附加大洋二元，其中检验费50%，剩下的50%拨给同文书院作基金。那时候，每年往返菲律宾的华侨有好多万人次，同文书院的基金，就是这样从菲律宾华侨中得来的。

这些事实说明，同文书院和华侨的关系是十分密切的。

海外的禾山公会

在东南亚各国的许多城市里，华侨以同姓或同乡组成各种社团。这种社团组织，既是海外华侨互助友爱的集体，又是加强与祖国故乡联系的纽带。几十年前直到现在，菲律宾、新加坡等国家，就都有华侨组成的禾山公会。

旅居菲律宾的禾山华侨，在工商业方面，拥有雄厚的实力。清朝末叶中国驻菲律宾的第一任、第二任领事陈谦善、陈纲父子，民国初年菲律宾华侨代表薛敏老，20世纪30年代连任菲律宾中华商会第三十一届、三十二届主席的薛芬士，菲律宾华侨体育界元老林珠光、陈掌谔等，都是禾山的华侨。因而菲律宾的禾山公会，在当地华侨团体中具有相当的影响。

菲律宾禾山公会的章程，共有28条，其中第二条明确指出："本会以联络各方感情，谋社会桑梓之福利为宗旨。"事实说明，菲律宾的禾山公会的确为家乡的福利做过贡献。1935年5月，厦门发生日籍浪民侵占禾山茂后土地案件，菲律宾禾山公会立即派代表陈耀荣回国联合厦门民众团体，向有关部门进行交涉，粉碎了日本的侵略阴谋。

新加坡的禾山公会，组织比较完善，设有名誉总理、正总理、副总理、司理、财政、庶务、交际和议员、评议员等职务。此外，还设立慈善部、教育部，分工明细，各有专职。他们对家乡的慈善和各项事业，都热诚赞助。例如抗战前海军漳厦警备司令部在厦门海面巡逻的"禾侨"号炮艇，就是新加坡禾山公会捐置的。又如1935年3月，国民政府在禾山征收房铺捐，新加坡禾山公会知道以后，马上召开紧急会议，打电报向南京国民政府财政部抗议，及时制止了国民政府地方当局的违法行为。

新加坡的厦门公会

1937年7月，日本帝国主义发动侵略中国的战争。旅居新加坡的华侨，眼看战争的烽火，就要蔓延到家乡，于是发起组织厦门公会，率领乡亲们投入抗日救亡爱国运动。

新加坡的厦门公会，设在新加坡中心区的厦门街58号。在新加坡的厦门华侨，绝大多数是知识分子。他们从事的职业，主要是华侨学校的教师，华文报纸的编辑、记者，侨办医院的医生和华侨商行里的文书、账房，所以新加坡厦门公会的爱国救亡运动，具有文化人的特点。下面举两个具体例子。

一是公演话剧。1939年7月9日、10日晚上，厦门公会在大世界的太平洋戏院，举行话剧义演筹赈游艺大会，演出话剧《投笔从戎》，博得观众好评。两个晚上的演出，收入门票达叻币3000余元。导演、演员和演出职员杨文昭、周觉世、周淑逊、林一平、张再来等，全部都是厦门公会的会员。

二是书画展览。1940年12月，我国著名画家徐悲鸿路过新加坡，厦门公会发动旅居新加坡的厦门书画家许允之、孙雪庵、谢云声等，邀请徐悲鸿联合在中华总商会举行义卖展览，得到徐悲鸿的大力支持。海内外著名书画家刘海粟、刘抗、陈人浩等，也乐意地参加这次书画义卖展览的盛举。各界侨胞出自爱国深情，踊跃认购，计得叻币5000多元，由厦门公会缴交南侨筹赈总会，汇回祖国捐献给抗战事业。

新加坡的厦门公会，曾经在《南洋商报》、《星洲日报》出版特刊，宣传抗日爱国。庄希泉、庄成宗等在香港为厦门逃难的失学儿童创办的建光学校的经费，也得到厦门公会的支持。

抗战胜利以后，新加坡厦门公会曾经隆重举行成立十周年纪念大会。目前在新加坡的华侨团体中，厦门公会仍然是相当活跃的。

新加坡赵芳街19号的厦门公会，楼高三层，图为会所底层

厦门地区的华侨复员

抗战期间，东南亚的福建华侨回国参军、从事各种技术服务的人数很多。太平洋战争发生以后，日本帝国主义入侵东南亚各国，福建华侨纷纷从滇缅公路，千里跋涉，辗转回乡。

日本投降以后，华侨迫切要求返回东南亚，与当地人民共同医治战争创伤，重建第二故乡。这在当年称为"华侨复员"。

当时，国民政府的侨委会迫于舆论，从1945年9月到1947年3月，分别在南京、广州、厦门等地办理华侨复员登记。据1947年3月10日公布的材料，厦门地区申请复员的人数，要到马来亚（包括现在的新加坡和马来西亚）的有8500多人，到印度尼西亚的有4900多人，到缅甸的有1.41万多人，到暹罗的有170多人，到越南的有680多人，到菲律宾的有8700多人。此外，还有许多人要求回到英属北婆罗洲、日本、印度、加拿大、英国等地。

华侨办完复员登记手续，但是，"只听楼梯响，不见人下来"，出境手续迟迟没有人办理。拖延将近一年，联合国救济总署才委派专员安倍金来厦门，与国民政府行政院善后救济总署厦门办事处以及厦门侨务局，共同在大生里成立华侨复员遣送站。1946年10月29日开始办公。申请复员的华侨到遣送站交验证件、领取检疫证以后，还得等待审查合格，才能住进站里的招待所。在等船出国期间，可以享受免费食宿。

起先，华侨复员遣送站规定，只接待马来亚归侨的复员，其他国家和地区暂缓。经过多次交涉，1947年3月，菲律宾政府才派人来厦门设立领事馆，办理华侨回菲律宾的手续，缅甸政府也在同年4月，派代表宇吞貌带随员来厦门办理华侨回缅甸的手续。

根据不完整的资料统计，厦门地区华侨先后复员13批，共6894人。到了1947年8月，联合国救济总署与国民政府行政院善后救济总署厦门办事处的工作先后结束，华侨复员工作，改由国际难民救济机构接办。等船复员的华侨，待遇越来越不好，生活甚至陷入绝境。

被殖民政府遣回的华侨

第二次世界大战结束以后，东南亚各国人民掀起声势浩大的民族民主运动，要求独立，反对帝国主义殖民者卷土重来。华侨在日本侵占东南亚期间，就与居住国人民并肩抗日，结下深厚的战斗友谊，现在又同情和支持东南亚国家人民的独立运动，因而受到帝国主义殖民当局的迫害，以所谓"触犯紧急法令"为借口，大肆拘捕、监禁，押解出境。

从1946年到1949年解放前夕，每次外轮进入厦门港，几乎都有被殖民当局押解回厦门的华侨。在殖民当局的监狱中，华侨受尽折磨、摧残，有的甚至死在轮船上。有的虽然回到厦门，因为无家可归，深感前途渺茫，结果自杀了。1949年8月14日清晨，开元路福德安旅栈，就发生过被马来亚殖民当局遣送回厦门的华侨陈和香，在3楼7号房间悬梁身亡的惨剧。

据国民政府厦门侨务局发表的统计数字，单单马来亚遣回厦门的华侨，从1949年1月到7月中旬，先后有20批640名，其中包括妇女和小孩。以后遣回厦门的华侨继续有所增加。

华侨受到帝国主义殖民当局这样的迫害，国民政府不但不吭声，不向当地政府交涉，对受迫害回国的华侨，反倒是疑神疑鬼，不予信任。例如1949年8月24日中午，"海利"号轮船从新加坡抵达厦门，被遣回的47名华侨，全部由警察局派人上船押到司法科，经过讯问，没有问题，还得有人担保，才能获得释放。

解放前华侨的苦难史，真是诉说不完啊！

□ 原载《天风海涛》第6辑，1982年12月

孙中山先生与厦门华侨

孙中山先生领导的中国民主革命运动，从开始酝酿建立革命团体，到推翻清朝廷封建统治的整个过程，都得到海外厦门华侨在财力、人力上的支持。其中有些厦门华侨，还成为孙中山的得力助手和亲密战友，并为革命做出积极贡献。

孙中山先生最早结识的厦门华侨，是海沧区霞阳人杨衢云。他年轻时随父亲到马来亚，后来到香港沙宣洋行任职。1892年，杨衢云在香港组织探索救国理论的辅仁文社，这时孙中山正在香港的西医书院学医，两人志同道合，时相过从。

孙中山先生在美国檀香山成立兴中会后，1895年1月回到香港，筹备成立兴中会总会。杨衢云带动辅仁文社全体社员加入，并被推选为兴中总会首任会长。

杨衢云参与孙中山领导的第一次广州起义和惠州起义的戎机。1899年2月，他从南非前往日本，与孙中山一起住在东京的三余轩，他们朝夕相处，研讨发展中国革命形势的策略。1900年5月，杨衢云陪同孙中山从日本的横滨回到香港，加紧进行惠州起义的准备工作。不久，他们两人分手，孙中山前往日本，杨衢云奔赴惠州前线。起义不幸失败，杨衢云潜回香港，清政府悬赏三万元购买他的头颅。关心他的战友规劝他出洋暂避，而他慷慨激昂地说："吾人行革命，

杨衢云（1861—1901）
马来亚华侨，定居香港。
兴中总会首任会长

亦久置生死于度外矣！"决心把自己的热血献给民主革命事业。1901年1月10日傍晚，清政府派遣的暴徒在香港暗杀了他，牺牲时才40岁。

在日本的孙中山接到杨衢云遇难的噩耗时，万分悲伤，亲自具名向各地寄发讣告，主持追悼会，沉痛致词吊唁，并发动革命同志捐款抚恤杨衢云的遗孀、孤儿，表达了他们之间深厚的革命情谊。

新加坡的厦门华侨陈楚楠，是中国同盟会新加坡分会会长。1906年，孙中山委派他和林义顺前往马来亚建立同盟会槟城支会。辛亥革命前，孙中山前后七次到新加坡，都由他陪同住在晚晴园，经常形影相随。

1908年5月，陈楚楠出色地完成孙中山交付的筹款接济云南河口起义的任务。然而河口起义仍告失败，起义人员五六百人辗转进入新加坡，孙中山又再将"收容起义人员"的重任交给他。陈楚楠没有辜负孙中山的委托，千方百计地安置起义人员就业，维护了孙中山在革命群众中的威望，促进了革命形势的继续发展。

禾山岭兜乡人陈新政，是槟城同盟会的中坚，多次为武装起义筹款。1910年冬，他参与孙中山在槟城召开的筹划广州起义机密会议，主动承担筹款任务，且很快就筹集了10多万元，使广州起义经费困难的问题，迎刃而解，深受孙中山的器重。

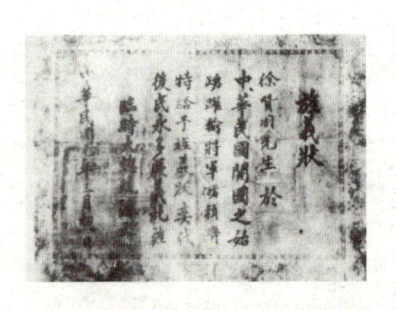

"华侨旗帜，民族光辉"的陈嘉庚，在辛亥革命时期的财力并不雄厚，但爱国之心，决不后人，凡是支持民主革命的捐献，他都

孙中山与陈楚楠等华侨在新加坡晚晴园合影

陈新政（1881—1924），马来亚华侨。1906年加入中国同盟会，是槟榔屿分会领导人之一

孙中山颁给缅甸厦门籍华侨徐赞周（1908年任中国同盟会仰光分会副会长）的旌义状

孙中山先生与厦门华侨

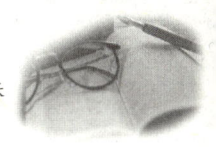

慷慨解囊,毫不吝啬。1911年12月16日,孙中山从欧洲回国途经新加坡,在会见陈嘉庚时谈论即将诞生的中华民国政府面临着经费支绌的困境,冀望海外华侨共同支撑局面,陈嘉庚慨然答应资助。1912年初孙中山在南京就任临时大总统,手头拮据,亟需款项,发电陈嘉庚告急。他立即汇出大洋五万元,支持孙中山缔造的共和国渡过财政的难关。孙中山在新加坡与陈嘉庚的合影,至今仍完好地陈列在厦门华侨博物院里。

1911年新加坡爱国侨领陈嘉庚会晤孙中山

在新加坡开业的吴杰模医师,同安人,曾经与孙中山同窗共砚。孙中山每次到达新加坡,总要在他家里盘桓几天,是孙中山莫逆诤友。此外,如新加坡的著名医师林文庆,曾任孙中山南京临时总统府的英文秘书和卫生部长。缅甸中国同盟会的会长庄银安、徐赞周,槟城的丘明昶,印尼的李增辉,缅甸的陈甘泉等厦门华侨,分别在当地创办传播革命思想的报刊和阅书报社,积极参加了孙中山的革命活动。他们有的和孙中山经常有书信往来,有的在民国建立后得到孙中山以大总统名义颁发的"旌义状"。

在纪念孙中山先生诞生120周年的时候,回顾厦门华侨追随孙中山民主革命的历史,当年厦门华侨高度的爱国主义热情,是令人敬佩的。而今海外的厦门华侨正在为促进海峡两岸同胞"三通",实现祖国统一大业做出的努力,更值得我们的赞扬。

□原载《厦门日报》1986年11月12日

厦门华侨与抗日战争

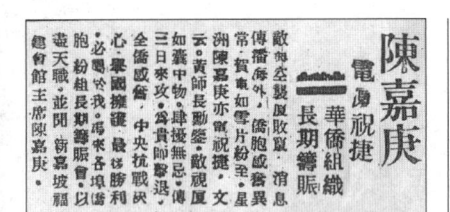

陈嘉庚贺电

李清泉贺电

厦门是华侨的故乡。在东南亚的各个角落，都有厦门华侨的踪迹。抗战爆发，日本帝国主义的侵华暴行，使他们义愤填膺。因此，在爱国主义旗帜的指引下，他们一如既往，不仅从财力等方面积极支援祖国的抗日战争，而且回国投身全民族的抗日洪流。

海外华侨对家乡一往情深，关注着祖国和民族的命运前途。1937年9月3日，厦门首次遭受敌机、敌舰的狂轰滥炸，激起屿仔尾和胡里山炮台的国民政府驻军开炮还击，弹中敌舰"若竹"号，打退来犯之敌。初战告捷的喜讯传开，华侨无不欢欣雀跃，许多人还汇款慰问炮台将士，激励他们英勇抗敌。10月26日，金门沦陷，厦门危急。归侨苏某等联络热心归侨，"倡议组织归国华侨义勇队"，"协助驻军，共同抗战"，保卫家乡。

抗战烽火越来越旺，南洋华侨战地记者团、安南（越南）华侨归国工作团和居住香港的厦门华侨，共同组织了旅港澳救亡同志会，加强家乡与东南亚华侨间的联系。就在厦门人民刚刚迎来

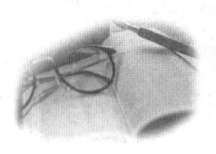

李清泉　　　林谋盛　　　陈文确　　　孙炳炎

战斗的1938年元旦，救亡同志会派出的回乡工作团，于1月8日由团长陈雪华率领抵达厦门，转赴闽南各地，开展抗日救亡运动。沈尔七带领的菲律宾华侨青年救国义勇队，也在1月20日回到厦门。他们带来海外亲人同仇敌忾、共御外侮的满腔热情，鞭策着厦门人民勇敢地迎敌抗暴。而当日军铁蹄踏上厦门时，菲律宾归侨林能隐等人，则为保卫家乡洒尽热血，献出生命。

1938年5月13日，厦门沦陷，同胞们流离失所的消息传到海外，华侨北望桑梓，万分悲痛，救乡运动，风起云涌。新、马各地的福建会馆，纷纷召开紧急会议，强调指出："为国为乡，均不能坐视不理，筹款救济，责无旁贷。"先后汇款回鼓浪屿救济难民。菲律宾中华商会会长李清泉，年轻时在厦门同文书院念书，亲友故旧甚多。当他听到香港有2000多个厦门难民餐风宿露，立即召集各董事开会，发起救济运动，选派余清箴、桂华山即日驰赴香港，联合香港同乡庄成宗、郑玉山等人，安置

1940年3月,陈嘉庚(前右四)等率领南洋华侨回国慰劳视察团慰劳抗日将士。图为到达重庆时群众欢迎的情景

逃港的厦门难民,并向越南、泰国采购大米,分批运回鼓浪屿。缅甸华侨红十字会、仰光的闽侨各属筹赈会,也几次汇款前来发放赈济。印度尼西亚的厦门华侨许启兴,在雅加达主持华侨慈善夜市,筹款赈济受难同胞。这一切,充分体现华侨爱国爱乡的深厚情谊。

厦门华侨陈嘉庚,不愧为华侨的旗帜。他始终领导着东南亚华侨的抗日工作,为中华民族的独立解放,作出不可估量的贡献,在中国抗战史上,谱写极其光辉的一页。抗战刚开始,他在新加坡提倡输财慰劳前方将士,"一呼百诺,仅一昼夜,各处自动认捐的,就有数十万元"。无疑地,这当中也包括许多厦门华侨。陈嘉庚本人每月捐献国币2000元,一直坚持到日本投降为止。他的一位族亲陈文确,一次就捐献国币1万元。郊区孙厝的孙炳炎,当年担任芽笼区筹赈会主

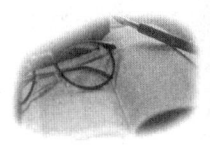

席，为救济祖国难民日夜奔跑；海沧的周玉麟，是诗巫华侨筹赈会主席，四处奔走呼号，筹款募捐，支持祖国抗战；禾山卢厝人郑为仁被选为丁加奴州筹赈会主席后，夙夜匪懈，积极为筹赈操劳忙碌。

抗战初，马来半岛发生一件震惊世界的日本矿场罢工事件。这次罢工策划者之一的林谋盛，生长在鼓浪屿，毕业于英华书院。当年龙运地区有个日本财阀经营的铁矿，它出产的生铁，是制造残杀中国人民武器的主要原料。林谋盛与厦门华侨周淑逊、杨文昭、庄惠泉等，深入龙运铁矿区，发动华侨矿工罢工。华侨矿工深明大义，不顾失业的威胁，毅然相率离开矿场。与此同时，林谋盛还与新加坡的福建会馆密切配合，热情地为失业矿工介绍就业，或者资助回国。由于这样，迫使日本生产军火的原料基地龙运铁矿瘫痪停产。路透社报道这一事件时，认为是日本侵略中国战争以来最重大的损失。这次罢工的胜利，影响很大，显示了华侨团结抗敌的无穷力量。

在祖国抗战的前线，也有来自海外的厦门华侨青年。菲律宾怡朗的华侨店员黄登保，是禾山江头祥店人。他怀着对日本侵略者的仇恨，与8位华侨青年一起，几经周折，辗转到达陕北。抗大毕业后，组织上分配他到炮兵团，参加痛惩日本鬼子的战斗。后来他成为中国人民解放军炮兵副司令员，现已离休，住在北京。曾经在厦门福建民用航空学校学习飞行的刘领赐，原来也是旅居菲律宾的华侨。抗战初，他多次参加杭州、南京和长江沿线保卫祖国领空的战斗。1938年8月3日，他在武汉空战中击落敌机一架，荣获金质的蓝星奖章。新加坡厦门华侨、英国爱丁堡大学医学博士林可胜，担任过汉口后方救伤会会长、贵阳红十字会总会长。在医疗设备极端困难的条件下，他办起后方留医诊所，开设战时医务讲习班，训练战地护士，制造医疗用品。经他救治的伤病员，难以计数。他们放弃海外舒适生活和优厚待遇，回国服务，舍己为国的精神，赢得祖国同胞的同声赞扬。

总之，在整个抗战过程中，厦门华侨涌现了许多感人肺腑的爱国爱乡事迹。在纪念抗战胜利四十周年之际，温故知新。过去灾难深重的祖国，如今已巍然屹立于世界。更可喜的是，老一辈华侨爱国爱乡的传统，正由新一代的海外赤子继承，发扬光大，为厦门经济特区建设，为祖国四化建设做出积极的贡献。

□原载《厦门日报》1985年8月24日

爱憎分明　疾恶如仇

——有关陈嘉庚先生的一段史实

陈嘉庚

陈嘉庚先生爱国爱乡、毁家兴学的光辉业绩，几乎家喻户晓。然而陈嘉庚先生热心改造社会恶习，膺任闽南烟苗禁种会会长的这段历史，在研究陈嘉庚的专著和文章中，均无提及。过去我曾从旧报刊中抄录一些有关这段史实的详细报道，但在"文革"中大部分散佚，幸存的《道南报》抄稿，仅有很不完整的资料。虽只吉光片羽，略加整理，仍有助于探讨陈嘉庚先生早期爱国主义思想的形成和发展。

1919年，陈嘉庚先生为了筹划创办厦门大学，从新加坡回到厦门。他在厦门生活期间，目睹北洋军阀政府强逼农民种植鸦片、征收鸦片烟捐的罪行，义愤填膺。军阀的凶恶残暴，人所共知，他没有考虑个人的安危，毅然与厦门各界知名人士，发起成立闽南烟苗禁种会。

1920年9月17日下午4时半，闽南禁种烟苗会60多个发起人，集合在小走马路青年会（今思明区少年宫）开会，讨论禁种鸦片烟苗的有关事项。陈嘉庚先生在会上沉痛陈述鸦片的祸害，坚决反对军阀政府勒逼农民播种鸦片，派捐抽税。马大

爱憎分明 疾恶如仇

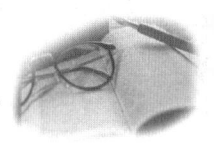

庆和柯孝灶也相继在会上发言。与会人士认为：鸦片烟苗播种季节，为期甚迫，首先应该呼吁各界人士，群策群力，反对军阀逼种。于是会议决定立即成立闽南烟苗禁种会，以便开展工作，选举众望所归的陈嘉庚先生任会长，黄廷元任副会长，并选举教育界人士李禧（绣伊）、卢心启，基督教人士陈秋卿、王宗仁以及社会人士柯孝灶、马大庆、庄英才等为干事。

闽南烟苗禁种会成立大会全体委员和来宾的合影。前排右四穿西装者为会长陈嘉庚先生

9月18日，闽南烟苗禁种会召开第二次会议，并通过有关决议：（1）推派代表赴省会福州向督军请愿；（2）致电北京政府和福建督军署，要求下令严厉取缔种植鸦片，同时电请南洋各埠商会声援；（3）印发传单，分寄漳州、泉州各县城乡的学校、教堂，扩大禁种烟苗的宣传。在这次会议上，陈嘉庚先生和黄廷元、王宗仁三人，被推选为晋省请愿的代表。（见《道南报》第3卷第16期第8页，1920年9月22日版。）

当年陈嘉庚先生虽然为筹办厦门大学呕心沥血，但鸦片流毒家乡的惨状，又怎能袖手旁观。他不辞艰辛，满怀爱国爱乡的热忱，奔赴福州，一面向督军李厚基请愿，一面在青年会等处演说，揭发军阀政府倒行逆施，非法逼种鸦片。他大声疾呼："闽南近年遍种烟苗，流毒害民，尽人皆知，毋庸再赘。本年若不严

禁，其祸尤烈。……敬为诸君言之：因抽捐扰民，军队横行，淫掳交加；劣绅乡豪，串通取利，农民怨恨入骨。对诸军队，虽敢怒而不敢言，若对诸乡豪，则视为不共戴天之仇。经有多处团结，力筹对付，本年若复勒种勒捐，势必酿成械斗，地方糜烂……"他"望各界诸君，协力帮助，为本会之后盾，以民气战胜武力（指军阀）"。最后，陈嘉庚先生对军阀和劣绅提出警告："凡诸口是心非或奉行不力者，必联电京，力争到底，以达目的。此同人此次来闽（福州）之微意也。"

陈嘉庚先生在福州的请愿活动和演说，反响很大，并得到省会各界人士的支持，因而迫使福建督军"面许，负责即饬地方官出示严禁"。斗争取得初步的胜利。他回到厦门，又再召开大会，报告赴省请愿经过。会后，以闽南烟苗禁种会的名义，刊发"紧要启事"，号召闽南各县"爱国志士及学校、社会（团）等，各设分会"，发动检举军阀官绅劣迹。"紧要启事"最后以"事关吾闽二千余万人祸福"，呼吁全省同胞，"如查知情弊，务祈据实详达"，"庶官吏无从朦蔽"。（见《道南报》第3卷第19期第5～6页，1920年10月13日。）

从闽南烟苗禁种会会长的陈嘉庚先生身上，体现了他刚直无私，不畏强暴，爱憎分明，疾恶如仇的高贵品质。这些高贵品质，在当今的四化建设中，是很值得我们学习与借鉴的。

□原载《厦门日报》1982年5月15日

一所华侨办的航空学校

菲律宾的福建华侨，曾经在厦门郊区禾山创办了一所国内少有的航空学校，它的全称是"福建厦门五通民用航空学校"。这篇短文，主要是访问当年该校的第一批学生、菲律宾归侨曾仁南先生的记录整理的。

1928年五三济南惨案发生后，举国上下，同仇敌忾。有些侨胞认为，只有实现孙中山先生"航空救国"的遗训，才能使中国强大起来。因而有菲律宾华侨吴记霍、吴福奇、薛煜添、林珠光、李清泉等先生发起组织航空委员会之举。航委会积极筹募基金，并决定在故乡创办航空学校，培养飞行人员，发展航空事业。

同年六七月间，航委会一方面派员回闽，选择厦门郊区禾山的五通为建校地址；另方面向国外订购教练机和电台、机械等设备。教练机计7架，其中德制3架、美制2架，法制单翼水、陆机各1架。

建校的筹备工作就绪，航委会在菲律宾侨办华文报纸刊登通告，公开招考华侨子弟归国就学。当时考场设在岷里拉普智学校，全菲各地华侨青年参加考试的有57名。考试后经严格的体格检查，录取的仅11人（其中原籍厦门禾山的3名，泉州、晋江、南安的各2名，惠安、金门各1名）加上在国内招考录取的89名学生，全校学生数正好100人。

福建民航学校于1928年9月正式开学，校长陈国梁，莆田人。飞行教官3人，陈子文和李凤宣任期较长，另一教官因试飞时坠毁了一架德制教练机而被辞退。学科设飞机学、机械学、航空理论、数学、天文气象学、地理、无线电学等科目，除陈国梁、陈子文兼任教职外，还有薛拱年和一

菲律宾华侨吴记霍（1866—1932，南安人），1928年济南惨案后自捐飞机7架，参与组织航空队，创办我国在第一所航空学校"福建厦门五通民用航空学校"

位姓陈的。军事教官先是五通乡田头村人孙嘉武，旋由海军警备司令部的一个副官继任。飞机场的地点在五通店里社旁边，长仅800英尺，宽200余英尺。水上机停泊五通海面。宿舍租用泥金社内二间祖厝，课堂和厨房设在祖厝左邻。

1929年春，由于校长搞宗派活动，经航委会开会议决，校长一职改委薛拱年，国内招收的学生除留三人外，其余解散，于是全校只留下学生14人。不久，陈子文、李凤宣辞职，另聘一位丹麦人坎马任飞行教官。坎马曾参加第一次世界大战，击落过德机，富有飞行经验，技术高超，深受学生欢迎。

不久，因为学校经费支绌，航委会起先与国民政府的航空署联系，拟与浙江省的杭州航空学校合并。1930年7月，航空署派沈德燮、刘芳秀前来厦门，未能达成协议。航委会改与广东方面洽商，于7月间将福建民航学校全部设备归并广州航空学校，学生除1名自动转学到曾厝垵的海军航空处外，其余的13名都按同等程度，插入广州航空学校毕业班的第四期继续升学。至是，菲律宾爱国华侨在福建创办的民航学校宣告结束。

□原载《华侨史话选编》第1辑，1984年1月

为亚非会议护驾的洪载德

亚非会议

亚非会议又称万隆会议，是由缅甸、锡兰（今斯里兰卡）、印度、印度尼西亚、巴基斯坦五国发起，1955年4月18日至24日在印度尼西亚万隆召开的。中国派出以周恩来为首席代表，陈毅、章汉夫、叶季壮、黄镇为代表组成的代表团出席会议。

这是亚非历史上第一次没有殖民国家参加的，由亚非国家自己讨论共同关心问题的会议，共有29个国家340名代表参加。周恩来在会上发言指出：亚非国家的命运应该由亚非各国人民自己掌握。并提出了"求同存异"的方针，认为不同的意识形态和社会制度并不妨碍各国间的求同和团结。

会议就经济、文化合作、促进世界和平等问题达成了协议，制定了著名的万隆十项原则，通过了《关于促进世界和平合作的宣言》。会议所表达的亚非人民团结一致，共同反对殖民主义，争取和维护民族独立，反对侵略战争，保卫世界和平，促进友好合作的精神，被誉为"万隆精神"。

洪载德

万隆会议期间周恩来总理亲切会见洪载德

1955年4月18日至24日召开的亚非会议，使万隆精神及和平共处五项原则深入人心，以周总理为首的中国代表团建立的不朽功勋，将永远载入史册。历史同样记载了厦门人洪载德和印尼华侨支援委员会为这一划时代盛会建立的功绩。

1955年4月11日，中国代表团包租的印航"克什米尔公主号"专机，在取道香港前往万隆出席亚非会议途中发生爆炸。这是美蒋特务蓄意制造的恐怖事件，所幸吉人天相，周总理当时并不在飞机上。

这一事件敲响了警钟，"保卫周总理，保卫代表团祖国亲人的安全"！印尼各地侨领自发聚会雅加达，决定成立华侨支援委员会，并在雅加达和万隆各设分会。

万隆分会主要负责人洪载德，这个少年岁月和晚年时光都是在厦门渡过的爱国华侨，由于这个契机被时代风云推上风口浪尖。

洪载德，祖籍南安石井，20世纪20年代末30年代初就读鼓浪屿英华书院，毕业后到印尼万隆谋生，1936年与人合资开设汽车零

为亚非会议护驾的洪载德

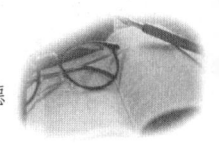

件商店。

1937年七七事变后，洪载德积极参加印尼华侨筹赈祖国难民会，配合陈嘉庚领导的南洋华侨筹赈祖国难民总会，开展抵制日货、募捐援国、救济难民活动。

日本南进时，洪载德因此被控有罪，家中财产全被没收，他本人被囚于监狱坐牢9个月，其间还遭到严刑拷打，但坚贞不屈。

出狱后，他先后参与创办南化学校、业余义务学校、华侨中学和雅加达《生活周报》，组织中华戏剧社，历任万隆中华总会委员、万隆侨团联合会主席、万隆华侨促进会副主席、万隆中华侨团总会主席。

中华人民共和国成立时，洪载德发动几十个侨团、侨校联合通电视贺。1950年中国与印尼建交，他积极协助我国使馆工作，并送子女回国上学，让母亲和妻子回厦定居。1953年，他作为印尼华侨观光团团长，回京参加国庆活动并回福建家乡参观。

"中国代表团和周总理的住宿选择何处为宜？"这是华侨支援委员会遇到的一道难题。按常规安排，住进星级酒店毋庸置疑。但是酒店各式各样的人进出，局面不易控制，美蒋特务诡计多端，极易混水摸鱼。因而洪载德决定向当地侨商借别墅。

他和同仁们分别登门拜访侨领，主人都乐意腾出别墅借给祖国代表团住宿。有些华侨还将房子装修粉刷一新，更新客厅和卧室家具，添置灭火器等设备，让代表团居住的环境更舒适更安全。

周总理下榻处，洪载德等更费商量。他几

洪载德代表万隆华侨致词欢迎中国代表团

厦门市革命委员会送花圈悼念洪载德逝世

经考察，反复挑选，选中侨商郭贵盛的家。该别墅建在一个高坡上，周围是华侨住宅群，生疏人等进入，立即可辨认出来。

中国代表团抵达万隆时，华侨支援委员会组织成千上万侨众，在车队经过的道路两旁，组成夹道欢迎队伍。洪载德还邀请擅长武术的万隆洪门洪义顺公会兄弟，投入保卫工作，并挑选身强体壮的华侨青年，密切注视周边动静。印尼政府也增设岗哨和增派军警巡逻。

会议期间，不敢有丝毫麻痹大意的洪载德，还带领十多位热心华侨，夜间在周总理住处周围轮流值班，配合警卫。

严密的防患措施，使得美蒋特务无机可乘，不敢轻举妄动。

在华侨支援委员会的安排下，各界华侨放下生意，牺牲休息时间，出钱出力，积极参与各项会务。

为了方便代表开会、出行，洪载德等还向华侨借来了160多辆新型汽车。代表团的饮食、洗衣、理发等一切后勤工作，全部由他领导的华侨支援委员会承担。

翻译组的华校师生们，每天都将会议要闻编译成参考资料，送给代表团成员参阅。他们常把见到的情景告诉父母、亲戚和朋友，引以为豪。

印尼华侨无私奉献的爱国热情，得到了周总理的高度赞扬。

亚非会议以后，洪载德先后接待了来访的宋庆龄、肖华、杨成武、刘少奇、王光美、陈毅、贺龙等中国领导人。1965年，周总理再次到万隆出席纪念亚非会议十周年庆典，洪载德应邀参加了有关活动。

1969年，洪载德回国定居。抵京时，董必武、周恩来、宋庆龄分别亲切接见并合影留念。晚年的洪载德，在厦门先后捐款给华侨幼儿园、华侨中学、集美中学、华侨大学、华侨博物院和陈嘉庚纪念馆等。

1974年12月24日，洪载德因心脏病发作在厦门逝世。国务院、中侨委、省侨委和厦门市革命委员会等送了花圈。

□原载《厦门晚报》2005年4月13日，与李跃忠合写

唇齿相依的厦台关系

厦门与台湾一衣带水，隔海相望。早在宋元时期，就已航运互通。此后几个世纪，厦门与台湾区域间的政治、军事、经贸、文化往来，从未间断。

联结海峡两岸的通道

台湾本岛与澎湖列岛四面环海，在还没有民用航空的时代，船舶是大陆与台湾之间交往的唯一工具。从大陆赴台湾或从台湾前来大陆，都得先经澎湖停泊。厦门与澎湖相距120多海里，帆船顺风朝发夕至，海路便捷，成为大陆往返澎湖的中转站和联结海峡两岸的通道。

明末，荷兰殖民者侵占祖国领土台湾，民族英雄郑成功以厦门和金门为收复台湾的基地。郑成功复台几个月后病逝，其子郑经继承管辖台湾，厦门和金门作为台湾与大陆交通的地位依然不变。

康熙二十二年（1683年），台湾归入清朝版图，祖国实现统一。清政府即在福建省增置台湾府。自康熙二十三年（1684年）至雍正五年（1727年）的40多年间，台湾府与厦门划为同一行政区域，由同一行政机构"台湾厦门兵备道"统管两地的文武各机关。《台湾府志》写道："台郡与厦门如鸟之两翼，土俗谓'厦即台，台即厦'。"形象地表述厦门和台湾的密切关系，犹如飞鸟的两支翅膀那样，不可分离。

清初对大陆同胞前往台湾实行严格管制，明文规定：大陆同胞要到台湾，不论是经商或定居，一律须向台湾厦门兵备道申报，经批准领取证件，始得赴台。而且只开放厦门港对渡台湾的鹿耳门港，凡大陆"往台湾之船，必令到厦门盘查"，"其从台湾回者，亦令由澎到厦，出入盘查，方许放行"。其他任何港口，均不准通行，甚至政府间往返的公函文书，也一律要通过厦门转递。这就是说，大陆与台湾之间的交往，厦门是唯一通道。

清政府对大陆同胞渡台的严格控制，既无法满足厦门及其附近地区人民赴台开拓、经营的要求，在大陆的眷属也无法与在台湾的亲人团聚，因而许多人只好冒险偷渡。《赤嵌笔谈》记载，当时"偷渡来台，厦门是其总路"。经过整整100年，直到乾隆四十九年（1784年），清政府才增加开放晋江蚶江与台湾鹿港间的对渡。

据《厦门志》载：自清初到鸦片战争前的100多年间，每年有几百艘甚至上千艘的厦门商船，航行于厦门、台湾海面，称为"台运"。台湾地方政府还特地在厦门港太平桥街设办事机构，厦门人民管叫它为"台湾公馆"。

近代，厦门一直是台湾同胞抗击外来侵略的前线，同时又是后方基地，唇齿相依。在鸦片战争和中法战争中，祖国大陆的军民不断从厦门前往台湾协同作战，并输送武器弹药和物资，支援台胞的武装抗英、抗法。在甲午中日战争和反割台斗争中，厦门再次成为大陆军民援台的重要基地。坚持抗日的义军首领刘永福、简大狮等在弹尽援绝的最后时刻回国，都是从厦门上陆的。富有民族气节的台湾士绅在家乡沦日后内渡，也几乎都是先到达厦门然后转赴闽粤各地。其中有林尔嘉、林祖密等家族，还有著名诗人林鹤年、施士洁、汪春源、许南英以及黄鸿翔、王选闲、卢心启、蔡谷仁、胡南溟、林朝崧、卢振基、魏绍英等好几百人，分别定居厦门和漳州、泉州，致力于地方的经济、文化、教育工作。

自1895年4月至1945年9月，台湾沦为日本军国主义者的殖民地整整半个世纪。由于台湾居民中祖籍闽南的占人口总数80%以上，这种地缘和血缘的因素，决定了日治时期台湾继续保持与厦门的航运畅通，厦门仍然是闽台往来的重要口岸。有资料揭示，1913年台湾来厦旅客5660人，1915年增至6031人；1913年厦门赴台旅客5313人，1915年增至5947人；1933年到1937年10月，居住厦门的台胞达8700多人。他们绝大多数安分守纪，都有正当职业，与厦门人民相处融洽，如医生蔡世兴，工商业者廖昆维、郭水生等，不计其数。但也毋庸讳言，有那么一小撮甘心认贼作父，为虎作

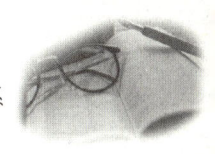

伥，充当日本侵略者走狗的日籍台湾浪民，如所谓"十八大哥"流氓黑社会头头，倚仗日本领事势力，为非作歹，欺压同胞，罪恶昭彰，令人发指。

区域经济贸易往来

著名的台湾史学家连横指出："历经五代，终及两宋，中原板荡，战争未息，漳泉边民渐来台湾，而以北港为互市之口。"明初采取海禁政策，一度导致两地区域贸易的萎缩。及至明代中叶，随着社会经济的发展，商品流通的发达，厦门及其邻近沿海的商人，又纷纷集资造船前往台湾贸易了。

在荷兰殖民者窃据台湾期间，台湾同胞的生活用品，主要仰赖厦门供应。例如荷兰人的《大员商馆日志》记载，1637年6月—12月大陆开往台湾的19艘帆船中，有14艘是自厦门出港的。同一时间段从台湾返航大陆的15艘帆船中，有9艘属于厦门船。1638年1月—11月赴台的22艘大陆船，其中厦门船15艘。同一时间段台湾返航大陆的20艘帆船，厦门船占了半数。

厦门台湾公会为旅居厦门台湾同胞的同乡会，创始于1906年。图为民国初期的台湾公会会所

1662年2月，郑成功东渡大军驱逐荷兰侵略者收复了台湾，从厦门跟随郑成功东征的几万名闽南子弟兵留在台湾，繁衍子孙，为台湾的经济发展作出了很大贡献。在郑清军事对峙期间，闽南沿海的商人将货物运入厦门，与来自台湾的商人贸易，而驻守厦门的清军，却睁一眼闭一眼，让双方成交，使"台湾货物船料，不绝于用"。由此可见，即使

在郑清处于敌对状态时，厦门与台湾的经贸往来，明禁暗许，始终没有完全断绝过。

祖国的统一有利于台湾经济社会的发展。清初，台湾盛产的大米、蔗糖、樟脑，源源不断地通过厦门转输大陆各地，并通过厦门采买台湾同胞所需要的日常用品。《厦门志》记载："厦门商船对渡台湾鹿耳门，向来千余号。"1725年，福建巡抚毛文铨在呈送雍正帝的一份报告中说："每年至少有500到700艘台湾商船停靠在厦门，而实际数量可能还不止。"出现了台湾海峡"船舻相望，络绎于途"的盛况。仅鹿港这个口岸，就有好多家专门经营与厦门贸易的"厦郊"。

鸦片战争后，台湾与厦门的经济来往仍很频繁。厦门海关《十年报告（1882—1891）》明确指出，"厦门一直是运往台湾货物的集散地，台湾的贸易往来大部分经过本口岸"。

日本占领台湾的50年间，厦门与台湾的贸易，虽然继续发展，但已不再是国内的区域贸易而转化成为对外贸易。

台胞抗日爱国运动的大本营

1895年日本占领台湾以后，不甘心受日本军国主义奴役的台湾同胞，前仆后继地开展抗日斗争。厦门成为台湾同胞联络祖国亲人并肩抗日和从事民主爱国运动的大本营。

1904年至1905年间，厦门各界人士响应全国各城市掀起的反美爱国运动，成立"拒美约会"。当年担任厦门《福建日日新闻》笔政的，是台湾名诗人、史学家连雅堂（连横）。他不仅大量刊登各地反美爱国运动的新闻，还著文抨击美国虐待华工的滔天罪行，鼓舞群众的斗志。

在厦门参加中国同盟会的台胞罗福星回到台湾后，在台湾发展中国同盟会会员并组织台湾同胞响应祖国的辛亥革命，投身民主爱国运动的行列。在辛亥革命推动下爆发的林屺埔起义、土库起义和西来庵抗日起义，部分武器是从厦门运去的，给起义很大的支援。而在厦门的台胞，也纷纷参加光复厦门的战斗，其中如许南英的儿子、作家许地山的胞兄许赞元，以及徐家三兄弟徐萌山、徐蕴山、徐屏山。从清末至民国十九年（1930年）持续近半个世纪的"收回海后滩英租地"的斗争中，在厦门的台胞黄鸿翔、卢心启、王选闲等，始终站在斗争的最前线，卢心启还作为厦门公民会两位代表之一赴京、沪等地请愿，争取全国同胞对收回厦门海后滩的支援。

五四运动期间在厦门工作的赖和、张我军及其后在集美中学念书的郭秋生，受到五四运动的熏陶，回台湾后从事文学创作，鼓舞台胞的抗日爱国热情。台湾新文化运动的这几位先驱，在他们的作品或自传里，都忘不了厦门这块土地对他们的哺育。

台湾青年回祖国求学深造，几乎都取道厦门。20世纪二三十年代，汇集在厦门的台湾学生100多人，他们受到祖国民主革命运动高潮的影响，有的集合同志，组织革命社团；有的参加中国共产党，进入游击区当红军。1923年6月20日，台湾人李思祯在厦门组织台湾尚志社秘密进行抗日活动。8月15日，出版《尚志厦门号》。翌年1月30日，尚志社在厦门召开台湾学生大会，并发表《宣言》和《决议》，寄发台湾、东京和国内各地的台湾同胞，号召共同反对台湾总督府的压迫政策。继而在厦门的台湾学生洪朝宗、郭丙辛、曾明如等，又组织了闽南台湾学生联合会。1925年，闽南台湾学生联合会与"上海台湾学生联合会"互相联络，进一步推动抗日运动的开展。其后，台湾学生林茂铎、张梗（张志忠）等又联络厦门的学生，共同组成"厦门中国台湾同志会"，于1925年4月18日、24日，两次在厦门市内各处张贴《宣言》。《宣言》在控诉日本统治台湾血腥暴行的同时，呼吁"中国同胞有爱国思想者，当然也要负起援助台湾的义务"。同年6月间，又以"中国台湾新青年社"的名义，在厦门发行报纸。而在厦门参加中国共产党和红军的台胞李山火、施至善、洪石柱、洪石笋、洪平民、卢丙丁、冯志坚、施晓清、余南、苏鸿树、李顺英（李纯青）、廖青、李伟光（应章）、李克己、张智赫（张秋山）、骆奇峰、谢瑞生等，在白色恐怖的环境中进行不屈不挠的战斗，献身祖国和家乡台湾的解放事业。期间台湾岛内外抗日运动的领袖和骨干如林献堂、蒋渭水、王敏川、苏新、黄朝琴等，也都先后到过厦门进行活动。

1937年七七抗战爆发，日本驻厦门总领事馆于8月28日关闭，居住厦门的台湾同胞获得了长期被剥夺的爱国权利，约有三四千名住厦台胞，不顾驻厦门日本总领事馆的威迫，抗命不随日本总领事撤退回台，首批400多人向政府申请恢复中国国籍。许多台湾同胞受到全国轰轰烈烈抗日救亡运动的鼓舞，主动要求参加祖国的抗战行列，由宋重光、游新民、叶永隆、王任本、潘文村、朱枫等发起的台湾抗日复土总同盟，于9月4日在厦门成立。他们"以团结全体台湾同胞打倒日本帝国主义，恢复台湾领土"为宗旨，提出"全国抗战也就是我们台胞发挥热血"、"与祖国同胞站在同一战线，用火与血和日本帝国主义作殊死战斗"的口号。

厦门沦陷后，厦门台胞抗日复土总同盟的成员，有的奔赴内陆参加李友邦将军领导的台湾义勇队，在祖国抗日前线担任日军俘虏营的翻译或从事战地的救护工作。有的继续隐蔽在厦门，改名换姓组成台湾革命青年大同盟，与厦门青年组织的厦门青年复土血魂团联合作战，一起散发抗日传单，袭击日军军事要地。他们坚持抗日爱国的正义斗争，最后与全国同胞一起取得抗日战争的伟大胜利，从而实现了台湾回到祖国怀抱的夙愿。

厦台关系的深化

1945年8月，日本战败投降，台湾重新回到祖国的怀抱。10月2日，第一艘进入祖国口岸的台湾商船，抵达厦门港。此后4年，厦门与台湾之间各方面的联系，日益密切。

1945年10月25日，国民政府台湾行政长官公署成立台湾省贸易公司，恢复厦门与台湾之间的区域贸易。27日，厦门、台湾直达电讯开通，邮政业务量骤增。翌年2月，先后四批旅厦台胞共3503人回乡探亲或定居。4月15日，厦门与台湾开始有轮船定期航班。5月，厦门与高雄海运开航。中央、中国两家航空公司也相继开通厦门至台北、厦门至台南的航线，使厦台间的交通更加便捷，有利于两地各方面的交流和台湾青年前来厦门升学。12月23日，厦门大学新生院还特地为台湾省籍学生开办国语、国文补习班。据不完全统计，1946年初到1948年间，前来厦门大学就读的台湾学生大约有50人，而厦门大学毕业的学生应聘到台湾工作的，三四年间，大约有500人。在厦门大学就读的台湾省籍学生如林江（翁黎光）、郑洪池（郑坚）、张有义（张克辉）等，都是在学运中经受考验被吸收参加中国共产党的，后来还进入闽南的游击区，投身于解放战争的革命洪流，有的经几十年的磨炼成长为各级人民政府的领导人。

20世纪50年代至70年代，由于众所周知的原因，海峡两岸处于敌对状态，导致厦门与台湾之间关系紧张，乡音隔绝。近20年来，海峡两岸气氛日趋缓和，有利于厦门与台湾之间各项关系的发展。许多台胞在厦门投资设厂办企业，并在厦门举办形式多样的经贸文化交流活动。厦门已成为大陆各地台资最集中的地方和两岸经贸文化交流的辐射点。

□原载《台湾儿女祖国情》，台海出版社，2000年10月

"戏说"其实是"正剧"

——林尔嘉传奇人生二三事

林尔嘉是厦门家喻户晓的人物。作为菽庄花园主人,他以学问渊博、热心公益、富有民族气节闻名于世,除了众所周知的"正史记载"之外,关于他的身世、传说和典故,至今仍为人们所津津乐道。

关于"林皮陈骨"身世

林尔嘉原名陈石子,是厦门抗英名将陈胜元五子陈宗美的嫡生长子,6岁时才过继给台湾板桥林家。

清道光十二年(1832年),隶属福建管辖的台湾岛,由于漳泉两地垦民发生械斗,经济发展受到严重影响。振威将军陈胜元随水师提督陈化成赴台平息争端,期间同台湾首富板桥林家的国芳、国华两兄弟结识。他们成为挚友后,陈胜元还将三女许配国华次子、时任台湾垦抚大臣的林维源。

1880年,林维源长子因病夭折,夫妇俩悲痛欲绝。陈胜元五子陈宗美为缓解姐姐和姐夫后继无人的愁苦,遂将自己6岁的长子陈石子过继给林维源夫妇。他们非常高兴,即为石子取名"眉寿"(林尔嘉别名)。

1895年,清廷因甲午战败被迫签订《马关条约》割

林尔嘉

台。身为台湾名绅的林维源，毅然放弃庞大家业，携眷内渡；21岁的林尔嘉，风华正茂，追随其父左右，定居鼓浪屿鹿耳礁。当时业已成年的林尔嘉，常到溪岸陈家探亲。

据陈家后人回忆，1907年，林尔嘉携带四太太和三儿子鼎礼回陈家举行拜堂仪式，将四太兰谷和三子鼎礼给生父宗美继嗣，还出资10000银元重修振威第二、三落。

在陈家迄今还保留着一张林尔嘉的"老顽童"照片：1932年冬，58岁的林尔嘉，念念不忘年幼时石榴淑人（宗美侧室）喂他吃饭的情景，恳求石榴庶母再喂他一次。古稀老妹欣然应允，在鼓浪屿林氏府再度拿起碗勺，上演了尔嘉童年时代感人一幕，当时还拍了照片留念。

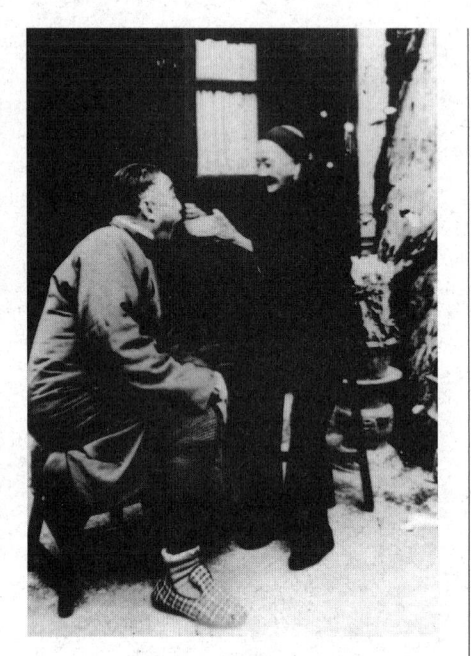

石榴淑人为林尔嘉喂饭的情景

关于"捐建颐和园"传说

内渡厦门后，目睹内忧外患，林尔嘉主张变革立宪，提出"不以实业为政治之资，则政治几何能淑；不以政治为实业之盾，则实业几何能兴"见解，建议政府兴商务，办工业，开矿铸币，修建铁路，整理税收，裁减冗员，以保证国家财政收支平稳。时适清廷赴南洋考察商务的参议王清穆途经厦门，以其才华出众向朝廷力荐，奉召入京。

1905年福建议建铁路，筹组商办福建全省铁路有限公司，推荐内阁学士兼礼部侍郎陈宝琛任总理。陈邀请林尔嘉赞襄，林尔嘉不但投资入股，且实际参与漳厦铁路工程的具体事务。同年，应商部聘为顾问。1908年初，林尔嘉出资30万银元，开设厦门德律风公司，成为全国最早的民办电话公司之一。

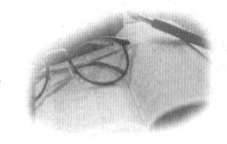

1910年7月，林尔嘉以度支部审议员身份，搭乘轮船赴沪参加大清银行审议会，在上海看见日本兵船十余艘，喷涛吐浪，所经之处，渔船翻覆。目睹此情此景，林尔嘉痛心疾首，仰天长叹："国势推移，天禄将终。若言国强，非兴海军不可。"慨然捐款40万银元，协助清政府增置舰艇，以增加国防实力。

厦门民间有所谓林尔嘉"捐半个颐和园"之说，其实就是从这件事生发的，意指林尔嘉捐巨款给清政府作军费，而腐败的朝廷把他的捐赠挪作了建造颐和园之用。

林尔嘉1913年在鼓浪屿港仔后海滨建造菽庄花园，并创立菽庄吟社。每年秋天举办菊花诗会，广邀回祖国定居的台湾诗人及厦门诗人赏菊吟咏，歌颂祖国大好山河，寄托对失地台湾的眷恋之情

关于"四度拒官"故事

辛亥武昌起义，结束了清朝的统治。1912年元旦，孙中山在南京就任中华民国临时大总统，遴选林尔嘉为参议院候补议员。

民初政坛风云多变，1915年，林尔嘉出任福建省行政讨论会会长。面对时局动荡，社会经济百孔千疮，他论列时政，痛心地说：内忧外患，国弱民穷，皆由于主政者昏庸，道德沦丧，习于功利之说，而不以名节为意。极力主张整饬吏治，兴利革弊，练兵习武，抗御外侮。

同年，袁世凯妄图复辟称帝，北京有"筹安会"，各省有"劝进会"。福建省的权贵们举荐尔嘉为代表，请他晋京呈奉拥袁当皇帝的"劝进表"，可他坚不从命。

帝制破灭后,民国分裂为南北政府。段祺瑞执政的北京政府聘其为"华侨总裁",相当于中央侨务委员会主任,他婉辞不就。萨镇冰出任福建省长,深望他"为时而出,以其所学措诸实用,与镇冰相助",他一笑置之。

　　1934年率东路军入闽的蒋鼎文,亲自登门拜访,而他"却礼聘之车,拒尊荣之路",洁身自好,不与同流合污。其间,连任鼓浪屿公共租界华人董事14年,"凡关系国体荣辱,华民利益,不避威胁,据理力争,洋人咸敬畏之"。

关于"告倒洋人"公案

　　在"弱国无外交"的旧社会,遇到涉外案件,中国官员往往仰人鼻息,林尔嘉敢与违法的外国人斗争,毫不示弱。

　　菽庄花园因与厦门海关洋人税务司公馆毗连,"迭遭侵害"。1929年11月10日,洋人税务局夏礼威因不满其下海游泳不便,竟蛮横地指使工人拆毁菽庄花园石桥。

　　事件发生后,林尔嘉依法向法院提出刑事诉讼。同年12月,他起早《为菽庄石桥被毁及私权横受侵害谨告同胞书》,印成单行本分发国内外,以大量事实并引用中外法律,痛斥夏礼威违法侵权行径。

　　《告同胞书》指出:"现任税务司夏礼威系中国雇佣官吏,其以中国官吏资格所为之犯罪行为,当然应适用中国法律,绝对不许其借口领(事裁)判权,逍遥法外。"他希望"法曹当局,社会人士主持公道,无令洋员凭借权势欺侮同胞,以后我国人民,亦庶免受此种种之凌虐也"。词锋锐利,正气凛然。

　　但是思明法院居然拒绝受理,推给管辖地鼓浪屿会审公堂,这显然是畏惧洋人,不敢正视事实维护国人正当权益。

　　林尔嘉不屈不挠,遂向福建高等法院第一分院提起上诉。省高院受理案件后发出传票,夏礼威自知理亏,不敢与林尔嘉对簿公堂,托工部局洋董事进行庭外调解,并向林尔嘉赔礼道歉。

　　华人告倒洋人,大快人心,鼓浪屿居民都感到扬眉吐气。

□原载《厦门晚报》2005年2月23日

辜振甫不可能是辜鸿铭之孙

《厦门晚报·乡土》编者的话

1月3日病逝于台北的辜振甫先生，是岛内拥有头衔最多、最具影响力的企业家，在台湾政经两界十分活跃。他因1993年4月的汪辜会谈而为祖国大陆的读者所熟悉。

辜振甫先生去世后，国内外包括台湾当地媒体，都认为辜振甫是辜鸿铭之孙。本报特组织洪卜仁、宋俏梅师生俩的这篇考证文章，对这一问题进行探讨，也作为对这位致力于祖国统一的闽南乡亲的纪念。

人物名片

辜振甫，1917年1月生，台湾彰化县人。1940年毕业于台北大学政治学系，后到日本帝国大学（东京大学前身）做财政及工商管理研究。1964年台"国防研究院"第六期结业，1975年获韩国高丽大学荣誉经济学博士学位，1992年5月获美国宾夕法尼亚大学荣誉法学博士。1990年美国《福布斯》杂志将他列入全球181个资产超过10亿美元的富豪之列，1998年列台湾百大富豪第11位。

辜振甫爱好广泛，著有诗集《杂存》、小说《浮云》及《辜振甫言论选集》等。他爱好京剧，喜欢收藏文物等。夫人严倬云是近代著名启蒙思想家严复的孙女（市图书馆第二任馆长余少文的夫人严能静与她是堂姊妹），育有三子三女。

辜振甫祖籍地究竟是何处

就名人而言，祖籍地的确重要：一则可以衣锦还乡；二则宗亲常以闾里出了名人备感光彩。因此古往今来，对名人的祖籍地常有争议。例如，近10年来对辜振甫祖籍地，就有过泉州、永春、惠安、同安诸多说法。海内外报纸、杂志，尤其是相关县、市的文史资料，几乎都有长篇巨作，旁征博引，力求证明辜家祖籍地的归属区域。

究竟辜振甫的祖籍地在何处？笔者以为，他自己的说法较为真实可靠。

辜振甫早年就是台北惠安同乡会理事，19岁时他曾回到福建一次。1988年，他委托胞弟辜宽敏从台湾专程到泉州市政府请求协助寻找祖籍地："我们的祖籍是惠安，我们的一位家庭老师辜淑卢是惠安东岭人，家父生前曾托辜淑如带白银500元修理惠安辜氏宗祠。"1991年，辜振甫又托惠安旅台人士黄蚌辉（曾任惠安县东园镇镇长）回洋埔村探视，村里宗亲托他带去辜氏族谱与辜氏宗祠照片.辜振甫收到后非常激动，立即回信："惠承带返闽南姓氏考之辜氏简介暨洋埔村辜氏宗祠照片四幅，无任铭感。"

1997年7月22日，厦门市经贸赴台参访团应海基会邀请，赴台进行为期11天的访问。7月31日晚上，辜振甫邀请市台办主任孔长才等五人在海基会会晤。当年《两岸关系》署名文章曾有这么一段描述："闲话中，辜老先生提起祖籍惠安，算来辜家祖上到台已200多年。辜老先生不禁流露出悠悠思乡情。"

本文作者曾探访辜氏祖地

市经贸赴台参访团回厦后，市台办主任孔长才曾邀约本文作者洪卜仁到惠安探访辜振甫的祖籍地洋埔村。

洋埔村是个小村子，除辜姓外，还有陈姓人家。据75岁的辜德全老人介绍：过去的洋埔村和周边几个村的村

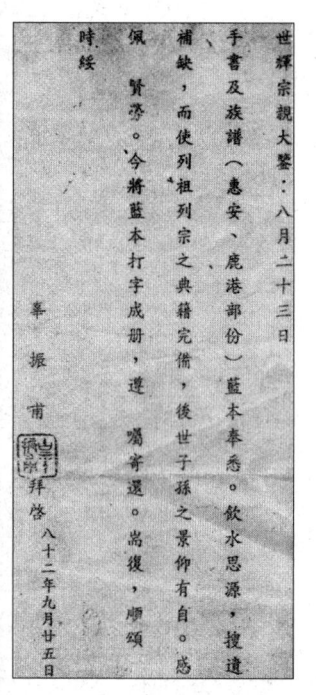

世辉宗亲大鉴：八月二十三日手书及族谱（惠安、鹿港部份）蓝本奉悉。饮水思源，搜遗补缺，而使列祖列宗之典籍完备，俾后世子孙之景仰有自。感佩贤劳。今将蓝本打字成册，遵嘱寄还。尚复，顺颂时绥

辜振甫 拜启 八十二年九月廿五日

1993年9月辜振甫给辜世辉先生的回函

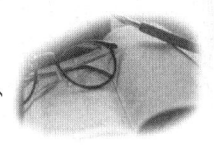

民，男的大多往南洋和台湾谋生，目前村里80岁以上的老人都是妇女。年龄最大是89岁的黄枣，丈夫辜清山50多年前到台谋生，死于台湾。80岁的王恋，丈夫辜金士60年前赴台湾后，至今仍健在。

从辜姓宗亲提供的族谱得知，其祖辈于元至正元年（1341年）自同安白礁（今属龙海市）迁泉州打锡巷，明末正德年间迁惠安东园洋埔。迁洋埔的一世祖为旺公。迁往洋埔的六世三房于清初移居惠安上坂，辜振甫为洋埔辜氏十二世孙。

早在1991年5月间，洋埔的辜德士、辜庆义就已将《闽南姓氏考》中有关辜姓的简介及辜姓宗祠照片托人代交辜振甫。1993年7月23日，"台泥"总经理处秘书室回函辜振甫国文教师辜淑如之子辜炯成："台端致本公司董事长大函一件，承以董事长之祖籍究系永春或惠安见询，至感。董事长祖籍确为惠安。"

惠安辜世辉先生寄给辜振甫的族谱，也于1993年9月接到辜振甫的回函："8月23日手书及族谱（惠安、鹿港部分），蓝本奉悉。饮水思源，搜遗补缺，而使列祖列宗典籍完备，后世子孙之景仰有自。感佩贤芳。"

辜振甫与辜鸿铭无直系血统

台湾、香港以及内地报章都报道："辜振甫的出身极其显赫，其祖父辜鸿铭是清末名儒，外祖父是末代皇帝溥仪的老师陈宝琛，姑夫是清末大买办、大实业家盛宣怀。"我市的《同安文史资料》，也曾将文学大师辜鸿铭说成是辜振甫的祖父。

其实，辜振甫与辜鸿铭并无直系血脉关系。

辜鸿铭于1856年（一说为1857年）生于南洋，其曾祖父辜礼欢在清朝时从同安移民马来亚。辜礼欢生有8个儿女，以辜安平、辜国材、辜龙池三人最有出息。辜龙池生有7个儿子，辜紫云生辜鸿铭和辜鸿德两兄弟。也就是说，按辜礼欢—辜龙池—辜紫云—辜鸿铭的世系表，辜鸿铭为第四代，习惯上以25年为一代推算，其先祖辜礼欢在1756年（或1757年）左右就到了马来亚。

辜振甫生前说过，辜家从惠安到台湾已五六代了。辜振甫生于1917年，上溯五六代约为150年，则1767年左右辜振甫家族先祖已在台湾。两者一为从同安移民马来亚，一为从惠安移民台湾，故两家属同一直系并不可能。

另据南开大学版的《台湾事典》中的"辜显荣"条目记载,辜振甫之父辜显荣生于1866年,仅晚于辜鸿铭10年出生,所谓辜鸿铭与辜显荣是父子关系、与辜振甫为祖孙关系的说法,显然不能成立。

那么,辜鸿铭与辜显荣是什么关系呢。据辜鸿铭传记资料显示,1924年底,他在日本讲学时,曾应台湾实业家、宗弟辜显荣之邀到台湾讲学。当年,辜鸿铭称辜显荣为耀星族弟(耀星为辜显荣的字)。

阿扁曾揭辜家发迹史老底

台湾《联合报》1993年4月26日披露:"民进党陈水扁连日来在立法院会中公开辜家是卖台家族。"此事引起轩然大波,辜振甫及其胞弟辜宽敏为此提出强烈抗议,并扬言要告上法庭。

陈水扁的话牵扯出辜家发迹的一段秘史。

1895年,清政府签订《马关条约》,将台湾割让与日本。日本人从基隆登陆后,各地出现保家卫土的台胞抗日武装。史载,辜显荣曾向日方递交公文,请求日军到台北镇压,并亲自迎接。"鹿港辜显荣见事急,自赴基隆,谒(日本)总督,请定乱。许之,日兵遂进。"(连横:《台湾通史》卷四)

辜显荣靠着日本人的眷顾成为日贵族院议员,从此飞黄腾达,富甲一方,当时的台湾总督还特别"恩赐"辜家在鹿港建造富丽堂皇的宅邸,也就是今天的民俗博物馆。

后来辜显荣因阻遏日军暂缓侵占福建,并以此见重于蒋介石,蒋曾赐与他"眷怀祖国,犹秉孤忠"之句。1933年,70岁的辜显荣为了鼓吹"日华亲善",曾访问蒋介石等人,并于1935年再次到大陆替日本人倡导"和平"。

辜显荣曾到过厦门。1918年,有60年历史的中外合资厦门造船厂,因英商股东要退出,"台湾闻人辜

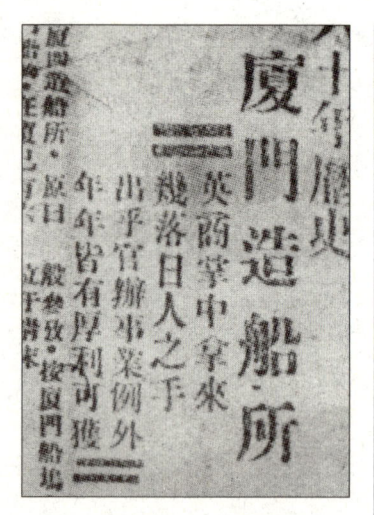

1935年4月24日《江声报》关于辜显荣的报道

1936年4月1日《江声报》关于辜显荣的报道

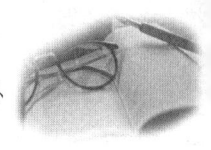

显荣，乃出面向德记（英商洋行）洽购。已交定（金）矣"（《江声报》1936年4月1日）。事为厦门商会及各界所闻，起而力争，造船厂才没落入日人之手。可见当年辜显荣是充当日方买办购买船厂股份，但阴谋没有得逞。

1935年4月，辜显荣还到过福州。"福州厦门台人越轨行动，辜显荣允向台督府商议切实制裁办法"（《江声报》1935年4月24日），同样是代表日本侵略者的立场。

辜振甫年轻时曾走过弯路

辜振甫字公亮，其字为小时教国文的家庭教师所取，据说含有"公瑾"与"诸葛亮"之意。他长于交际，深得台湾高层赏识，在政经两界打下了良好的人脉关系，与李登辉、黄少谷、余国华等人私交深厚。

辜振甫年轻时代曾走过弯路。台湾光复后，一些留台日人联合台籍人士，组织"台湾自治委员会"，筹划"台湾独立"，辜振甫也卷了进去。这个计划自然没有成功，而他本人也于1947年遭到公诉，曾跑到香港暂避风头（《环球时报》）。

台湾历任"总统"，都曾授予辜振甫很大的殊荣。1955年蒋介石指派他出席日内瓦国际劳工会议，继而客串担任蒋的日文秘书。在台日断交前，他曾受派，携巨款赴日秘密谈判，发现日本正准备与祖国大陆建交，他悻然携款回台。

蒋经国时代，辜振甫出任中常委。李登辉时代，辜振甫被聘为台"总统府国策顾问"，曾获颁景星勋章，被授予"总统府资政"头衔。1990年11月，辜当选台湾海峡交流基金会董事长。1993年4月27日，辜振甫与汪道涵在新加坡举行了"汪辜会谈"；1998年10月，他们又在上海会晤，再举行了一次"汪辜会谈"。

至于如何评价辜振甫，汪道涵说："对于一个人的评价不是那么几句话就行的，历史总会做出很客观的评价。但是他努力于形成一个中国，这一点我们是认可的。"

原载《厦门晚报》2005年2月2日

台《联合报》关于阿扁揭辜家老底的报道

厦门台胞和台湾光复

厦门与台湾隔海相邻，是台湾同胞的主要祖籍地。1895年日本占领台湾以后，不甘心受日本侵略者奴役的台湾同胞，前仆后继地开展抗击日本，光复台湾故土的运动。厦门与台湾地缘和血缘的亲密关系，成为厦门台胞联络祖国亲人共同抗日复土的基地。

组建台湾革命同盟会

1940年3月，在祖国大陆的台胞抗日组织，联合建立"台湾革命团体联合会"。翌年2月10日，台湾革命团体联合会改名"台湾革命同盟会"，提出"打倒日本帝国主义，光复台湾"的行动纲领。台湾革命同盟会设有"南方"和"北方"两个执行部。当年厦门是日本占领的沦陷区，"南方执行部"设在与厦门一水之隔的漳州，而在厦门设办事处，以胡其刚为主任，下设干事3人，办事员5人。同时布置漳厦台联络网，在海沧设联络总站，石码、石美、嵩屿、港尾、井头、禾山、金门、鼓浪屿以及台湾的高雄、基隆等处设联络站。此外，还组织行动队、宣传队的队员潜返台湾和厦门、金门工作。

由谢南光、李万居、连震东等台湾知名学者为主要研究力量的"军委会国际问题研究所"，起先设在汉口，后来迁移重庆，1941年在厦门也有个联络站，由台胞陈能方负责。该所以研究对付日本侵华政策为首要任务，也很重视日方情报的搜集，厦门联络站成员中的台胞林顶立，混进日

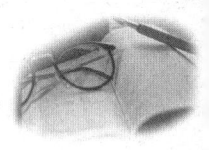

本间谍机关"铁公馆"当"情报员",好几次猎取有价值的敌伪资料,提供敌情研制参考,在抗战胜利台湾光复后,因功出任台湾警备司令部要职。

1943年间,台湾义勇总队和台湾革命同盟会南方执行部行动处,曾先后派遣陈泽生等人潜入厦门,主持袭击厦门敌伪军政机关,破坏敌伪军事设施的行动。影响较大的有三次。第一次是6月17日,在纪念台湾沦日47周年那天晚上,队员兵分三路,一路袭击虎头山日本海军司令部,投弹5枚,爆炸3枚,毙敌十多人;一路袭击兴亚院和伪市政府;另一路袭击伪水警处,搞得日伪"风声鹤唳,鸡犬不宁",在厦门产生很大的震撼。6月30日夜里,突击队员向虎头山的日本海军油库投了数十枚炸弹,爆炸声震惊整个厦门市区,熊熊大火将厦门的蓝空染得火红。第三次是7月1日夜间,当日伪在厦门中山公园举行伪市政府成立四周年庆典之时,突击队员向会场投掷十几枚手榴弹,炸伤敌伪几十人。此外,台湾义勇队的对敌巡回工作团的王团长,还于8月29日夜间,派出干员联合驻军从海澄的排头分乘民船20多艘,夜袭厦门禾山崩坪尾(东渡官浔)一带的日军,完成任务后胜利凯旋驻地。

抗战胜利后台湾义勇队在厦门市中山公园举行全国首次庆祝台湾光复大会的盛况

《台湾青年》杂志厦门版第一期

李友邦挥毫题"复疆"

抗战后期,国民政府曾有与盟军联合进攻台湾、光复台湾的计划,消息传出,居住厦门的台胞对抗日复土的信念更为坚定,纷纷潜

1945年10月，台湾义勇队队长李友邦在南普陀寺后山亲笔题写"复疆"两字

离厦门投奔漳州等地台胞抗日组织，要求参加训练，以备"配合盟军登陆台湾之用"。爱国激情，跃然纸上。1945年6月，台湾彰化人郑约（又名抱一）单身潜入厦门，面对住厦台胞宣传抗战即将胜利的形势，号召台胞加强团结奋斗，准备迎接台湾的回归。

几十年如一日坚持在祖国大陆从事台胞抗日复土运动的李友邦将军，是活跃在闽、浙省境的台湾义勇队队长。抗战后期，台湾义勇队移师福建龙岩、漳州。日本投降时，奉命集中厦门，准备东渡台湾协助接管，宣慰台胞。1945年8月下旬，李友邦率领队伍来到厦门，以升平路台湾人经营的蓬莱阁酒家（现民立小学斜对面）为临时驻地，开展赴台前的准备工作。10月10日，台湾义勇队队员们参加了在中山公园举行的抗战胜利后第一个"双十节"；10月25日，又再次在中山公园举行全国首次庆祝台湾光复大会。在厦期间，李友邦兴致勃勃地在南普陀寺后山石头上挥毫写下"复疆"两字，表达了喜迎台湾回归祖国的欢悦心情。

正是由于包括厦门台胞在内的广大台湾同胞坚持抗日复土的正义斗争，终于与全国同胞一起取得抗日战争的伟大胜利，从而实现了台湾回归祖国怀抱的夙愿。

□原载《海峡导报》2005年10月24日
收入本书时有删节

情系祖国志不移

——纪念林祖密将军诞辰120周年

近百年来，闽台民间广泛流传着林祖密忠贞爱国的事迹。

林祖密原名资铿，字季商，祖籍漳州平和县，清光绪四年（1878年）出生于台湾雾峰林姓望族。祖父林文察，官至福建陆路提督；父亲林朝栋是中法战争期间守卫台湾的抗法名将，素有"只知有国，不知有家"之誉；母亲杨萍也因协助丈夫击败入侵的法军有功而受封为一品夫人。生长在将门之家受到先辈爱国精神熏陶的林祖密，从小喜读兵书，爱练武功，立志长大后为祖国、为家乡干一番事业。

1894年的中日甲午战争，懦弱无能的清政府与日本签订丧权辱国的《马关条约》，将中国领土台湾割让日本。还无耻地在《条约》的第五款写明：凡未能按规定期限（1897年5月8日）迁离台湾的同胞，"均视为日本臣民"。日军进犯台湾时，林朝栋与刘永福、徐骧等爱国将领率带义军阻击，因大势已去，携眷内渡祖国大陆，择居于鼓浪屿。其后，由于林家在台湾的庞大家产需要有人管理，祖密遵父命一度返回台湾。1904年林朝栋病逝，祖密乘奔父丧之机，带着夫人、子女和现金细软重回鼓浪屿。临行前，日本的台湾总督府派员劝说，许以高官厚禄，要

林祖密之父——清二品官世袭骑都尉林朝栋

厦门文史丛书
| 厦 | 门 | 史 | 地 | 丛 | 谈 |

祖密在丧事过后返归台湾。祖密置之不理。

民初,日本政府公然支持军阀混战,对中国的侵略气焰也日益嚣张。林祖密回想起在台湾耳闻目睹日本侵略者欺凌、侮辱、屠杀台湾同胞的种种罪行,激起心中的怒火。他毅然前往在鼓浪屿的日本领事馆办理注销日本籍民手续,同时呈请北京国民政府内务部准予恢复中国国籍。经内务部审核,于1913年11月18日发给"许字第一号"复籍执照,成为台湾沦日后第一位获得恢复中国国籍的台湾同胞。

但林家在台湾的山林二万多甲(每甲15亩),水田二千多甲,却因此被日本侵略者没收;林家经营的樟脑厂、制糖作坊和糖铺共五六百个企业,也被强行压价收买。可林祖密毫不后悔,而是更坚定地投身抗日救国的革命洪流,接受祖国的考验。1913年12月,罗福星在台湾发动的苗栗起义,张火炉发动的大湖抗日事件,以及余清芳领导的噍吧哖起义,都得到过林祖密的暗中资助与支持。

林祖密爱国又爱乡。1907年漳属南靖等县山洪为患,几十万灾民流离失所。其时,他正在石码办事,闻讯急返鼓浪屿筹措五万银元,购米分批运到漳州一带发赈。对促进家乡的经济发展,林祖密更是不遗余力。十几年间,他投入三四十万元资金,相继在龙溪(今漳州和龙海)、南靖、华安、漳平、龙岩等地购买大片荒山、荒地,创办垦牧公司、林场,疏浚河流险滩,开辟航道,建设轻便铁路,开采煤矿等农林、工矿实业和公用事业,利国利民。

二次革命失败后,他响应孙中山开展武装反袁斗争的号召,毫不犹豫地参加中华革命党。1915年袁世凯称帝,祖密愤然疾呼:"篡国殃民,弃义为诈,国且不国,更何有台!"

1919年林祖密被孙中山任命为国民革命军陆军少将

1917年林祖密被孙中山任命为国民革命军闽南军司令,此为林祖密的任命状

把台湾与祖国的命运紧紧地连在一起。随后他召集漳泉革命志士在鼓浪屿寓所聚会，商讨打倒袁世凯与铲除北洋军阀大计，捐献巨款资助闽南的靖国、护法两支民军，并筹划建立一支闽南子弟兵——闽南军。原先在台湾组织过武装抗日的张国民（张吕赤）、高义、赖忠等人，均率部投奔他的麾下；散处闽南各地的台湾同胞也纷纷报名入伍。孙中山得悉林祖密真诚拥护革命，组织武装从事护法运动，乃于1918年1月6日以大元帅名义，任命祖密为"闽南军司令"，负责指挥闽南的军事行动。

其后，林祖密于漳州文昌宫（漳州东埔头小学旧校址）创办"随军学校"（陆军学校），公开招募社会上知识青年参军，选派优秀军官任军事教官。时隔五年，黄埔军校才在广州诞生。于兹可知林祖密的军事远见。

1918年6月，陈炯明奉孙中山委派率粤军入闽，驻师漳州，建立"闽南护法区"。祖密执行孙中山的指示，密切配合，组织德化、永春两县民军分兵攻打仙游、安溪、大田、永安、漳平等县，乱了北洋军阀阵脚，大振革命声势。他对革命的忠诚和在斗争中显示出来的组织能力和军事才干，更加得到孙中山的器重。1919年12月4日，孙中山领导的中华民国军政府陆军部奉命以"218号令"授予林祖密陆军少将。

1921年，他应召赴粤任孙中山大元帅府参军兼侍从武官。嗣而孙中山率军入桂，改任祖密为大本营参议，随军参赞戎机。翌年6月，陈炯明背叛革命，他因拒绝附从而被扣押。未几获释，经香港搭船返厦。时北洋军阀李厚基已被赶出福建，新任福建省省长林森，邀请他赴榕任省水利局局长。旋因无意仕途，辞职回鼓浪屿。1925年8月20日，他前往华安视察华封疏河公司。李厚基旧部张毅侦悉消息，派旅长李芳池于23日深夜包围他的住处，24日凌晨被杀害，牺牲时年仅48岁。

□原载《厦门晚报》1998年6月11日

鸦片战争中厦门的抗英将领

在英国发动侵略中国的鸦片战争中，厦门军民同仇敌忾，英勇顽强地抗击入侵的英军，在中国近代史上写下了光辉的一页。如今中国人民受侵略、受压迫、受凌辱的时代已经一去不复返了，但当年为保卫厦门而献身的抗英将领，仍为人们所怀念。

1840年7月至1841年8月，厦门经历过两次侵略与反侵略的战斗。第一次，厦门守军与入侵的英舰展开三个小时的炮战，终于击退进犯的英军。第二次，入侵的英舰共36艘，官兵2500多人，舰上还载有大炮336门。1841年8月25日，英国舰队窜入厦门港口，26日下午一时开始发起进攻。入侵厦门的一个英国海军军官写了一本《在华二年记》，他在书中招供：英舰对厦门的炮台"进行了四小时连续不断的炮击"，"从战列舰两侧射出的一连串的火和烟异常猛烈，一刻也不停。仅'威里士厘'号和'伯兰汉'号就各自发射了一万二千发以上的炮弹"。目睹英军暴行的厦门著名学者吕世宜在其所著的《爱吾庐文钞》里，也有"炮过火烟如黑云，对面不相见"的记述。当时守军在英军猛烈炮火的轰击下虽伤亡惨重，却仍毫不畏惧，拼死力战。当英军强行登陆时，守军坚守阵地，与敌人展开短兵相接的肉搏战。另一个侵华英军上尉不得不承认：厦门守军"顽抗得非常好"（《英军在华作战记》）。厦门守军敢于迎击英军的英雄气概，甚至连侵略者都感到惊讶："中国人在英舰猛烈的炮火下勇敢地坚守着炮台地区，直至被登陆的（英国）步兵由背后所击毙为止，（英国）舰队的炮火无法制止炮台的发炮，使之无声。这一点，是我们原来认为他们永远做不

鸦片战争中厦门的抗英将领

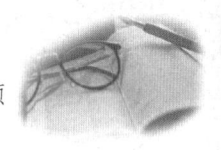

到的……"(《二十世纪中国商埠志·厦门》)

这次反击战中,为保卫厦门以身殉国的清军将领有:金门镇总兵江继芸,副将凌志,都司王世俊,游击张然、邱旺朱,把总纪国庆、杨肇基、李肇明等。本文着重就江继芸、张然的抗英事迹作个简要介绍。

江继芸,福建省平潭县右营村(今平潭城镇)人。1841年8月,闽浙总督颜伯焘接到英军卷土重来、入侵厦门的战报,立即调兵遣将,布置反击。当时任金门镇总兵的江继芸,临危受命,奉调出任厦门守军左翼主将,与其他将领一起,分率所辖官兵,阻击入侵的英军。他"身先将士,奋勇杀贼"(《平潭县志·忠义传》),指挥官兵"炮毁敌舟"(《清史稿·江继芸传》),英军在强烈炮火掩护下强行登陆时,他又"尽力堵御"(《筹办夷务始末(道光朝)》卷31),坚守阵地。直至阵地被围,他还持刀奋力冲杀,最后投海自杀(一说中炮受伤坠海),宁死不屈。

张然,晋江县龟湖乡人。他对英国发动侵华的鸦片战争,恨之入骨。吕世宜有一篇《记游击张公(然)死事略》的短文,说他不计较战功,"惟言及英夷猖獗,则切齿怒发,目眦尽裂"。英军第二次进犯厦门,张然与凌志以及王世俊、杨肇基、纪国庆、李肇明驻守水操台。他奋不顾身地冒着英舰密集的炮火,指挥发炮轰击英舰。英军登陆后,他"短兵接战","手舞大刀",打死英兵数人。炮台被围,有人劝他撤退,他严词拒绝,大声疾呼:"今日乃然以死报国时也,何遁耶?"(苏廷玉:《亦佳室文

江继芸

厦门城出土的清道光年间铸造的铁模古炮

钞》）边喊边挥舞长矛，又再刺死十多个冲上炮台的英兵，直到力竭气绝，"凭树僵立而死"（吕世宜：《爱吾庐文钞》），至死不向敌人弯腰。

张然视死如归的爱国热情，鼓舞了杨肇基、纪国庆、李肇明等的斗志，他们也都奋勇力战，继张然之后阵亡。副将凌志在英军抢占炮台时，"持刀杀退"敌人，虽"身负重伤"，仍"奋勇力拒"，与英军拼搏，惨遭"割首剖腹"。都司王世俊"与凌志皆在炮台力战，亦遭惨害"。（《筹办夷务始末（道光朝）》）

在纪念鸦片战争150周年之际，回顾当年厦门守军英勇抗英的事迹，思绪万千。爱国主义在各个历史阶段有不同的具体内容。鸦片战争期间，爱国主义主要表现在维护祖国领土完整，反抗西方国家的武装入侵，而在建设社会主义四个现代化的今天，"爱国主义主要表现为献身于建设和保卫社会主义现代化的事业，献身于促进祖国统一的事业"。（江泽民：《爱国主义和我国知识分子的使命》）让我们在爱国主义的旗帜下，为更快、更好地建设有中国特色的社会主义、建设厦门经济特区而奋斗。

□原载《厦门日报》1990年7月27日

抗英爱国将领陈化成

生于同安

第一次鸦片战争中的抗英名将陈化成，生于清乾隆四十一年（1776年），字业章，号莲峰，福建同安丙洲人。《同安县志》说他"幼端重，智勇过人，尚气节"。28岁参加清军水师（海军）以后，经过30多年的浴血征战，从普通一兵累迁至江南提督，积累了极其丰富的海防实战经验，并以"爱兵如子，身先士卒，治军严谨，廉洁奉公"著称于世，名闻遐迩。

保卫厦门

清道光十年（1830年），陈化成晋升福建水师提督，进驻厦门，位居武职从一品高官，为福建省水师的最高军事长官，而其公馆却仅是一间不上200平方的普通民居（今草埔埕9号），他在这里一住十年。1832年12月，英国军舰开始侵犯我国东南沿海，陈化成"督帅水师，认真巡逻"，英舰无机可乘。嗣后，英舰多次窥伺福建沿海，他都及时发现敌情，率领将士阻击，使英舰的侵略阴谋不能得逞。1840年英国发动可耻的鸦片战争，进犯厦门，陈化成督师抵御，保卫了厦门。

陈化成官服像

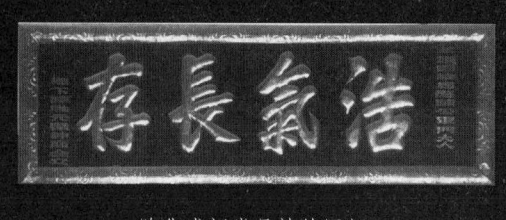

陈化成祠堂悬挂的匾额

金榜山麓的陈化成墓

战死吴淞

陈化成任福建水师提督十年间战绩显著，深受上级器重，在厦门海战后荣调江南提督，进驻上海吴淞。这时他已是65岁高龄的老将了。陈化成到任之后，对局势的严重性作了充分的估计，立即着手整顿海防，加强军事部署，并积极训练水师，提高官兵的战斗力。他还经常告诫将士，"武官临阵，斯为奉职，死生固度外事。若畏死，不作武官矣"。晚年的陈化成，身居显要职位，却仍保持平易近人，不摆官架子，不搞特殊化的作风。他有高级官署，却与士兵一起住营房，同甘共苦。冬天积雪，气候寒冷，他照样亲自驾船巡视防地，探问将士寒暖。他奖罚分明，严禁官兵骚扰老百姓，深受吴淞一带人民爱戴，称他为"陈老佛"。

吴淞是我国长江口的重要门户。1842年6月16日清晨，英军大举进犯。大敌当前，陈化成身先士卒，登上西炮台指挥战斗。经两小时的激烈炮战，击伤击沉好几艘英舰，打下侵略者的嚣张气焰。但由于驻守宝山东炮台的两江总督牛鉴，贪生怕死，听到炮声就放弃阵地逃跑，英军轻易地占领了东炮台，造成西炮台腹背受敌的不利局面。在英军猛烈炮火围攻时，陈化成毫不畏缩，坚守阵地，最后只剩下亲兵几十人，还激励他们奋勇杀敌。英军步步逼近，弹飞如雨，陈化成的胸部、胁下中弹多处，还顽强地拼搏，直到壮烈牺牲，时年67岁。

葬于金榜山

陈化成遗体成殓时，百姓"罢市哭奠，声震霄汉"，沉痛哀悼这位抗英爱国将领。1843年，他的灵柩运回厦门，所有经过的地方，沿途士民自动排列祭奠，"哭者数十百万人"，表达了广大军民对陈化成的崇高敬仰。陈化成灵柩葬在厦门金榜山下，他的墓列为福建省文物保护单位。

□原载《厦门日报》2004年8月27日

首创汉字拼音方案的卢戆章

近代中国第一个提倡汉字拼音化的卢戆章（1854—1928），乳名担，字雪樵，原籍同安县古庄乡，幼年迁居厦门。他9岁入义学，18岁应试未中，落第后在私塾教书，成为虔诚基督教徒，曾跟随传教士王奇赏研究《圣经》，兼习西方科学知识。

二十一岁参加《华英字典》翻译

他21岁南渡新加坡，半工半读，专攻英文，成绩优异。25岁回到厦门，赁居鼓浪屿日光岩下，以教学为生。"西人习厦语，华人习英语者，均奉以为师"。同时，他又应英国传教士马约翰之聘，参加《华英字典》的翻译工作。

他在教学余暇，潜心研究汉字拼音化。时厦门流行教会编制的方言罗马拼音（俗称白话字），他将汉字与之排比对照，觉得罗马字拼音以数个字母合切为一字，长短参差，很占篇幅，决心创制由字母（韵母）和韵脚（声母）合切成音的方法。这年，他仅28岁。

卢戆章

创制首套汉字拼音方案

此后，他摒弃其他杂务，埋头钻研，经历整整十年，终于创制出近代中国第一套汉字拼音方案，名之为"中国第一快切音新字母"。1892年，他将这套方案整理成书，取名《一目了然新阶》，自己掏钱，"倾毕生汗血之资"，交由厦门五崎顶倍文斋刊印。这本书，是中国人提倡汉字改革，提出拼音化主张，研究拼音方案，出版拼音读物的开端。

卢戆章的《中国第一快切音新字母》，是利用拉丁字母加以改造的，横行拼写，两字以上的词都用连号。这套拼音方案共有55个字母（韵母）、韵脚（声母），其中厦门腔36个字母，漳州腔加2个字母，泉州腔加7个字母。还有10个字母，是各地方言的总腔。他在《一目了然初阶》的自序中，说明创制切音字的目的，在于求祖国的富强。他认为要富强必须提倡科学，普及教育，而汉语拼音化是普及教育的最有效办法。

在"自序"中，他还列举西方各国和日本的文字为例，来证明拼音文字的效用。但他并非主张废除汉字，而是切音字和汉字并存，具有同等地位，可以通过切音学汉字和代替汉字。在"自序"中，他又提出中国文字不该"自异于万国"，是中国主张文字国际化的第一人。

《一目了然初阶》刊印后，卢戆章在鼓浪屿乌埭角和厦门二十四崎脚两处招集船工、小贩，开班实验教学。他为了推行切音新学，翌年（1893年）又在厦门刊行《一目了然初阶》的范本，改书名为《新字初阶》。

1895年，他又在《万国公报》上发表切音新字的论文，宣传汉字拼音化。这几年间，他的切音字在闽南风靡一时，传布甚广。据说学这种切音字的，只消半年就能写信写文章。有很多外国人也跟他学切音字，都说易学易懂。

方案未受朝廷重视

1898年，在京做官（工部虞衡司郎中）的安溪人林辂存回乡省亲路过厦门，亲自看到切音新字传布迅速，效果显著。时值推行新政，正合时代潮流，就主动呈请都察院代为上奏光绪帝。林辂存在奏折中略谓："（福建）卢戆章苦心孤诣研究二十余年，且其生长外洋，壮年回籍，故其所为切音字捷诀，深得中西音义之正。"同年七月二十八日，军机处奉上谕："林辂存奏请用切音一折，着交总理各国事务衙门调取卢戆章等所

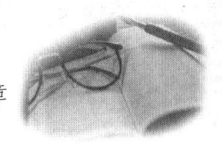

著之书，详加考验具奏。"旋因新政失败，此事不了了之。

受聘台湾另创新切音方案

由于卢戆章在推行切音新字方面享有声誉，1898年，日本的台湾总督府聘他赴台湾主持总督府学务课，前后三年。在台期间，他受日本文字的影响，采用汉字偏旁，另外创制一套有声母25个，韵母102个的切音新字方案。1905年，他带着这套方案上北京向学部呈报，未被采纳。在他离京返厦路过上海时，将方案略加修改，用《中国字母北京切音教科书》第一、二册的书名，交点石斋出版。此外，还出版了《中国新字北京切音合订》、《制字略解列表》等书。

参加北京政府召开国音统一会议

民国成立，教育部于1913年在北京召开国语读音统一会，他被推举作为福建省的代表出席会议。在会议上，他的"切音新字"方案得不到与会者的支持。会议最后采用共同议定的注音字母。对此，他颇有成见。为了宽慰他，曾任读音统一会会长的吴稚晖写信向他致意，说："先生为首创音字之元祖，虽笔画未依尊制，而先生不朽之心思，仍寓于注音字母之中。今之溯源流者，必举大名，是千秋之业，不必在形迹也。"

民国初年再改订"新字方案"

1915年，他又改订修正1906年的新字方案，交由厦门闽南书局石印，书名《中国新字》。越年，再编成《中华新字国语教科书》、《中华新字漳泉

《一目了然初阶》

《一目了然初阶》的自序

语通俗教科书》两本书，仍在厦门石印出版。嗣后，制成一套闽南国音，取名《闽南语注音字母、卢戆章中华新字字母、罗马字字母对照表》。

曾受吴稚晖推荐予陈炯明

1920年前后，吴稚晖写信向驻漳的粤军首领陈炯明推荐卢戆章，说："闽南欲作文化运动，不可无此君耳！"陈炯明立即聘他，请他在漳州的南山寺等处讲授拼音切字之法。不久，粤军退出漳州，他又回归鼓浪屿。

林尔嘉赞助创办《新字月刊》

这时，鼓浪屿的富绅林尔嘉对切音新字也甚感兴趣，曾表示要支持他发起新字学会，发刊《新字月刊》，并办新字师资训练班，培训师资派赴闽南各县内地以推行民众教育。据说因为在具体问题上意见不一，计划成为泡影。

汉字拼音史上第一功臣

1928年10月28日，卢戆章以75岁高龄与世长辞。

当卢戆章开始创制切音新字时，有人讽刺他为"戆担"，半开玩笑地对他说："你真像蚍蜉撼大树，太不自量了。汉字神圣，一点一画，都像天经地义一般，这哪里是后代读书人所能增加或减少的。"他听了只是一笑置之，毫不动摇地继续他的汉字拼音研究工作。可以说，它的一生是研究拼音汉字的一生。

新中国成立后，文字改革委员会的主任吴玉章，多次在有关文字改革的报告中和研究汉语拼音的会议上提到他的名字，许多汉语学者在他们的著作里也提到他。卢戆章首先在近代中国文字改革道路上筚路褴褛、披荆斩棘的功绩，是值得我们推崇的。

□原载《新加坡厦门公会金禧纪念特刊》，1988年

陈文麟与"厦门号"飞机

陈文麟，厦门人，小时候在鼓浪屿福民小学（校址今为笔山小学）念书，毕业后升入英华书院（院址今为厦门第二中学）。16岁那年，他辍学到大北电报局任职。22岁时即辞职赴德国学习陆军。1925年6月学成回厦，适值厦门人民响应五卅运动，中华中学校长陈金芳倡议组织学生军，他应聘任学生军总指挥。旋而学生军因故解散，他却由于漳厦海军警备司令林国赓的赏识，得到海军的资助，再次赴德国Baumot Aero航空学校深造。

1928年陈文麟学成返梓，海军总司令部委任他为厦门海军航空处筹备员。1929年初，奉命赴英国购买飞机。这次购机共成交四架，分别命名为"厦门号"、"江鹈号"、"江鹞号"、"江鹏号"。事毕，他偕同丹麦国籍的飞行员（当时称为飞机师）约翰逊，驾驶"厦门号"飞机作跨越欧亚的远距离飞行。20世纪20年代末，敢于驾机横跨欧亚作长途飞行的人，寥若晨星，确需具有胆识。因此，当他驾驶的"厦门号"飞机安全到达厦门，受到各界代表和市民们的热烈欢迎，轰动一时，成为国内报刊的重大新闻和市民们茶余酒后最热门的话题。

万里驾机归来的陈文麟

一、行程万里，途经欧亚

1929年3月4日，陈文麟和约翰逊驾驶的"厦门号"飞机自伦敦起飞，途经欧亚十几个国家，行程1.5万多公里。启程前，海军总司令部请国民政府外交部，经征得有关各国同意该机通过领空和停留。

"厦门号"飞机原计划离开伦敦后三个星期就可飞抵厦门，讵料起飞不久，就在英吉利海峡上空发生机件故障，还好仅离水面60英尺，且是小毛病，未至坠机，立即飞回伦敦修理，到3月13日才修好。第二天，又再启程，经德国的汉堡向亚洲飞行，沿途飞越和停留的国家和城市先后有：捷克的波希米亚，奥地利的维也纳，匈牙利的布达佩斯和南斯拉夫、希腊以及阿拉伯国家的一些城市，到过印度的加尔各答，缅甸的仰光，暹罗（今泰国）的曼谷，安南（今越南）的河内，于5月10日进入国境，降落在广州湾。

20世纪30年代厦门海军航空处在曾厝垵的机库

"厦门号"返国途中曾有两次险情。第一次是飞渡波斯一望无垠的大沙漠，人烟绝迹，连续飞行15个小时，汽油将耗尽，险些机毁人亡。第二次是在印度境内，遇上45分钟之久的狂风暴雨，机件微有损坏，致发动机漏油，幸而懂得修复，未至出险。他到达缅甸仰光后，又患上疟疾，治疗多日，始告痊愈，因而延迟了回厦日期。

二、停机广州、陈济棠设宴款待

5月10日上午，当"厦门号"飞机进入国境到达广州湾上空，气候突变，风雨交加，被迫紧急降落于广州湾。直到11日上午8时45分才从广州湾起飞，12时多抵达

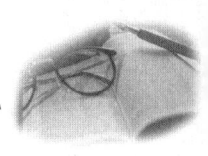

广州，降落在大沙头机场。陈文麟、约翰逊下机时，受到停候在机场的广州航空处处长张惠长，广州飞机队正副队长杨官宇、丁纪徐暨部份在穗的飞行员及广州航空学校学生等共几百人的欢迎，并应邀出席在航空处礼堂举行的欢迎茶会。

11日下午，陈文麟由张惠长陪同，前往粤军总指挥部谒见陈济棠将军，报告飞行回国经过。当晚，陈济棠在亚洲酒店设宴，为陈文麟洗尘并祝贺他的远途飞行成功。

12日上午10时，"厦门号"飞机离开广州直飞厦门。起飞前，陈文麟在机场接受新闻记者的采访。他说："厦门号"飞机是英国爱维罗公司制造的，阿维安式双叶双座位，装克里鲁斯式马达，马力在85匹至95匹之间。他还告诉记者，从离开伦敦到达广州，约已60多天，经过欧亚各国的一些大城市，几乎都有停留休息、游览，实际飞行是28天。途中飞机损坏六次。"今安全返国，亦云幸矣！"他表示，到达厦门后，稍事休息，将再驾驶"厦门号"飞机前往福州、上海和南京。

20世纪30年代厦门海军航空处在曾厝垵的停机坪，左二为厦门号飞机

"厦门号"飞机

三、飞抵厦门，备受欢迎

海军总司令部接获陈文麟即将驾驶"厦门号"飞机回国的报告后，选派政训部代主任陈德森前来厦门筹备欢迎事宜。为了扩大影响，陈德森邀集各界代表，成立厦门各界欢迎飞行家陈文麟大会。11日，漳厦海军警备司令部接到陈文麟从广州发来的电报："本日抵粤，定文（12日）早来厦。"大会即通知

各有关机关、团体,在全市各处遍贴欢迎标语。12日晨,警备司令林国赓率领司令部全体文武官员、国民党思明县(当时厦门尚未设市)党务指导委员会指导员赖文清(长汀县人)等党务官员、思明县政府暨各机关以及商、学各界代表,分别搭乘全禾汽车公司的汽车汇集曾厝垵,等待欢迎。

中午12时,司令部又接到广州发来的电报,报告陈文麟于10时45分驾机离穗,预计下午3时左右才能抵达厦门。枵腹等待欢迎的人群,大失所望,但也无可奈何。

下午2时40分,"厦门号"飞机从东南方向进入厦门岛上空,旋即降落在岛北部五通乡的福建民用航空学校机场。据当年报纸报道,陈文麟走出机舱,不见有欢迎人群,感到愕然,"询之航空(学)校,始知欢迎者在曾厝垵,乃复飞起,绕厦市数匝,南驶曾厝垵"。当"厦门号"飞机降落机场,"掌声四起,爆竹声大作,欢声震地"。各界代表群"趋前围机。陈文麟、约翰逊步出机舱,"与林国赓及各界代表一一握手",嗣由林国赓导至招待所休息。

欢迎大会从下午4时开始至5时30分左右结束。会场设在航空处飞机厂内,"与会者数千人",其中还有英国驻厦门领事及其夫人。大会主席由林国赓司令担任,他在致欢迎词时强调:"今日为欢迎自英长途飞行回国之陈文麟先生,其意义与普通应酬不同。因欧亚间数万里长途飞行,在亚洲实为首创,此不仅我厦门光荣,实亚洲各国之光荣。以前各国谓我中国无人才,为不肯牺牲故。陈君飞行数万里,具大无畏精神,不只牺牲财产与精神,其不避艰难危险,尤足钦佩……"

13日中午,驻厦英国领事许立德在英国领事馆举行欢迎宴会。20日,福民校友会也在福民小学大礼堂举行欢迎大会,国民政府外交部厦门交涉署交涉员刘光谦应邀出席参加。会上,校友会赠送陈文麟纪念章一枚并致欢迎词,对校友陈文麟长途飞行的事迹大肆吹捧一番。会后举行午宴,摄影留念。

陈文麟回到厦门,酬酢极为繁忙,原定25日由厦门飞往福州经宁波、上海然后到达南京,由于国民政府通告全国,在孙中山先生奉安期间,即自5月26日起至6月1日止,全国停止宴会及娱乐7天。因而陈文麟宣布延期离开厦门,并派代表吴有恩赴沪宁,分别谒见海军总部陈季良司令、海军部长杨树庄和海军航空署,报告陈文麟飞行回国经过和缓期赴沪宁的原因。

□原载《厦门文史资料》第19辑,1992年8月

达而济天下　穷亦善其身

——爱国人士洪晓春的故事

六七十岁的老厦门，几乎都知道中山公园晓春桥主人"晓春伯"的故事。这位"晓春伯"姓洪，名鸿儒，号悔庵，晓春是他的字。

洪晓春，同安马巷窗东乡人，从清末到抗战爆发，他长期担任厦门市商会总理、会长、主席，对我市工商、市政、教育、慈善事业，均有过重大贡献。1938年5月厦门沦陷后，面对日寇三番五次的威胁利诱，他讲气节，坚贞不屈，是闽南著名的爱国人士。

忠良族裔　古道热肠

洪晓春是明朝刑部左侍郎洪朝选的族裔。洪朝选自27岁到53岁（1542—1568），为官27年，一身正气，两袖清风，被神宗皇帝称为"抚雄镇而随任有声，握大狱而持法不挠"。终因其性格刚介，为浊世所不容，被权臣张居正等人陷害，含恨而死。

从小就深受芳洲古风熏陶的洪晓春，恪守"达而兼济天下，穷亦独善其身"的信念。他应科举每试辄冠群侪，为清光绪三十三年（1907年）同安县廪生，宣统元年（1909年）举孝廉方正。清末，他弃儒从商，来到厦

洪晓春

门,在洪本部78号开设经营粮食的源裕商行。白手起家的他,通过艰苦创业,业务范围逐步扩大到兼营信局、出入口贸易、钱庄、汇兑等。

勤劳致富以后,他在家乡发起并参与创办光华学校、启智学校和毓秀女学,独资兴办窗东学校,让贫苦农民子弟有上学机会。同时,他还担任了厦门大同小学、民立小学董事长,不遗余力地为这两个学校筹募基金,建筑校舍,聘请教师。因而他被推选为厦门教育会会长。

为了帮助穷人渡过难关,他出任慈善机关商业益同人公会名誉会长,出面在市区各商号及南洋各地募捐,定期举办义诊、施粥、施棺,发放米单等活动。同时还倡导创办了益同人医院,免费为穷人看病、送药;成立行业消防队,保境安民。

商界领袖 爱国爱乡

洪晓春是老同盟会员,早年就参加孙中山领导的民主革命运动,在辛亥厦门光复初期,他被各界代表推举为临时参事会和保安会会长。

作为商界领袖,他不辞劳苦,东奔西忙,竭诚为社会服务。凡商业纠纷、帮派冲突、宗族械斗,他都亲自出面调解,息事宁人。民国初期,同安马巷许、陈两姓发生纷争,导致流血事件,经多位公亲调处无效,械斗升级,应县长之邀,德高望重的洪晓春造访双方族长,从中斡旋、协调,终于化干戈为玉帛。1920年间,日籍台湾浪人倚仗日本领事势力在厦无恶不作,扰乱码头治安,身为保安会会长的洪晓春,组织商团自卫,团员每人发给制服和手枪,夜间巡逻,维持秩序,使当时层出不穷的抢劫案得到遏制。

1919年五四运动之后,市商会、教育会等各界代表与各校学生,共同组织了厦门国民大会干事部,发出"抵制日货,实行经济断交"号召;为了抗议北洋军阀拘捕爱国学生,各行各业举行"歇业罢市",他都奋不顾身投入其中。在斗争中,他始终站在最前列,反对外来侵略,维护民族尊严。

鸦片战争后的光绪年间,清政府将鼓浪屿划为公共租界,这成了洪晓春心中的隐痛。所以当英商太古洋行得寸进尺,在厦门海后滩一带侵占土地,强筑行所,不许市民入内时,洪晓春怒火中烧,于1923年间领导全市人民奋起抗争,派代表赴京请愿,同时组织保全海后滩公民会,号召建筑工人不为洋行架桥,搬运苦力不为外轮卸货。在强大的内外压力下,迫使

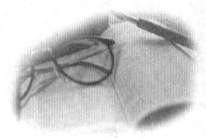

英人将圈地的围墙拆除，恢复海后滩的洁净，赢得了主权和尊严。

急公好义　不慕虚名

洪晓春曾任市政会董事、副会长、会长，厦门早年的市政建设，他从头到尾都参予过。

20世纪20年代我市的道路十分狭窄，而且崎岖不平，卫生状况很糟糕。洪晓春到处呼吁修路，并动员华侨回乡参加建设。厦门第一条马路开元路，就是在洪先生的努力下开辟起来的。他还邀请同安华侨合资举办兴安公司，建筑兴安街的几十幢房屋，又参与投资兴建了第七市场、第五市场、大生里等。还动员印尼华侨黄超群、菲律宾华侨李昭北、越南华侨陈式灿、马来亚华侨陈可补等，在思明南路、大同路、鹭江道、担水巷等地建造楼房。为了率先垂范，他自己则独资兴建中山公园的晓春桥。

然而，急公好义的洪晓春却不慕虚名。1936年12月8日是他的72岁诞辰，我市40多个社团以洪老"年高德劭，为各界所共钦"，酝酿为他举办大型祝寿会。洪晓春闻讯，立即对新闻界发表谈话："国难严重，前敌将士餐风宿露。自维衰老，不能执干戈以卫国家，已属遗憾，何敢重累各界耗资，以自逸乐？"遂将收到的寿仪现金2154元汇往前方慰劳抗日将士，祝他们"节节胜利，直捣黄龙"。赤子之心，溢于言表。

面对威胁　坚贞不屈

七七事变爆发后，洪晓春参加了厦门各界抗日后援会，被选为劝募部部长。他带头捐款，动员商人输财救国，支援前线。在工商界大会上，他慷慨激昂地呐喊："有钱出钱，有力出力，为抗日救亡而奋斗！"

1938年5月10日日军登陆厦门的当天，洪晓春离别生病在床的妻儿，同1000多名难民，搭乘开赴菲律宾的"丰庆轮"。他看到船上的难民，衣服单薄，盘缠不足，唯恐他们抵菲后流离失所，就与船长商量，把船先开到香港，同时发电香港的福建商会和同乡会，请他们设法安置难民。船到港后，这些难民得到了热情招待与妥善安排，免于饥饿。

由于洪晓春威望很高，日本想利用他充当厦门的"维持会长"。洪老抵港才两天，号称中国通的日本特务头子、《全闽新日报》社长泽重信就找上门来了："我奉日军命令，前来邀请洪先生回厦。"洪晓春严辞拒

绝："我绝对不会卖国求荣！"

泽重信连续几次拜访，软硬兼施。为了摆脱他的纠缠，洪晓春急忙逃往越南西贡。日本进军越南以后，他又只身潜往新加坡、马来亚。在流亡的日子里，相继接到老伴、儿子去世的消息，他北望神州，老泪纵横。

1947年5月，国民政府颁发"忠贞爱国"匾额，以示褒扬

1941年12月太平洋战争爆发后，日寇的铁蹄踏上了东南亚，洪晓春虽改名换姓隐藏于民间，但由于歹人告密，终究还是被捕入狱。日军强迫他回厦出任伪职，洪晓春视死如归，绝食抗议。这时候，他已年过八旬，身体孱弱，老病交加，经不起折磨。当地侨胞要保释他，日寇提出条件：出狱须写"悔过书"。

一张纸，一把笔，摆在洪晓春面前。他挥毫写下了一个中国人的气节："无过可悔！"

考虑到洪晓春在东南亚名声很大，日寇无可奈何，只能把他软禁在集中营里。

荣归故里 万人空巷

1945年8月，抗战胜利了。喜获自由的洪晓春，带着无比的喜悦和对故乡的万分思念，于1946年10月搭乘开往厦门的"万福士"轮。

10月16日傍晚，当"万福士"轮缓缓进入厦门港时，鹭岛万人空巷，市民们自发冒雨到码头迎接，争睹这位威武不屈、刚直正义的爱国老人风采。洪老所到之处，民众夹道，欢声震天。第二天，在各界人士为他举行的隆重欢迎会上，洪晓春受聘为市商会名誉会长。

1950年12月26日，毛泽东主席签发府字第3295号通知书，任命洪晓春为福建省人民政府委员

有感于他一生的高风亮节，市商会、教育会等9个团体联名上书国民政府，列举其感人事

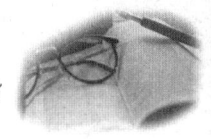

迹，请予嘉奖，以为商界楷模。1947年5月，国民政府颁发"忠贞爱国"匾额，以示褒扬。

作为一个83岁的老人，能在历尽坎坷之后的风烛残年荣归故里，喜获殊荣，固然倍感欣慰。但是眼看国民政府统治下的旧中国，官场腐败，世风日下，人心不古，满目疮痍，他痛心疾首，特别是看到故乡的土地上，政客当道，小人得势，倒行逆施，他又深感迷惘了。于是心灰意冷的他，从此不问国事，虽然还挂着市商会名誉会长的头衔，但却成了一个被历史遗忘的老人。人生如梦，往事如烟，他在礼佛吃素中打发着余生。

欣逢盛世　发挥余热

新中国成立后，这位热血与心皆许国的耄耋老人才焕发了青春。1950年12月26日，中华人民共和国主席毛泽东签发府字第3295号通知书，任命洪晓春为福建省人民政府委员。接着，他又被公推为福建省工商联合会筹备委员会主任。

中国共产党和人民政府对这位爱国人士非常尊重，每次省里开会，都特派副省长陈绍宽的专车来回接送。在厦门市的盛大会议上，洪晓春上下主席台时，均由梁灵光市长亲为搀扶。洪晓春因此深为感动，在与原国民政府海军上将萨镇冰、原国民政府福建省财政厅长陈培锟等三位鼓山岁寒寮旧友会面时，他感慨万千地说："自晚清以来，我亲历了许多不同性质的年代，只有现在才堪称是欣逢盛世。"他对新中国衷心拥护，表示要发挥余热，再作奉献。每次赴榕开会，车旅颠簸12个钟头，劳累过度，但他却感到心情十分愉快，会上总是竭智呈才，献策建言。

作为一个功底颇厚的旧体诗人，洪老当年在与李禧等名流唱和的诗词中，也多次以激动的笔调表达了渴盼台湾早日回归祖国怀抱的美好愿望。

遗憾的是，岁月不饶人，1953年1月4日，洪晓春在市中山医院病逝，享年88岁。他逝世后，省、市各界由孟东波、张维兹、蔡衍吉、林采之等省市领导组成治丧委员会，极尽哀荣，体现了党和政府及厦门人民对"晓春伯"的钦仰。

□原载《厦门晚报》2003年6月8日

陈桂琛——近代厦门文化人的楷模

陈桂琛，对于大多数的读者来说，是一个陌生的名字，但在他的身上却相对集中了厦门传统文化人高洁的品格。他首倡女学，钟情笔墨，然而在国难当头，他不惜舍生取义，表现出高贵的民族气节，骨子里发散着文化的尊严。陈桂琛，离开这个世界已有60年，当解密走入这段尘封的历史，发现历史的厚重感，更多的时候正是由这些陌生的名字所构筑。

近代厦门的文化名人陈桂琛，字丹初，号漱石，别署靖山小隐。1899年9月出生，家住盐溪街。他幼承庭训，笃敏好学。初，肄业玉屏书院，师从周墨史。因受教育救国新思潮的影响，不屑科举功名，赴榕就读全闽高等师范学堂，选修数学科。1912年毕业返回厦门，应聘任教思明中学（址在今厦门第五中学）。从此，跨出了献身教育事业的第一步。

在陈桂琛56个年头的人生旅途中，有40个春秋浸泡在课堂里。抗战前，他先后在思明、桃源、厦南、同文、泉漳、励志等中、小学任教，而以在同文书院（中学）执教的时间最长，创办励志女学（励志小学）付出的心血最多。1917年8月到1931年2月，和1933年2月到1936年7月，他两度任教同文书院（中学），教数学，教历史，还任过高中部国文科主任、教务主任、教务委员会委员。辛勤耕耘十六载，奉献青春育新苗，以渊博的学问和生动的教学，赢得学生们的爱戴和尊敬。桃李芬芳，遍及闽南、台

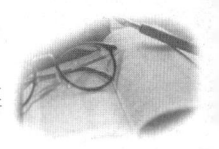

湾、上海、香港和东南亚各国的一些主要城市。

民国初年，风气闭塞，许多学龄女童被摒弃在校门之外，得不到上学的机会。他很忧虑，感到很痛心，虽家境不很富裕，却毅然发起创办当年尚属稀罕的女学，取校名为"励志"。他自任校长，地方名绅王人骥（选闲）任名誉校长，冯开让、欧阳泽等组成董事会，筹划学校经费。其后男女生兼收，改名励志小学兼办国文专修科。从1916年初办时的学生17人，到十周年校庆时在校学生近200人。励志女学的学生，大多是平民的孩子。对那些生活困难的学生，他体贴关怀，鼓励上进。那时候，有位能画画的江苏人俞云川在镇邦路开了一家专卖文房四宝的久华堂，陈桂琛与久华堂约定，凡励志女生贫穷买不起文具用品的，他都交代到久华堂买，由他付款，每季度结账一次。对那些经济特殊困难的学生，逢年过节，他还发给些少补助。对学生，他谆谆善诱，重视素质的培养，学生从励志毕业，走进社会，有的很快就能适应工作，如周淑逊，是厦门妇女运动的尖兵；又如陈素秋，能写文章投寄《江声报》发表。

1926年夏，励志学校在靖山头（今镇海路

与新华路交叉处）买下叶氏旧楼兴建新校舍。同年底新校舍落成，陈桂琛写了一篇《厦门励志学校十周年纪念并新校舍落成征言启》，记述办校十年的风风雨雨历程。他说，创办励志女校，目的是"桑梓义务，固不容辞"。他主张，"教学事业，首在崇实"。励志小学新校舍占地1.136亩，1952年6月，他的遗眷将校舍无偿献给市人民政府作为公产。

与兴学育才的同时，陈桂琛还热心社会的文化事业建设。1921年8月，一批追求进步的知识青年，自发地组织了一个称为"厦门通俗教育社"的群众性社团，开展时事宣传，创办平民夜校，创办报刊，演出文明戏（新剧），组织成员参加反帝、反封建的爱国运动。陈桂琛是这个通俗社的中坚人物之一，担任过第五届的编辑组主任。他能写会道，在推动厦门的新文化启蒙运动中起过一定的作用。

1937年5月，陈桂琛应菲律宾宿务中华中学之邀，搭乘渣华公司的芝加丹尼号轮船前往菲律宾，将励志学校校长交由教导主任吴荫轩接替。1938年5月日军占领厦门，励志停办。

七七抗战后，中华民族到了生死关头，抗日烈火燃遍神州大地。身居海外的陈桂琛，对祖国的抗战形势仍十分关注，每当战讯传来，便将报纸剪下而以诗记之。日积月累，约有百首，辑为《抗战纪事诗》，对战事发生的时间、地点，都有详细的附注，是一部地地道道的史诗。

日本帝国主义偷袭美国珍珠港，爆发了太平洋战争。那时候陈桂琛已改就古达描岛华侨中学教席。1942年4月28日，占领菲律宾的日军开始炮轰古达描岛，华侨纷纷避入山区。5月，他偕同几位同事和同侨，转入毕雅渊深山开荒种地维生，备受艰辛。即使在这条件恶劣的偏僻深山，他日耕夜

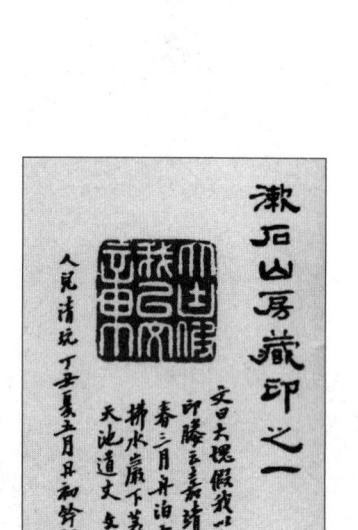

陈桂琛的书法、印章

陈桂琛——近代厦门文化人的楷模

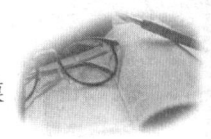

1969年林语堂、蒋介石为陈桂琛纪念刊题词

抗战胜利后立于菲律宾古岛百雅渊"百雅渊廿九位殉难义士纪念碑"

读，怡然自得，还常与一起入山的诗友唱酬，写上激昂慷慨的抗日诗章，鼓舞侨心。6月6日，一队荷枪实弹的日本兵突然冲进山中，将陈桂琛等29人拘捕。这一群富有民族气节的中华女儿，任暴敌严刑酷打，忠贞不屈。6月7日凌晨，惨遭杀害。抗战胜利后，菲律宾侨界人士以陈桂琛等壮烈牺牲，在他们殉国处竖立纪念碑。厦门《星光日报》、《厦门大报》等日报、晚报，也都刊登陈桂琛等在菲律宾殉难的消息。1947年12月，国民政府内政部还颁令予以褒扬。1969年6月7日，菲律宾华侨、华人文教界人士出版《陈丹初先生成仁二十五周年纪念刊》，缅怀他对华侨教育的贡献及其抗日英烈业绩。

陈桂琛毕生从事教育事业，治学严谨，精文史，工诗词，擅书法，他生前作有"志士毋求生，仁人不惜死，苟为民造福，粉身靡有悔"之句。他还说过："人生有死兮，山重毛轻；成仁取义兮，虽死犹生"。这正是陈桂琛在暴敌面前能大义凛然、从容就义的真实写照。

□原载《厦门日报》2003年5月28日

弘一法师的厦门因缘

背景材料

　　一代高僧弘一法师，俗姓李，名广侯，字叔同，祖籍浙江平湖，1880年10月23日出生于天津，1898年9月迁居上海。1901年就读南洋公学，为蔡元培的得意门生。

　　年轻时的李叔同，赞同康有为、梁启超的变法主张，曾发起组织上海强学会，还参加过孙中山领导的中国同盟会。

　　1905年秋，李叔同东渡日本东京美术学校留学。1910年学成回国，先后从事编报和教学工作，同时加入南社，与柳亚子、苏曼殊等举起反清革命文学的旗帜。他诗词、戏剧、绘画、书法、篆刻，样样精通，是最早在中国传播西洋音乐和油画者之一。

　　民国建立后，满腔报国热情的李叔同，眼看军阀混战，政治腐败，民不聊生，国事日非，内心痛楚，莫可言状，终于遁入空门，于1918年8月在杭州虎跑大慈寺剃发，9月在灵隐寺受戒。李叔同剃度后，法名演音，号弘一，致力于精修南山律宗及净土宗，终成一代宗师。

　　今天是弘一法师圆寂60周年纪念日，本版特刊发此文，以飨读者。

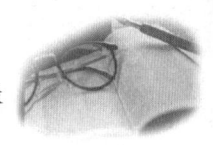

喜欢厦门

弘一法师24年沙门生涯中,有14个年头是在闽南度过的。其中10次莅厦,先后住过南普陀寺、日光岩寺、妙释寺、万寿岩、太平岩、虎溪岩、中岩、万石岩,宣传佛法。

弘一法师首次踏上闽南的土地,是皈依佛门10年后的事。

1928年11月,时年49岁的弘一法师和尤惜音居士相约要到暹罗国(今泰国)去,他们从上海乘海轮出发,12月初途经厦门,得到爱国华侨陈嘉庚先生之弟、集美学校二校主陈敬贤的热情接待。

敬贤居士介绍他到南普陀寺,在方丈楼住了几天,同性愿法师、芝峰法师和大醒法师等相谈甚欢,即转到南安小雪峰寺度岁。过了正月十五日,又回到南普陀寺,在闽南佛学院的小楼上一直住到4月,才依依不舍地与厦门暂别,前往浙江温州。

美丽的鹭岛给弘一法师留下了深刻的印象。他在致天津的俗侄李晋章的信中写道:"厦门天气甚暖,余惟著一件布小衫,一件夏衣大衫,出门须打伞,与津门八月底天气相似。榴花、桂花、白兰花、菊花、山茶花、水仙花,同时盛开。"这种愉悦的心情,还表达在1937年他所写的《南闽十年之梦影》里:"厦门气候四季如春,又有热带之奇花异草甚多,几不知世间尚有严冬风雪之苦矣!"

弘一法师第二次到厦门,是1929年10月。这回他住到南普陀寺的功德楼,期间曾与太虚法师同往南安小雪峰寺。翌年4月,他再次到温州去,直到1932年10月才重返厦门,由性愿法师介绍住到山边岩(万寿岩),有时候也到妙释寺小住。

弘一法师1936年在鼓浪屿

时广治法师和瑞今法师住在太平岩,他们经常谒访弘一法师,促膝谈心。闽南佛学院的学僧和教职员们,也常到妙释寺访谈佛学。

从此,弘一法师芒鞋藜杖,游方于闽南的丛林古刹,讲律弘法。

培养人才

香火鼎盛的南普陀寺,是驰名八闽的游览胜地。自1925年至1937年的10余年间,太虚法师和常惺法师先后于此主持闽南佛学院,负笈求学者,前后数百人。学风之盛,为全国佛学院之冠。

但几年后,佛学院学生增加了两倍多,管理方面不免感到困难。1934年2月,继任太虚法师住持南普陀寺的常惺法师,邀请弘一法师整顿教育,以振兴道风。

弘一法师在南普陀寺时,处处以身作则,一举一动都细心谨慎,虽蝼蚁之命,亦不予伤害。每月朔、望各为寺中僧众诵戒一次,在吃、住上力修"头陀行"(即苦行)。他常现身说法教育僧众,如他说:"诸位请看我脚上穿的一双黄鞋子,还是民国九年(1920年)在杭州时候,一位打念佛七的出家人送给我的。诸位有空,可以到我房间里看看,我的棉被面子,还是出家以前所用的。又有一把洋伞,也是民国初年买的。这些东西,即使有破烂的地方,请人用针线缝缝,仍旧同新的一样了。简直可尽我形寿受用着哩!又如吃东西,只生病时候吃一些好的,除此以外,从不敢随便乱买好的东西吃。"(《晚晴老人讲演录》)

鉴于闽南佛学院招收的学僧都是高中或大学文化程度,一般初出家的小和尚们,求

1937年,当代著名高僧弘一大师(中)在厦门与住厦台胞知名人士蔡吉堂(左)以及虞愚教授(右)两位弟子合影

弘一法师(二排右三)1935年在万寿岩讲经会与留影

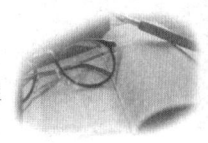

学无门。为了让文化水平不高的他们有上学机会，弘一法师竭力鼓吹创办蒙养教育。他邀请闽南诸山长老会议，创设佛学僧伽初级学校养正院，以提高僧侣素质，并为闽南佛学院提供好生源。他提出佛学的教育方针应从"蒙以养正"做起，教导学僧应注意"惜福、习劳、持戒、自尊"四项德目。

由于他德高望重，又身体力行佛教戒律，言传身教，造就了不少佛学人才，如闻名东南亚的大德高僧印顺、演培、竺摩诸上人，都曾受业于养正院和闽南佛学院。

不善应酬

挥断尘缘的弘一法师，养成了闲云野鹤、耿介自持的个性，在厦期间，常闭门谢客，静修于禅室。尽管如此，仍有许多社会各界人士慕名而来。弘一法师接待访客时，总是正襟危坐，不顾左右，偶尔答话，也是片言只语。这一点在会晤郁达夫时显得尤为突出。

1936年春，郁达夫应当时的福建省政府主席陈仪邀请，来福州任省政府参议兼公报室主任。12月30日在游览南普陀寺的时候，向友人提出希望能一见仰慕已久的留日前辈弘一法师。由法师弟子广洽先通款曲后，第二天上午，即请广洽法师和《星光日报》记者赵家欣等陪同，渡海到鼓浪屿日光岩寺拜访弘一法师。

已跳出三界外的法师对这位以小说《沉沦》蜚声文坛的作家一无所知。所以接见时，只是拱手致意，合十问讯，赠予佛书而已，谈话极少。他留给郁达夫的印象是：清癯如鹤，语音如银铃，动止安详，仪容恬静。言谈虽只一二句短句，却殷勤至极，使人入耳难忘。

郁达夫对于这次的会晤，十分珍视。归福州后，立即赋诗抒怀，寄赠法师，并附小序，备致景仰之意。

（丙子）春日，偕广洽法师等访高僧弘一于日光岩下，蒙赠以《佛法导论》诸书。

> 不似西泠遇骆丞，南来有意访高僧。
> 远公说法无多语，六祖传真只一灯。
> 学士清平弹别调，道宗宏议薄飞升。
> 中年亦具逃禅意，两事何周割未能。

其中"远公说法无多语，六祖传真只一灯"一联，颇能写出弘一法师的神韵。远公，东晋慧远，后世净土宗尊为初祖。净土宗以念佛往生极乐为旨，不尚多言。六祖，唐代慧能，是禅宗高僧。禅宗直指人心，不立文字，当日世尊灵山说法，拈花示众，不着一言。

急公好义

　　九一八事变后，日寇加快了侵略中国的步伐，神州大地，烽烟四起，战讯频传。弘一法师虽身为佛门弟子，仍极关心国事，经常要看报纸。1937年3月11日，他写信给胜进居士，告诉他昨天上街买雨鞋，"在马路中闻有人吹口琴，其曲为日本国歌"。他以"归途凄风寒雨"作为信的结束，预感国难当头，倾诉心中悲愤。

　　1937年5月号的《佛教公论》，刊登一则《释弘一启事》，称"近因旧疾复作"，为了"习静养病，若有缁素过访，恕不晤谈；或有信件，亦未能裁答。失礼之罪，诸希原谅。至祷"。

　　就在这个时候，厦门市为提倡国民体育，订于5月20日起在中山公园举行第一届体育运动大会。筹委们知道弘一法师音乐造诣很高，于5月2日具函弘一法师，恳请他为大会作曲写词，"务希俞允，赐复为荷"。

　　闭关养病且即将前往青岛的弘一法师收到信后，二话没说，欣然命笔，谱写了一曲慷慨激越，催人奋起抗敌卫国之歌："禾山苍苍，鹭水荡荡，国旗飘扬！健儿身手，各显所长，大家图自强。你看那，外来敌，多披猖！请大家想想，切莫再彷徨。请大家，把国事担当。到那时，饮黄龙，为民族争光！"

　　此外，弘一法师在厦期间，还广结书缘，时常将自己的字广施于人，几乎是有求必应，以此

厦门市名老画家林英仪1942年为弘一法师所画的涅槃像

广结善缘。内容只书佛号、佛经、法语，较多取自《华严经》、《楞严经》的联句和偈语。今南普陀寺后山有他的篆书"瑜珈泉"，日光岩有他题写的"日光别院"，同安梵天寺的横匾也是出自他的手书。

爱国爱教

七七抗战爆发三个多月后，弘一法师从相对较平静的青岛，途经战火纷飞的上海回到厦门。起初，他仍居住南普陀寺，因国民政府的军队157师进驻南普陀寺，人马复杂，他不堪吵扰，只好移居万石岩。

当时，日机经常空袭，日舰也频频炮击厦门，形势日益紧张，战火一触即发。各方人士都为法师的安全担心，劝他早日转移内地。他感谢大家的关心，在给蔡冠洛居士的信中说："……有谆劝余迁居避难者，皆已辞谢。决定居住厦门，为诸寺院护法，共其存亡，必俟厦门平静，乃能往他处也。"

过了几天，他再给蔡居士写一封回信："惠书诵悉，时事未平靖前，仍居厦门。倘值变乱，愿以身殉。古人诗云：'莫嫌老圃秋容淡，犹有黄花晚节香'。谨复不具。"其后，他致夏丏尊札中有"老圃秋残，犹有黄花标晚节；澄潭影现，仰观皓月镇中天"句。在复丰子恺的信中，再次强调"吾人一生，晚节最为要紧"。其爱国爱教之心，溢于言表。

继而弘一法师宣称："为护法故，不避炮弹"，提出"念佛不忘救国，救国必须念佛"的口号，并手写数百幅分赠各寺院，勉励佛教徒在民族危亡的时候，把虔诚的宗教信仰同坚贞的民族气节紧密结合起来，爱教就要爱国。他解释说："佛者，觉也。觉了真理，乃能誓舍身命，牺牲一切，勇猛增进，救护国家，是故救国必须念佛！"同时，他将自己的居室命名为"殉教室"。

1938年2月，弘一法师赴泉州讲经。4月22日，返鼓浪屿日光岩稍事休息，于26日至了闲别墅观音道场讲解《心经》。5月8日赴漳州南天寺，隔了三天，日军登陆厦门，13日厦岛沦陷。

厦门沦陷后，他谢绝朋友们的敦劝，不到大后方避难，仍在近邻的漳州、惠安、泉州等地讲经说法。1942年10月13日，一代高僧圆寂于泉州温陵养老院晚晴室，墓塔建在清源山弥陀岩下。

□原载《厦门晚报》2002年10月13日

庄希泉勇斗林仲馥

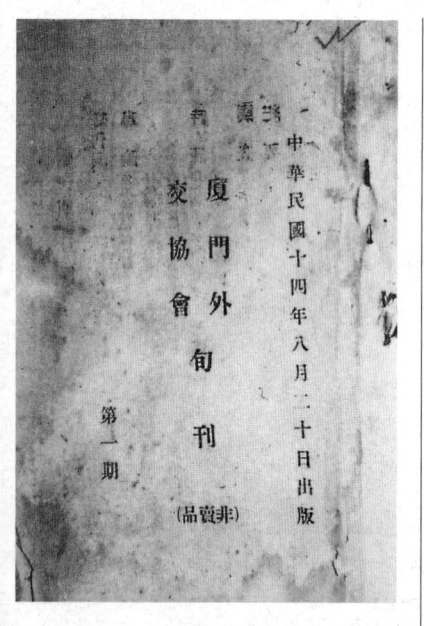

1925年五卅惨案爆发后,厦门外交协会出版的旬刊

五卅运动期间,英国驻厦领事许立德是个中国通,说得一口流利的北京话。他看了军舰前来示威没有产生任何效果,就改变策略,勾结军阀林国赓下令禁止罢工,并派遣林仲馥等亲英美分子混入厦门外交后援会。

于是身为厦门外交后援会委员的著名华侨庄希泉,便与洋人走狗林仲馥有了一番激烈的斗争。

林仲馥是《思明日报》社长兼主笔、美华书院院长和兴兴公司经理,凭借洋人起家的他,曾因企图垄断厦门地皮买卖而被庄老告过。1923年兴兴公司宣布草仔垵等24处山头荒地(包括一切拥有所有权的新旧坟墓)为其所有。庄希泉与夫人余佩皋1922年回国后创办的厦南女校,也在此范围内。于是群众公推他为代表会见驻军当局。一番据理力争的交涉后,官方出面阻止了林仲馥的划地掘墓行为。

因此,在林仲馥混入厦门外交后援会后,庄希泉自然要老账新账一起算了。

在6月下旬一次讨论支援罢工问题的会议上,林仲馥竟公然反对罢工,说是"会引起英、日军

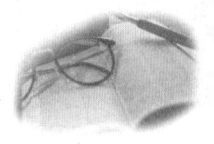

舰派兵登陆，政府当局也是不能允许的。万一发生惨案，商人的生命财产没有保障"。又说："英国领事已把海后滩的警权交出，并答应修改鼓浪屿租地章程，增加华董；学生示威游行，工部局还把巡捕撤回，一再向我们退让。"

对于林仲馥的破坏活动，庄希泉进行了面对面的斗争。但由于商会副主席蔡雨村、珠宝公会主席吕天宝等在林仲馥的煽动下动摇了，部分商人也被英国人的让步假象所迷惑，不愿意搞得"过火"，那次会议通过了不罢工决议。庄希泉等15人当场退席，次日便登报声明退出，成立新的厦门外交协会，出版旬刊，继续领导群众的反帝运动。

厦门市民自发涌到码头，挥手送别庄希泉

事后，林仲馥视庄希泉为眼中钉，肉中刺，必欲除之而后快。他勾结日本人，诬告庄希泉是台湾籍民，罗织所谓"台湾籍民参加外国政治结社"罪名，将庄拘禁，并于7月28日押送台湾。庄希泉在台被关押了9个月，才脱离虎口回到祖国怀抱。

在押送庄希泉去台那天，余佩皋带领厦南女校师生和各界群众1000多人到码头抗议示威，又遭致林仲馥的嫉恨。8月24日，她途经二十四崎，突遭枪击，幸而子弹只穿透衣袖，未伤及身体。后来余佩皋便把独生子庄炎林交托挚友周芙君抚养，离开厦门到广东参加北伐军。

□原载《厦门晚报》2005年6月1日

创办双十中学的马侨儒

马侨儒

福建省名牌学校之一的厦门双十中学，历史悠久，桃李芬芳，英才辈出，在海内外享有很高的声誉。

双十中学的前身是双十乙种商业学校，创办于1920年10月，创办人兼校长为马侨儒。马侨儒，福建惠安县人，出生于1889年。1909年，这位从小好学的年青人离开家乡来到鼓浪屿，就读基督教会办的回澜书院。毕业后，先后在同美、养元、敦化、三育等学校任教，积累了丰富的教书育人的经验。

1919年波澜壮阔的五四反帝爱国运动，激发了许许多多知识青年的爱国热情。满怀忧国忧民之心的马侨儒，常以天下兴亡为己任，立下兴办教育，为国家社会培养人才的宏愿。这年的10月10日，他参加厦门各界举行纪念辛亥革命九周年的提灯游行活动。游行结束后，与几位志同道合的朋友一起谈心，探索实现教育救国远大抱负的途径。当他讲述创办商业学校培养经贸人才的设想时，在座的朋友大都表示赞同。余金隆、蔡鹤友、白嘉祥、杨辉煌、林昭荣等，愿在办学经费方面给予支持，增强了他办学的决心。很快地，他的办学计划付诸行动，先租赁霞溪口（今霞溪路、中山路口）王姓民房为临时校舍，挂起双十乙种商业学校的牌子，开设商业、新闻两科课程。由他担任校长，资助办学经费的朋友们任校董事会董事。

学校开办后，教师认真教学，课程内容适应当年社会的需求，受到社

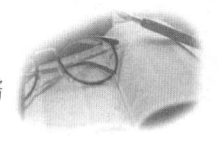

会的好评与重视，菲律宾爱国华侨林珠光，厦门工商界人士石鼎宗、陈福星、陈清吉、林逢春、杨天乞、余宗模、陈文升、梁绳国、高敬廷等，相继加入校董会为董事，充实了学校基金和经费，教学设备逐步完善，学生数与年俱增。

1922年，为谋求学校的发展，校董们慷慨解囊，捐资购地筹建永久校舍。校董林珠光捐资十万银元，为顺利兴建校舍做出巨大贡献。1923年，双十乙种商业学校迁入外清保箭场仔花园自建的新校舍，此后又不断买下周边地块，扩大校园范围，奠定了后来双十中学的基础。1924年，学校改名为双十商业中学。推选林珠光为董事长，学校的常年经费，由他独自承担。1928年实行新学制，改设初中班，商科不再招生，更名为双十中学。

双十商业学校

受五四运动新思潮的熏陶，1921年8月，厦门成立一个由知识青年自发组织的社团厦门通俗教育社，其宗旨是弘扬五四精神，发动民众开展反帝反封建斗争；传播新文化，推行教育救国，改良旧社会。马侨儒是这个社团12位发起人之一，并被选任教育股主任。校务之余，尽力于社会服务。翌年，林珠光秉承其父遗志，从菲律宾回到家乡禾山前埔村创办云梯学校，兼办初中。他与林珠光是莫逆之交。林珠光办学，不仅邀请他参与筹划，而且还聘请他任校长。挚友的厚爱和彼此间情谊之深，容不得他启口推辞。此时，身兼双十校长和通俗教育社教育股主任的马侨儒再兼云梯学校校长，"一马三鞍"，或公务晋省，或海外募捐，奔走跋涉，忙得不可交加，体力、精力逐渐不听使唤。1925年春，他聘请黄其华主持双十教务，为他分劳，但这着棋已经晚了一步。就在这年的9月间，他因积劳成疾医治无效逝世，年仅36岁。马侨儒不辞艰辛，一生献给教育事业，可钦可敬。他的遗体，被安葬于双十中学的校园里，墓碑上写着："本校创办人马侨儒先生之墓。"

值得着重指出的是，马侨儒先生创办双十中学功不可没，但他英年早逝，壮志未酬，双十中学的成长和发展，是他逝世后历届校长、全体教职员工付出心血，董事会诸董事热心捐献，以及学生们勤奋学习结出的硕果。

□原载《厦门日报》2003年2月19日

旧厦门市长轶事

厦门从1935年4月1日正式建市起,到1949年10月17日解放止,共有九任市长(伪厦门特别市市长李思贤属另类加败类,不计)。作为历史人物,各自的功过早有定评,无须赘述。倒是关于他们的种种趣闻轶事,很值得向读者介绍一下。

王固磐　登报谢客　白发良缘

首任市长王固磐,一不吸烟,二不喝酒,不逛戏院,堪称清官。

1935年4月1日他就任市长后,旧雨新知纷至沓来,希望得到重用提拔或得到庇荫。

当时刚成立的市府所设员额有限,且特种公安局改为市局后范围缩小,思明县政府撤销后所裁人员正苦于无法安插,焦头烂额的王固磐不胜其扰,于1935年4月8日在《江声报》刊登谢客启事:"各方荐贤,延揽有心,位置乏术。尤恐亲友不悉内容,远道前来徒劳跋涉,特此通启,尚希鉴原。"这种作风在旧中国的官场实属难能。

1948年3月21日《星光日报》刊登《厦门前市长白发结良缘》消息:64岁的厦门前市长王固磐,与52岁的上海名医张湘纹,经过25年崇高友谊,有情人终成眷属。

王固磐是1923年代表中国出席纽约世界警察大会时,认识了在美留学

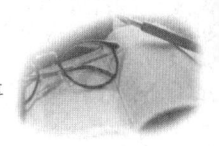

的张湘纹。两人一见如故，话语投缘，但萍水相逢，只能互留通信地址，旋即各奔前程。王此后历任厦门市市长、首都警察厅厅长、中央警官学校校务委员；而张也成为上海人和医院院长、尚贤医院院长。他俩原来只是保持着纯洁的友情，直到1947年王固磐丧偶后，专注于事业而错过佳期、美人迟暮的张女士，才与他加深交往，终成续弦，谱就一段佳话。

李时霖　重视新闻　妙语连珠

　　第三任市长李时霖，民国初毕业于上海法政大学，后考入外交部供职，1924年在瑞士日内瓦国际联盟工作，1930年任国民政府驻智利代办，1934年回国。

　　1936年4月就任市长的李时霖，不愧是个"阿拉上海人"，识多见广，重视新闻的作用。他就职时招待记者的讲话，在今天看来仍有相当高的公关水平。

　　李时霖妙语一："新闻报纸为宣传机关，于官民之间，负沟通意见、传布消息之责任。若非常时期，尤有翼助政府，推行政策之职责。是新闻报纸，为政府及民众喉舌，关系非常重大。"

　　李时霖妙语二："本市长下车伊始，对于地方情形，尚未十分熟悉。诸君负沟通官民意见之责任，亦为社会之智识阶级，本市长为求民隐，以供准则，亟应力谋与诸君接近，希望此后大家开诚相与，共为国家地方谋幸福。此应招待诸君，以期多得明教。"

　　李时霖妙语三："厦门华洋杂处，社会复杂，为畸形区域。我国自外侮荐臻，国家多难。其间因有不肖之徒乘机捣乱，华南半壁，风鹤频惊。幸赖诸君本爱国热诚，辨别真伪，力斗邪说，并扶助政府，推行政治，指导民众。人在正轨，其努力党国之精神，为本人素所钦佩。"

《星光日报》刊登王固磐白发结良缘的消息

高汉鳌　无意抗战　有心作秀

1937年9月，由于时局动荡，本地财政来源缺乏，福建省政府又无力拨款支持，厦门市的经济状况陷入了前所未有的困境，因此第三任市长李时霖请辞，由时任海澄县县长的高汉鳌接任。

高汉鳌抵厦次日，日寇海空军就炮击、轰炸厦门，善于作秀的他面见记者，高谈阔论，声称自己："乃与驻军商议保卫厦门，如加紧建筑工事，训练人民武装，鼓励输财救国等，使厦防极为巩固，敌决不敢冒昧来犯。"

可是值此大敌当前、内忧外患之际，他居然还有闲情逸致大耍政绩工程。为了提高个人声誉，高汉鳌拉了几位上海滩上显赫一时的名人，给他送匾题字。虞洽卿的题匾为"有为有守"，杜月笙写的是"勤政爱民"，王晓籁、杜康侯、徐寄顷、徐晓初、曹志功等，也各有"扶摇直上"、"口碑载道"等捧场之作。遗憾的是，这种拉大旗做虎皮的"政声"，受到了市民的鄙视。

1938年初，时局开始紧张，高汉鳌将市长办公室从公园搬到海后路3号，准备脚底抹油开溜。5月10日凌晨，日军攻厦战斗打响后，他立即与公安局长沈觐康一起逃往公共租界鼓浪屿，随即又转赴漳州做流亡市长去了。

黄天爵　阿兄走私　小弟护短

1945年8月15日日本投降后，国民政府决定委派福建省政府委员黄天爵为厦门市长。因黄是海澄县人，又是厦大毕业生，熟悉日方和厦门情况。

黄天爵从1945年9月走马上任到1948年11月离

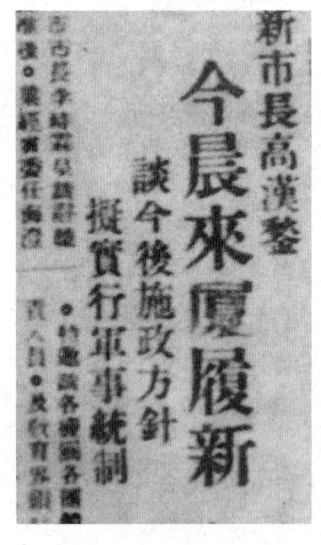

《华侨日报》刊登高汉鳌来厦履新的消息

任，群众评价不高，倒是一件"阿兄走私，小弟护短"的轶闻，使他名声大噪。

1948年某月17日，海澄县石码警所接报，辖区内华侨米厂有私运粮食出海勾当。巡官陈天福率员前往查缉，没收走私大米8万市斤。22日，在海澄县府召开委员会讨论处理办法，认为设在县境内的粮食厂家，出口大米未经县调节会审批，违反管理法令。且值此粮价高涨之际，私运粮食出海，影响当地粮源甚巨，决定向省里汇报，请求就地平价拍卖，并对厂家课以重罚。但由于货主持有厦门调节会证明，故向厦方进行例行通报。

本来这是一宗简单的查私案件，不可能引起轩然大波，只因该华侨米厂经理黄玉麟是厦门市长黄天爵的胞兄，便使得事情的处理复杂化了。事发后，黄天爵竟不避嫌，立即挺身而出给予作证，还电呈海澄县的上级主管，请求通融放行。但是此举不仅没有奏效，反被人家以"已电请省请示"给拒绝了。

此事经本埠报纸公开披露后，黄天爵颜面扫地，威信顿失。

陈荣芳 深夜抓丁 混账透顶

陈荣芳1948年12月到1949年2月任厦门市长，只过不到90天官瘾就下台，被人嘲为"短命市长"。

1949年初，国民政府江河日下，败局已定，金圆券迅速贬值，物价天天上涨，厦门人民苦不堪言，就连厦大的教授都未能按时领到工资，学生的伙食也成了问题。

身为父母官，在此种特殊情势下，本应安抚民心、缓解社会矛盾才是上策。可是陈荣芳却逆历史潮流而动，反而变本加厉坑害百姓，甚至演出了"石壕吏"现代版。

1949年1月10日零时，旧厦门市政府军事科奉陈荣芳令，纠集宪兵、警察和自卫队共500多人，以查户口为名，入户强抓壮丁，弄得市民惊慌失措，不得安宁。南田巷郑菊友家4岁幼女因惊慌过度昏厥，送医院抢救；大同路住户林河水逃跑时，跳楼摔得昏死；溪岸路60多岁的老妇林招，因唯一的儿子古锥被抓哭得死去活来……综计是夜被抓壮丁共有47人。

10日凌晨，社会各界纷纷呼吁市府制止深夜抓丁事件再度发生，没想到陈荣芳在向新闻界发表谈话时居然辩称："征兵是依法办理"，"深夜抓丁，出于不得已"；"舍此别无他途可循"。如此混蛋，难怪要很快倒台。

李怡星 末世儒生 黔驴技穷

　　李怡星祖籍永春县，1903年出生于马来亚，在圣保罗英文书院毕业后回国，进入国民党中央训练团党政班第五期受训，历任国民党森美兰总支部委员、国民党四中全会代表和甘肃省渭源县县长。抗战胜利后，调任福建省侨务处处长。

　　1949年2月李怡星受命为厦门解放前的末任市长时，国民政府统治已接近崩溃，民不聊生，连厦大学生都三五成群上街，在中山路闹市摆摊拍卖衣服杂物，摊边横幅写着"厦大学生便宜大拍卖"，两边还书有"少穿衣服没关系，没饭下肚苦难当"的标语，围观者众。有的学生甚至手捧面盆，放上衣服、水果、香烟等，伫立街头，"为了活命，请各界援助"。大学生的活命义卖活动，是对国民政府腐朽统治的最严厉谴责。

　　李怡星年轻时曾在新加坡《新国民日报》副刊发表文艺作品，算是个有文才的儒官了。但面对这种树倒猢狲跑的混乱局面，他也黔驴技穷，无计粉饰太平了。不知是出于李市长或是他手下哪位仁兄的创意，1949年10月16日，国民党军的政工队在报上大登广告："定于21日至25日在思明戏院演出《狂欢之夜》名剧。"第二天，人民解放军横跨海峡解放厦门，国民党守军兵败如山倒，死伤累累，投降者众，永远无法演出的《狂欢之夜》变成了笑话。

　　　　　　　　　　□原载《厦门晚报》2005年3月30日，与曾莹合写

"鸦片大王"叶清和

叶清和，厦门市郊莲坂乡人，1898年出生于鼓浪屿。其父叶水来，先是开理发店，后来得到宗亲资助，在鼓浪屿龙头街经营"新发"烟酒食杂商店。叶清和在四兄弟中居长。少时在英国教会办的英华书院念书，毕业后在家帮助店务，一度兼任华侨陈万寿的家庭英语教师。叶清和20岁时，与宗记钟表店老板黄瑞卿之妹雪娥结婚。

贩毒被捕

成婚后，叶清和常赴上海办烟酒、罐头。那时厦门吸鸦片的人很多，毒品来源除闽南各县种植的土烟外，还有从上海贩运来的云南、贵州、四川的烟土。叶清和看到贩毒利头很好，也就利用办货兼买鸦片，装在饼干盒内，走私来鼓浪屿。

由于贩毒经验丰富，叶清和受到鸦片商丘俊的赏识。丘俊在厦门开设有裕记、俊记、厚源等顶盘、二盘鸦片烟膏行，资本雄厚，规模巨大。1922年间，丘俊以叶清和曾在英华书院毕业，能说英语，又擅交际，聘他到裕记烟膏行任职，不久升为裕记驻沪办庄经理。

1924年间，裕记行上海办庄因为偷漏鸦片税被公共租界工部局发现，叶清和与另一职员被逮捕，部分毒品被没收，但还有相当一部分毒品暗藏于办庄的天花板夹层里，没被搜获。叶清和入狱后，远在厦门的丘俊以为人货两空了，而叶清和也存心吞没，便秘而不宣。他在上海讨的名妓二妾李慧珍探狱时，叶清和要她设法借钱交纳房租，千万别把房屋退掉。

一年后，狱中有人企图越狱，奸险的叶清和耍了两面派手法，先是与他们共谋，探知越狱的全部计划，又暗中通过狱卒向工部局的英籍巡捕长告密，以此立功并获得提前释放，还因此与巡捕长交了朋友。

变本加厉

叶清和出狱后，取出天花板里的毒品。时杜月笙在上海包销鸦片，有个机构叫做禁烟局，设在民国路。神通广大的李慧珍走内线，介绍叶清和与杜月笙认识，到禁烟局里的缉私运输课办事。

有了这一肥缺，叶清和常在运输公货时，夹带自己的私货。因为船是禁烟局的，保险不会出问题，使叶清和稳赚了不少钱。遇上他人偷运私货被缉获，叶清和也懂得如何敲诈油水养肥自己。所以只干了一年多的时间，他就拥有数万家财。

1925年间，叶清和辞去禁烟局职务，自己在上海法租界开设了和源行，公开的业务是代理德国某洋行的五金颜料，暗地里却批发波斯鸦片，该行在厦设有分行和益行，由叶清和之弟负责。

和源行的走私，用的是"偷天换日"的手法：按照当时海关的规定，外轮运来的货物，凡是要转口他埠的，一律上岸入仓，上海海关都没开验，俟抵达目的地后检查。叶清和就钻这个空子，将海洛因夹装在不值钱的破旧杂货里，在马赛装轮时伪称是转口天津的，待货物抵沪进仓后，由他勾结的码头仓库管理员半夜偷偷取出毒品，然后以同等重量的其他物品装进去，让它转口天津。

大发孽财后，叶清和还在上海买了许多地皮，在亚尔信路（今人民体育场附近）和麦阳路、江湾的孙义里等处盖了不少房子出租。此外，叶还投资中汇银行、永大钱庄等金融企业，与人合伙开设隆顺洋行、华侨贸易公司。估计当时他的资产，达200多万元。这时的叶清和，已有自置的汽车和两个公馆，一个在法租界亚尔培路，供二妾李慧珍住；另一个在法租界环龙路，让三妾高淑珍住。

自制毒品

雪球滚大后，叶清和与四川军阀范绍曾在重庆合资开设海洛因厂，但

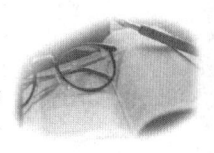

因产品质量较差，运沪后销路不畅。叶清和于是决定在沪另起炉灶。

叶由日籍朝鲜浪人金子政雄介绍，聘了个日本技师，于1931年底在法租界办起了海洛因加工厂。

然而狡猾的叶清和在礼聘外援的同时，即派爪牙周寿元、王开炎担任厂里的总务，暗中布置他们偷窃技术。东洋技师也是很猾头的，知道绝活一旦泄露，自己的饭碗也就摔破了。所以他要求拥有个人的工作室，配药时不许旁人在场。为了窃取配方，周、王两人反复侦察，发现日本技师每次弄好配方，都要把瓶里的化学药剂往洗手的瓷盆随便倒掉一些。

发现了这个秘密后，叶就叫他开设的和兴建筑公司派来两个泥水工人，利用日本技师下班回家的当晚，在瓷盆通向地下暗沟的衔接处，装了一个大玻璃瓮。隔天，日本人照样把药剂往瓷盆随便乱倒，各种药剂就一点不漏地都装进那个大玻璃瓮。如此一来，配方资料完全被叶清和窃取到手了。

从此，"鸦片大王"叶清和的"杀头生意"，变成了"前店后厂"式的规模经营。通过上海加工厂复制出来的海洛因，大多是倾销华北、东北各省，也有部分运销到西北省份。

逃亡厦门

正当"生意"日渐红火时，叶清和的海洛因加工厂却突然被租界当局封闭没收。

原来，叶的工厂与毒枭雷福江的制毒厂进行竞争，利益发生矛盾，雷福江为了垄断市场，不惜花巨资收买工部局的华人侦探督察长陆连奎，在法租界的中央疗养院里把叶抓去了。

尽管叶平日与工部局上层人物颇有往来，疏通后获准保外就医，但他怕重陷囹圄，只好潜离上海，返回厦门避祸，时为1933年初。

叶清和返厦时，掌握福建统治大权的是十九路军的福建省政府，其下辖有一个禁烟委员会，由省主席兼民政厅长蒋光鼐任委员长，各市、县也都设置禁烟督察员。但实际上，十九路军不仅没能禁绝鸦片，反而因禁止而"哄抬物价"。十九路军入闽前，顶盘鸦片批发每两3元，设灯供吸的三盘商烟膏零售每钱4角。一经禁烟，鸦片批发每两涨到4.5元，烟膏零售每钱涨到6角。

叶清和眼看鸦片买卖厚利可图，就积极进行活动，图谋东山再起。他一方面通过老搭档黄彰发，利用同乡关系拉上十九路军高级将领谭启秀；另一方面，又与臭名远扬的日籍台湾浪人施范其、曾厚坤、陈长福等人合作，开设五丰公司，专门从香港走私波斯烟土进口，继续毒害家乡子弟。

寻找靠山

1934年1月中旬，十九路军的"人民政府"垮台后，叶清和很快地又搭上了蒋介石派来"进剿"的东路军总司令蒋鼎文。叶与蒋的关系，是通过蒋的秘书朱平之拉来的。有一次，朱平之告知蒋鼎文进驻闽南后军饷短绌，叶自告奋勇，奉上报效数万元。不久，国民政府为了搜刮"剿匪"经费，在全国实行鸦片"寓禁于征"政策，鸦片公卖，美其名为"特货"。叶清和的"鹭通股份有限公司"能包揽闽南"特货"专权，就是由蒋鼎文推荐的。

叶清和承销闽南各县鸦片，自9月15日开办之日起至11月10日止，25天共销出烟土2.1万多两，其毒害人民罪恶深重，因而遭到群起反对。各保代表举行联席会议，并发出致各机关团体公开信，号召各界采取统一行动，呈请政府解散鹭通公司。

然而，旧社会有钱能使鬼推磨，在叶清和的高价收买下，大小官员见钱眼开，哪管什么亡国灭种。鹭通公司非但不被解散，还受到贪官污吏的层层包庇。各保联席会议的公开信，只在社会上泛起一点涟漪。

大约经过半年，鹭通公司因

清和别墅里面的园林、假山比菽庄花园还大

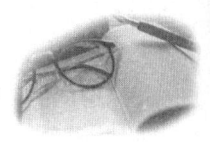

与日籍浪人发生贩毒的利益冲突，由陈长福出面斡旋，把厦门地区的鸦片贩卖专权，交由浪人"十八大哥"首领陈春木、陈粪扫的协和行包销。冲突解决后，鹭通进行改组扩大，增资为20万元，改为"裕闽公司"。

其时厦门的军政大权，实际上操于漳厦海军警备司令林国赓之手。为了与海军当局勾结，裕闽公司延聘林国赓之兄林向欣等人为顾问，月支干薪。至于应酬宴客更是频繁——白天常在清河别墅举行，以汽车迎送；晚间则在蓼花路20号陈长福公馆进行。就这样，叶清和运用各种手段拉拢了各方面的实权人物。

得罪军统

1936年间，蒋介石搞了一个所谓的《禁毒法案》，规定要在1937年禁绝全国鸦片。当时叶清和已加入日籍，并且到台湾讨了一个会讲日语的五姨太。凭借着日本帝国主义的势力，叶清和大量走私贩运公卖的"特货"以外的私烟，攫取了巨额的非法利润。

叶清和牟取暴利，引起军统特务的不满和眼红。1937年初，他们派省禁烟处督察张良火来厦，租住思明西路厦大旅社，伺机向叶开刀。

有天晚上，张良火邀请叶清和等人到他住的旅馆赌班章，硬要叶当东家，张一次下注就是5000元。叶看苗头不对，明白了他是来敲竹杠的，让他赢了5000元就不干了，弄得不欢而散。次日，张不告而别回榕去了。

不久，国民政府福建省保安处通知叶清和赴榕开会讨论禁烟。叶预感到此行不利，就找陈长福陪他一同前往。1937年6月上旬，叶、陈两人乘坐陈长福的私人轿车抵榕后，先到日本领事馆报到备案。

在福州期间，叶、陈租住南台基督教青年会的旅社，军统曾布置人马在附近潜伏，待机秘密逮捕。由于两人形影不离，进出都以车代步，一时难于下手。

6月9日会议结束，原定10日凌晨3时启程返厦的叶清和，当晚私出嫖妓，等他乐尽归来，下了汽车正要登楼时，黑暗处突然窜出几个大汉，把他架上车去。途中，叶急中生智，从衣袋里掏出名片，假装拭鼻涕，走不多远就拭一次丢一张，好让陈长福追寻时找到线索。

陈长福半夜醒来，发现叶还没回来，知道出事。待到天亮，急忙找寻，在路上拾到几张叶的名片后，陈判断叶已被绑架，就向日本领事馆报告，虽然日领出面交涉，但没有结果。

叶被捕后，先是关在福建省保安处，没多久就移送南京，被判处徒刑5年，罪名是公膏掺浆，破坏"特货"信誉，非法牟利。

下场可悲

1937年日本发动进攻上海的"八·一三"战役，南京国民政府准备撤退，把刑期10年以下的囚犯转移芜湖。轮船在接近芜湖江面遇到日机轰炸扫射，船头中弹沉没，在后舱的叶清和因自小生长鼓浪屿，擅长游泳，船沉后就与几个会游泳的囚犯一起游上岸跑了。到了芜湖，同伴中有个人，衣角还暗藏着5元法币，叶向此人借款打电报向汉口的朋友要了150元。收到汇款后，他由芜湖转道汉口。获悉那时驻厦门的国民党广东军157师，抓了几个当汉奸的日籍台湾浪人枪毙掉，叶再也不敢回厦门了，就由汉口逃到香港去了。

在香港，凭借日本特务头子头山满的儿子左比（时在香港日本领事馆任职）的势力，叶清和在干诺道太子行内开设福兴公司，经营进出口兼船务。广州沦陷后，叶的福兴公司在穗设立分公司，有10多艘轮船川走港穗航线。此外，他还替日本人在厦门开设的新兴公司自越南采购大批粮食，以应日军军需。

1941年12月太平洋战争爆发后，叶接受左比之命，赴广东的海陆丰，代日军搜购钨矿等军用物资。叶起先用棉纱与当地的奸商在大田、小模等处海面交换货物，后改用汽车由陆路进入海陆丰附近交易。1944年间，叶发现派去交换物资的职员暗中赚外快，竟亲自出马想查个究竟，途中被中共领导的抗日武装东江纵队捕获，从此销声匿迹。

日本投降后，叶的家人到海陆丰一带调查叶的下落。经过三个多月的查寻，证实叶已在抗战胜利前夕病死，终年47岁。尸首埋葬何处，不得而知。就在清和别墅里，为他立了一个衣冠冢。

叶清和的一生是罪恶的一生，他以贩毒起家，以充当敌人走狗发迹，下场可耻，死有遗辜。

□原载《厦门晚报》2003年9月14日

"日舰会操"厦门旧闻

1936年8月,日寇公然集结76艘军舰,2.8万多名官兵,耀武扬威地在厦门港口会操示威,炫耀武力。遗憾的是,贯彻蒋介石"攘外必先安内"政策的国民政府,对此挑衅行径却视若无睹,甚至还干出诸多开门揖盗的蠢事。

近日,笔者在查阅当年《江声报》有关"日舰会操"的报道时,发现了这段70年前的"弱国无外交"痛史,特予整理披露,以飨读者。

日舰出入"省厦海港"未遭抗议

在近代史上,日本始终是一个对中国抱有野心的国家。从1894年的甲午战争到次年的马关割台,从1931年的九一八事变侵占东三省到1935年企图把华北从中国分离出去而制造的一系列侵略行动,都充分暴露出这个恶邻的虎狼面目。

1936年初,日寇开始将目光瞄准了华南,随之展开了对福建沿海的试探行动,经常派军舰到厦门海面举行演习。特别是1937年七七抗战爆发前夕,日舰窜入闽海事件几乎月必数起。笔者在1936年7月11日的《江声报》就看到如下报道:"日第五水雷舰队旗舰夕张号,开离马江赴厦门各埠,曾合朝颜、芙蓉、刘萱、若竹等舰,沿途演习,定十四日开返台湾"。

上海《申报周刊》讽刺日舰会操的漫画

但另一方面，日本又高唱"中日亲友谈"，以迷惑中国人民。1936年3月2日，日军松井石根大将专程抵厦发表讲话："厦门为福建经济中心，与台湾有重要关系。诸君之努力如何，影响中日邦交不少。祈为中日亲善，为东亚繁荣，为世界和平，努力是幸。"口口声声说日舰造访"非欲侵略福建，乃欲以台湾为楔子"，以促进"中日两国民族之亲善提携"。

日本处心积虑地在厦门进行政治、军事活动，自有其深度考量：邻近粤省的厦门是华南要港，又离台澎很近，是实施南北夹击中国战略的必争之地。可是企图息事宁人的国民政府，对日舰任意出入"省厦海港"制造事端的行径，非但没有提出严重抗议，居然还主动开放领海，表现了外交上的软弱无能。厦门军方与地方政府也只能委曲求全，屡屡电请上峰出面谈判斡旋，而每次咨询都没有得到确切答复。

厦门港"一杆杆烟筒，一只只海鸭"

1936年8月5日的日本联合舰队会操，原定8月1日抵达厦门。但老天爷与它作对，预报台风，使其不得不推迟抵厦时间。

此次会操的日舰共有76艘。8月3日至4日先到刘萱、芙蓉、夕张等6艘。5日晨7时，驱逐舰水战队陆续进入厦港停泊。至10时许，主力舰、航空舰，亦均抵港，泊于青屿灯塔及金门港口。停泊的巨型舰有长门、扶桑、榛名、雾岛、妙高、羽黑、那智，战斗舰有

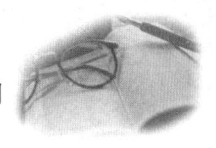

青叶、衣笠、川内、神通、长良等，水雷舰有阿武隈、那珂；驱逐舰有初春、子日、初霜、若叶、皋月、水无月、长月、文月、如月、卯月、睦月、弥生、雷、电、响、天雾、朝雾、浦波、敷波、绫波、东云、矶波、吹云、朝风、春风、松风、追风、疾风等，潜水舰有迅鲸、鬼怒、五三、五四、五五、五六、五七、五八、五九、六十、六三等号，航空舰有龙骧、凤翔、神威，航空母舰有加贺号，特务舰有闲宫、鹤见、鸣户等，及第二十八驱逐舰6艘。参加演习的日本主要官员为联合舰队司令官兼第一舰队司令长官海军大将高桥三吉，第二舰队司令长官加藤隆义、中将原敬太郎、少将佐藤一郎等十余员。厦门的港内与港外，"已是一杆杆烟筒，一只只海鸭，洋洋大观"。

正值国民政府"西南异动"及华北形势紧张之际，日军演出这一大戏，其司马昭之心，路人皆知。面对舆论谴责，日本海军大佐须贺彦次郎百般狡辩："此次大规模演习属于通常演习，并无政治作用。"并称"日海军向例，每两年在华北演习一次，每五年在华南演习一次，而类似演习已二十年未举行"，还说：此次日舰会操，是"欲使舰兵认识大中华，以访问密切与华南关系。与所在地官民亲睦交欢，使舰队士兵增长见闻，认识中华民国，也期待中华民国官民亲近，正确认识日本帝国海军之实相，以达舰队平时和平之使命"。

来厦会操的日本潜水舰队

开门揖盗的"我官厅决尽地主之谊"

强盗"舞剑"，意在华南。主人却开门揖盗，以礼相待，堪称咄咄怪事。

为了配合日本舰队会操，当时的厦门市政府奉省府训令发出通知："日本海军联合舰队大小军舰70余艘，官兵2.8万多名，内中将校1600名，由海军大将高桥统率，8月1日至5日施行攻守大演习。其南北由基隆、马公要港起，以南约三千余海里；东西由厦门附近起，以东约二千余海里。南方系攻击队为蓝色者，北方系守防队，在日本方面为红色。深恐各方未明真相，有所误会，特通令知照。"你看，主人还帮助怀有觊觎之心的海盗在家门口划定了供其舞刀弄剑的场所——从诏安、云霄、东山、漳浦，沿金厦而秀涂、涵江、福州、三都澳、象山港，包括福建整个海岸线、浙江南部沿海一带。

更有甚者，停泊厦港的"逸仙"号国舰，还于5日晨奉命出港鸣贺炮十七响，表示欢迎。福建省主席陈仪因政务繁忙"未能躬与盛事"，特嘱李时霖市长领取500元进行招待，以尽地主之谊。于是李时霖和外交参事陈宏声、海军林国赓司令、副官长蒋英与众绅商，于是日早赴鼓浪屿，邀日本领事山田芳太郎同乘"若叶"驱逐舰赴"长门"旗舰，访问高桥三吉及各舰司令官，以尽"友邦亲善"之谊。中午，由高桥在舰上欢宴国民政府官员。

下午3时15分，高桥偕各官佐登陆，分乘汽车8辆，先赴市府回拜李市长。市府特务队长丁超率警一排吹号迎接，并由陈参事出为招待，导往会客室。与李市长晤谈片刻，高桥等转往要港司令部答拜林国赓，然后环游厦市各名胜，5时赴鼓屿日领馆茶会。晚上，李市长特在南普陀寺欢宴高桥及各官佐，并邀本市闻人作陪。是晚，日方人员住宿厦大及鼓浪屿盐田、柏原等旅社。

民间疾呼："日本早就赏识咱们贵省了"

关于日舰会操，厦门人民的警醒与当局的隐忍退让形成了鲜明对比。《江声报》、《厦门大报》相继发表文章，呼吁政府和人民警觉。

《江声报》在《日舰会操》一文中笔锋犀利地问道："为什么我们不曾有大的舰队到日本海去会操？""什么时候我们到日本海会操，让他们招待，欢迎他们参观？"

该报的《日舰队南来会操》报道则指出："华南形势的严重，并不是日舰示威才有的，而且也不是汉奸、伪组织等类消息被报上登载了才起的，日本早就赏识了咱们贵省了，不过国际形势急速的爬升尖锋以来，它

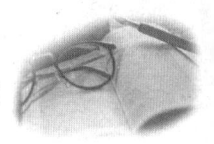

更视咱们贵省是与对岸有唇齿相关系的密切，因之对我们也特别关心起来吧。"

《厦门大报》在登载日海军高桥司令"好个采长补短与惟祈健斗"致词后，一针见血地指出："事实告诉我们，辽东四省，冀东半壁，以至于平津一带，这些'长'者之领土，或以被'短'者采长补短，或正被'短'者准备采长补短。"

《日舰队南来会操》一文还剖析局势道："形势之危急否，重要还在乎我们同胞，我们能振作，能奋起图存，什么险境也可以化成坦途的，假若我们自甘灭亡，一味的沉迷不悟，那么任他怎样平静，也会生出意外来的……"

不少有识之士则通过报章呼吁："不因此灰心，应该因此更提起奋发的精神，努力图强。"

可惜政府没有听取群众呼声并发动民间力量保家卫国，终于在抗战爆发后失掉了金厦两岛，直到1945年8月抗战胜利才得以光复故土。

附：《江声报》有关"日舰会操"报道目录

《日舰任意出入省厦海港 李世甲林国赓电请外部交涉》1936.7.17
《汉奸何其多耶？》1936.7.17
《日本对华经济政策之面面观 提携为名侵略为实 攫夺资源积极备战》1936.7.18
《外军驻华问题的检讨》1936.7.20
《外部明文到厦 可准日僧建寺》1936.7.21
《日舰四十余艘 水兵六万日内过厦 外舰任意出入交涉已有头绪 陈仪订今日飞闽》1936.7.21
《省当局请日领通知 日舰会操 勿惊扰吾民》1936.7.22
《日舰队会操须贺之解释 订日在厦招待我国官民》1936.7.25
《日舰七十余艘 下月二日到厦 为要中国官民参观留厦数日 省府派陈宏声关仲义任招待 李时霖订廿八日回厦》1936.7.26
《日舰会操前泊驻至漳浦 将过云诏东来厦 再经兴泉海赴省 厦鼓租旅社备为住宿》1936.7.27
《日舰会操》1936.7.28
《李市长回厦 再谈日僧建寺 将代表省主席招待日舰》1936.7.29

《日武官须贺昨到厦 日联合舰队小舰入港 大舰泊港外十哩海面》1936.8.1

《昨到三日舰》1936.8.1

《日舰会操任务 欲使舰兵认识大中华 并使华人认识日帝国》1936.8.3

《日舰队来厦 主力舰不进港》1936.8.4

《海军部长起程来厦 国舰昨到三艘 日舰到厦六艘 今续到卅九艘 我官厅决尽地主之谊 已预定招待费五百元》1936.8.5

《日舰队到厦计六十八艘 第二队昨晚离厦 余今日陆续开出》1936.8.6

《日舰来厦》1936.8.6

《日舰队陆续离厦 须贺昨欢宴》1936.8.7

《日本国力与世界战争》1936.8.7

《陈绍宽抵厦 今登陆视察 谈日舰会操与我人很有深刻印象 明日赴省 十五日返京》1936.8.9

《陈绍宽昨离厦 国舰多艘开赴港粤 三日舰开回马公港》1936.8.11

《日本递信省发展海军四年计划 预定经费一万万元》1936.8.12

《日本南进政策的动态》1936.8.18

□原载《厦门晚报》2006年7月31日,与陈红秋合写

记住这页血写的历史

——1938年5月厦门沦陷纪事

《厦门晚报·乡土》编者的话

5月10日下午15时,我市上空响起了鸣36秒停24秒,反复三遍的防空警报,这是根据《中华人民共和国防空法》和《福建省人民防空条例》进行的例行试鸣。

为什么选择在5月10日进行警报试鸣呢?文史专家洪卜仁老先生为我们释疑解惑:66年前的5月10日,是日寇开始进犯厦门的日子。他还专门寄来了根据档案材料撰写的记述1938年5月厦门沦陷之战的特稿。

古人云:"前事不忘,后事之师。"列宁也说过:"忘记过去就意味着背叛。"尽管抗战的硝烟早已散尽,中日人民已经友好合作,但日本军国主义的阴影尚未完全清除,我们有必要让警钟在记忆里长鸣。

抗战爆发 日舰挑衅

1937年七七事变,抗战全面爆发。8月13日,即有10多艘日舰环集厦门港外挑衅,制造紧张气氛。

抗战前,厦门只有海军陆战队上千人驻守。此外,就是海军白石、盘石、胡里山、屿仔尾四个露天炮台的几门旧炮。因而日寇驱逐舰"疾风"、"追雨"号和巡洋舰"夕张"、"若竹"号,仍然肆无忌惮地进出厦门港

1938年5月10日日军登陆的五通海滩

口。担心家乡安危的东南亚福建华侨，函电交驰，要求国民政府调遣得力部队守卫厦门。

在海内外舆论压力下，国民政府于8月21日调派第四路军157师驻防厦门。157师的官兵有不少是从原十九路军转过来的，抗日情绪较高，他们入驻厦门，立即积极备战：着手兴筑云顶岩、何厝等处的防御工事，组织训练壮丁常备队；在各码头站岗，检查来往旅客；勒令日本人创办的报纸《全闽新日报》停刊，大张旗鼓地逮捕和枪毙了一批日籍浪人。

驻厦门日本总领事高桥茂，于28日降下膏药旗，封闭领馆。临走前部署40多个日籍浪民潜伏下来，秘密组织"邦人义勇团"，其任务为刺探军情，充当内应。157师虽然破获了这个秘密组织，并且枪毙了团长柯阔嘴等人，但没有一网打尽，留下后患。

厦门要塞 首役告捷

8月25日，日本第三舰队司令长谷川宣布封锁自吴淞至汕头一带海域。声明发布后，就有10艘日舰在福建海域巡弋，其中两艘停泊厦门港外，"图断厦交通运输"。

1937年9月3日，厦门首次遭受12架日机的轰炸扫射。这次空袭，将近2小时才解除警报。而"羽风"等3艘日舰则驶近大担岛，列成阵势，分别炮轰屿仔尾、白石、胡里山炮台和曾厝垵海军机场。厦门要塞的大炮也怒吼起来，克鲁伯大炮射出的弹丸，命中日舰"若竹"号。这次史称厦门要塞保卫战的战役，守军阵亡5人，伤4人，却赢得击伤一艘日舰的战果。

嗣后四个月里，都有三五成群的日舰连续不断地向禾山炮击，窥伺登陆机会。其中1937年10

月25日、12月8日和1938年1月3日,且已进入何厝、五通海面,放下小艇,妄图偷袭。

在此之后,日机不断空袭厦门。其中1938年1月25日一天之间,轰炸7次,投弹23枚;2月4日,从拂晓鸣警报,到下午3时才解除。瓮王巷、砖仔埕、出米岩和民国路(今新华路)一带被炸毁大小楼房60多间,罹难市民血肉横飞,惨不忍睹。

临战换防 守卫削弱

1937年10月26日,金门沦陷,唇亡齿寒。

然而,本应加强守备的厦门,却发生了令人费解之事:1938年1月,厦门驻军换防,157师他调,改由宋天才、韩文英任正副师长的75师守卫。

75师名为一师,实际兵力不足两个旅,武器装备和官兵士气,都不如157师。宋天才对保卫厦门缺乏信心,驻厦不及一月,即将师部移设漳州,仅留下223旅旅部率第445团3个步兵营和1个加强炮兵营,正规军不足一个旅,由副师长韩文英坐镇指挥。

更为可耻的是,厦门市长高汉鳌也早为自己准备退路,在鼓浪屿鹿耳礁租了一幢洋楼,以便战事发生后随时可以托庇于公共租界。尽管厦门当时号称有近万壮丁和500以上警察,但群龙无首,缺乏统一部署。

由于国民政府地方当局临战换防,守卫削弱,再加上厦门军政要员采取逃跑、退却的抗日路线,使厦门陷入了空前危险的境地。

5月9日夜晚,厦门各界举行纪念"五九"国耻的火炬游行,75师第445团第三营营长司马良率领官兵赶赴市区参加。谁能想到,就在集会结束不久,日本侵略者已偷偷地揭开进攻厦门的序幕。

日军登陆 浪人引路

日本攻占厦门战役,是由海军少将宫田指挥的。

5月3日,宫田率领3个海军陆战队分乘4艘运输舰,从日本佐世保军港出发,6日上午到达澎湖马公港与华东派遣军第14舰队会师,集结了巡洋舰、驱逐舰6艘、运输舰4艘、航空母舰"能吕登"号和登陆艇10多艘,民船30多艘,飞机30多架,以及海、陆、空军3000多人,于9日晚9时半左右陆续集结金门料罗湾。

日本侵略军的海陆空轰炸

9日深夜，日本舰队利用农历初十的弦月微光，潜入厦门禾山五通浦口海岸外2500米的海面上抛锚。

10日凌晨3时许，大地一片漆黑，又刚好是最低潮的时候，日军山岗部队分乘小艇，涉水登上浅滩埋伏。继而由海面上的30多只炮艇，以密集的火力掩护士兵强行登陆。

另一支侵略军志贺部队，也在飞机助战下，于10日凌晨4时半强行登上五通凤头社，进逼我方阵地。遭遇顽强抵抗后，他们由日籍浪人引导，避开正面火力，绕道从东宅、内山头、马厝等村进占高林、田边公路。

劣势守军　枵腹抵抗

腹背受敌、寡不敌众的守军，犹枵腹抵抗。

时驻浦口阵地的仅有75师三营九连80多人，他们发现敌情后，匆促应战，浴血阻击，全部殉国。副营长马忠喜身中数弹，还居高临下，开枪打死日兵，直到挂尸树上。

率保安队和壮丁队赶到凤头社增援的75师参谋主任楚恒仁，也和官兵们坚持到粮尽弹绝，全部战死疆场。

当日军的铁蹄踏上厦门，禾山壮丁义勇队队长林能隐率领壮丁赶到前线，与守军一起并肩战斗，直到献出宝贵的生命。市区的壮丁队和保安警察，分乘3辆汽车奔

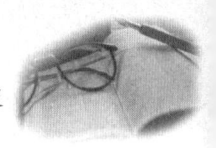

赴前方，途中被敌机炸毁了两辆，只有一辆到达店里村南侧，参加抗击侵略军的战斗。

5月10日上午，后继的壮丁队、保安警察，在江头街与日军激战半个多小时，不敌弃守。这时日军改为福岛部队接替志贺部队承担主攻任务，猛袭吕厝，向莲坂推进。占领何厝、前埔的山岗部队也已进抵江头，与福岛部队会合，夹攻莲坂。

10日午后，敌我双方在莲坂血战了近3个小时，韩文英副师长中弹负伤。守军虽因弹药不继，忍痛后撤，仍节节抗击，扼守梧村，全力反攻。入夜，一度克复莲坂。

市区巷战 短兵相接

5月11日黎明，日机编队窜入市区上空散发传单。当它们转入莲坂上空时，其中一架被我方用步枪击中，坠落在吕厝。

大清早，日军福岛部队对我莲坂守军进行反扑。守军终因武器、兵力悬殊太大，被迫弃守。

当日军逼近将军祠时，壮丁和保安警察又在美仁宫一带奋勇迎敌，与之开展短兵相接的巷战。6架日机轮番轰炸、扫射厦禾路，前线的物资接济越发困难，弹药、粮食更加不继。

近午，日军水上飞机运载陆战队90多人降落箕笃港，偷袭浮屿（今开明电影院附近）。有一个店员自厦禾路车站窗口向街上的敌寇开枪，击毙两个敌兵后被包围，饮弹自杀，体现了厦门人民的英勇气概。

午后，日军兵分两路，一路策应美仁宫主力，一路由厦禾路西段插入鹭江道，沿海岸线向厦港方向推进。与此同时，日机狂轰滥炸厦门大学，投弹50多枚。傍晚6时，祖国东南最高学府厦大陷落敌手。

当市区枪声密集、人心惶惶之际，潜伏的日籍

日军窜入市区后遭遇巷战的报道

日军侵占胡里山炮台

浪人，趁机在海后路台湾银行（今工商银行）、民国路台湾公会（今中级法院）和厦禾路新世界娱乐场（感光化学厂旧址）等处屋顶升起膏药旗，充敌内应，制造混乱，可恶至极。

有心杀敌 无力回天

5月12日上午9时，胡里山炮台因弹尽粮绝失守，守军被迫撤退至厦岛北部坚持战斗。市区一些来不及撤退的壮丁队员，被逐至鹭江道海岸边，只有极少数跳进海里幸免于难。

敌人虽已攻入市区，但厦禾路两旁、蜂巢山、南普陀寺一带和枋湖、庵兜以及乌石浦、塘边、殿前、西郭、寨上、钟宅，都还有守军和壮丁、保安警察据险顽抗。

厦门对岸的屿仔尾炮台，也拼命苦守到13日下午，终因火药库和大炮悉数被毁，才被迫撤往内地。

13日傍晚，日军基本控制了全岛，而岛上西北部的高崎等地，犹有守军残部坚守阵地，打死打伤扫荡的日军。

1938年5月13日厦门沦陷时，市区十室九空，街道七零八落，市民们纷纷扶老携幼，渡海往鼓浪屿公共租界避难。在日机丧心病狂的扫射、轰炸下，有许多双桨小船被炸翻沉，同胞们的鲜血，染红了鹭江之水。

厦门军民浴血奋战了4天，终挽不回山河易色的局势。但它的每一寸土地，都有义愤填膺、宁死不屈的人民和爱国将士洒下的热血。在日军侵犯厦门战役中，守军击毙敌军280多人，击落敌机1架，而守军、武装警察、保安队、壮丁队和市民遭受日军屠杀约7000人。

□原载《厦门晚报》2004年5月12日

日军占领鼓浪屿纪实

七七抗战爆发不久,厦门开始遭受日本飞机、军舰的轰炸和炮击,时局紧张。我父亲考虑到祖父母老迈体弱,而子女又都年幼无知,万一战祸临头,逃难都来不及。当年的鼓浪屿是公共租界,由外国佬统治,日本军阀还不敢那么肆无忌惮地侵犯,相对地说,比较安全。因此,父亲托人在鼓浪屿先觅租房子,作为搬迁鼓浪屿的准备。

1937年10月26日金门沦陷后,日机、日舰对厦门的炮火威胁,日甚一日,父亲决定于1938年春节过后,举家搬往鼓浪屿。从此一直到抗战胜利后的1946年4月,才又从鼓浪屿搬回厦门。我在鼓浪屿这么一个小地方,整整住了八年,度过从高小到高中的学校生活。抗战期间鼓浪屿发生的重大事件,大都耳闻目睹。但由于当时年纪还小,又时隔半个多世纪,有些事件已在记忆里淡化甚至消失了。唯有太平洋战争爆发后鼓浪屿从原来的公共租界变成日本独占的殖民地这段历史,倒是记忆犹新。

1941年12月8日清早,我和其他同学一样,挟着书包准备上学。当路过最热闹的龙头,感到气氛与往常不同,显得格外沉寂,向周围观望一下,才发现有日本兵在街上巡逻。起先还以为是日酋或汉奸被暗杀,不以为意,临近学校,看到好多同学都往回走,一问,说是校门口有日本兵站岗,挥手不让学生进学校。

究竟发生了什么大事?当天上午10点左右就揭晓了。街上到处贴了《全闽新日报》和伪《华南新日报》"皇军"对英美宣战的号外,又贴有两份"告示"和一份"布告",都是用中文,当然是要中国人看的。有一份"告示"是由日军厦门根据地队本部具名的,其内容是:日本内阁发表日本天皇对英美宣战的诏书,驻厦门的日军为此占领鼓浪屿。同时宣布全面封锁海上交通,限制厦门鼓浪屿间交通,断绝厦鼓与重庆政权统治的漳、泉内陆交通。甚至早已被日本占领的金门、浯屿,也被禁止交通。渔船出海,要经检查许可。另一份"告示"由厦门日本总领事馆具名,内容大意是:因时局变化,凡趁机造谣破坏,囤积居奇,抬高物价,资金外逃,捣乱金融等违法行为者,一律严惩不贷。"告示"并且宣布:从即日起,使用日本东京时间,也就是比厦门人传统使用的时间提前一个小时。此外,还有一份由伪厦门特别市政府具名的"布告",无非是要鼓浪屿人民安份守己,拥护日本军阀发动的所谓"大东亚战争",并宣布派伪厦门高等法院检察长、汉奸杨廷枢,接管鼓浪屿唯一属于国民政府的会审公堂,委任杨廷枢为堂长。

　　与"告示"、"布告"、"号外"出现的同时,小道消息满街飞,说法纷纭不一,但也有有目共睹并经日伪报纸证实的,例如原来在鼓浪屿养尊处优的洋人,除几个天主教神父外,一下子都成为日本"皇军"的"俘虏"和"阶下囚",起先被集中在西仔路头博爱医院(今部队疗养院),过后被禁闭于中国银行在港仔后的那幢红砖楼宿舍(今属鼓浪屿宾馆),有事要上街,都得在衣服的左臂上挂一条白包红框的布圈,用日文和英文写明本人姓名和国籍,否则即当逃犯处理,逮捕法办。过了一个多星期,传出了前"工部局"董事长、英华书院主理、英国伦敦教会牧师洪显理突然死亡,遗体不许亲友探望,立即抬出去埋了。日方宣布洪显理是自杀,但也有说是被杀的,真相如何,不得而知。

　　又如,12月8日凌晨,日军从厦门分乘汽艇在鼓浪屿龙头、田尾、内厝澳登陆,占领工部局,英、美、荷领事馆,汇丰、安达银行,大北电报局,各教会学校、医院,和记洋行等堆栈,外国人住宅以及会审公堂、电灯、电话公司、邮政局、电报局,搜查并接管这些部门,财产查封,人员先就地集中,不准外出。这也是众所周知的。

　　12月8日中午,陆续被集中到博爱医院的外国人、外籍华人和在外国人机关、企事业任职的中国人,包括住宿在教会学校、医院的教职员工、学生和医护人员达四千多人。当天下午约二时,有几个军官模样的日本人来到博爱医院,传令被集中的人群都上医院天台聆听训话,由一个会讲厦门话和英语的日籍台湾人当翻译。训话的大意是:日本天皇下诏对英、美、荷诸白魔宣战,日本"皇军"奉命占领鼓浪屿,大家要拥护"皇军"。接

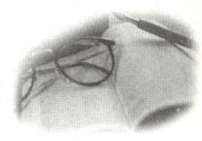

着宣布两件事:"第一,凡持有枪支弹药的人,要立即主动交出来,不加追究,如隐瞒拒交,一经查出,就以私藏军火严处。第二,所有被集中人员,一切行动要听从"皇军"官兵的指挥,如有发现擅自行动或非法行为,格杀勿论。"经过具名宣誓服从"皇军",并盖上羞耻的指印,被集中人员分批释放回家,但外国人和一些重要部门的负责人,仍被幽禁于博爱医院楼下,几天后移到港仔后中国银行宿舍。

这一天,向来不行驶机动车辆的鼓浪屿,开始出现了日本"皇军"驾着机枪的三轮军用摩托车,人们听到广播的报时都改用东京时间。傍晚,屿民欢迎"皇军和平接收鼓浪屿"的"号外"也在街上散发了。

翌日,日军厦门根据地队本部发表实施灯火管制的告示。下午二时半,会审公堂举行升旗仪式,升起抗战以来鼓浪屿首次出现的第一面汪伪政权的"国旗"。汪精卫等在南京建立的汉奸傀儡政府自我标榜是"中国国民政府",为了与重庆的国民政府的国旗有所区别,汪伪在"青天白日满地红"的国旗上端加了一条扁长三角形的黄布,写着"和平、反共、建国"六个字。屿民看了,都嗤之以鼻。

同一天,日军当局宣布改组工部局董事会,召集工部局全体人员复职。原任副巡捕长的白俄人胡锡基"因病告退",原有的三个外国人董事也都"自动"辞职。几天后,日方宣布,由日本人福田繁一接任工部局巡捕长兼秘书,允许三个外国人董事辞职,由二个日本人和二个中国人组成新的工部局董事会。工部局所有公私文件改用日文、中文,废除英文。任新董事的中国人一个是林寄凡,福州人,原是个政客,后改业中医师,厦门沦陷后在鼓浪屿福建路一家中药铺悬壶行医。战前,他与漳厦海军司令部的司令林国赓等闽系海军的头面人物时相过从而有"师爷"之称,又曾是了闲别墅的主持人,因此为日军所看中。另一个是林汉南,厦门电话公司的经理,与地方富绅有一定关系,敌人想利用他,聘为董事。

12月11日伪报上,登载着"……各校当局原本基督教博爱立场,与友邦人士合作。"接着,同文书院、美华书院停办,英华书院改名厦门第二中学复课;怀仁女子中学停办,毓德女子中学被改为厦门第二女子中学复课。有些小学停办,普育小学、怀仁女中校址、福民小学和养元小学,分别被改名为鼓浪屿第一、第二、第三、第四小学。取消英语课,改为日语课;公民课被改为"修身"课;宗教课起初还保留,不久又被取消了。

从12日到月底,日伪的"布告"和座谈会、庆祝会之类的集会,一个接着一个,日伪两报,大量报道鼓浪屿的"新闻"。日本统治厦门的最高权力机构兴亚院厦门联络部,也在鼓浪屿设立事务所。从"布告"的内容而言,主要有:实施屿民生活必需品限制物价政策,凡在鼓浪屿英国汇丰、荷兰安达银行和中国的中央、中国、交通以及侨办的华侨、中兴等7家银行有存款的客户,每户一天间领取的存款不得超过五百元。就会议而言,主要有:在英华书院举行的所谓"各校领袖座谈会",借中德记召开的"各界妇女代表座谈会",以及在泉州路"同声俱乐部"召开的"各界人士座谈会",应邀出席的既领受了教训,又领受了恐吓。12月13日下午2时,还在番仔球埔(今人民体育场)举行所谓"鼓浪屿屿民大会",强迫各户代表出席。主持这次大会的,就是上文提到的鼓浪屿工部局新董事林寄凡。21日晚上,又在鼓浪屿戏院召开打倒英美扩大宣传大会,并放映电影,免费招待。伪厦门文艺协会的无耻文人吕展新、陈祝尧、黄白成枝、陈丽等受命在台上卖力地鼓吹"大东亚圣战"和"中日同文同种,共存共荣"的谬论。22至23日两天下午,伪大乘佛教会也在大宫口举行"打倒英美"演讲会。日伪使尽招数,而参加的人为数寥寥,演讲的汉奸卖身投靠,妄想赢得听众的掌声,而得到的却是人们从嘴巴里吹出的嘘声。

　　太平洋战争爆发日军占领鼓浪屿后,可记的事尚多,不是一篇短文能容纳得了。我不想多写了,仅摘录1941年12月16日《全闽新日报》刊载的一篇报道,作为本文的结束,以见日伪歪曲事实,强奸舆论的伎俩。

　　该报道采用四行醒目的大标题:

　　"鼓屿英美籍民准予自由居住"

　　"俱感激日军优遇"

　　"异口同声誓愿协力"

　　"以建设东亚新秩序"

□原载《鼓浪屿文史资料》第1辑,1995年12月

五步溅血毙倭酋

——日本特务头子泽重信遇刺史实

《厦门晚报·乡土》编者按

8月15日是抗日战争胜利68周年的日子。厦门自1938年5月13日沦陷至1945年8月15日光复，经历了7年多艰难困苦的岁月，也在近代史上留下了许多可圈可点的重大历史事件。本刊今日在第7版、第10版推出的《日本特务头子泽重信遇刺史实》和《伪厦门特别市市长李思贤丑行种种》两个专题，均系首次公开见报的解密文章，相信一定能够引起读者的兴趣。

1941年10月26日，日本驻厦特务头子泽重信在大中路口喜乐咖啡馆门前（今第一百货公司左邻）遇刺身亡，轰动全国。笔者作为那个年代的过来人，长期收集这一重大事件的报刊文章、文史材料和当事人的回忆，现将有关史实整理如下。

日本"中国通"

泽重信1899年出生于日本大阪府，21岁毕业于东京帝大，并在日本士官学校学习。不久，转入陆海军特种训练班，接受特务训练。此后，他被派到总部设于台北的"大日本南支派遣特务机关"任职。在此期间，他不仅学会讲闽粤方言，还研究两省风俗民情，号称"中国通"。1932年6月，泽重信奉调厦门，由于积极进行"中日亲善"活动有功，被日本军方授予八等瑞宝奖章。同年7月，受任台湾总督府"善邻协会"事务嘱托，兼厦门《全闽新日报》社社长。

《全闽新日报》创办于1907年8月，社址在厦门寮仔后金泰茶庄对面（今水仙路），后移至和凤宫。该报为日本政府喉舌。为了扩大影响，报社以低廉的报费或无偿赠送的形式广揽订户，每年亏损数万元，分别由台湾总督府、日本外务省及台湾"善邻协会"拨专款补助。1931年九一八事变后，日本不断派遣间谍到中国大陆活动，日籍台湾浪人亦大量涌入厦门。这一期间，泽重信更是致力于扩大《全闽新日报》的业务，为日寇侵华作舆论宣传。为此，他指令将报纸版面由4版扩至8版，又增发晚刊4版，每日共刊行12版，大肆宣扬"日华同种同文"、"大东亚和平共荣"等谬论。

图建"华南国"

由于泽重信掌握日本政府拨给的大批活动经费，故能广交狐朋狗友，从中物色、发展特务，猎取厦门军政情报。1934年国民党特派员杜起云在厦时，泽重信多次与之接触，并纠集日籍浪人，企图建立所谓的"华南国"。他们先后在思明南路的海陆春旅社、鼓浪屿龙头的大东旅社进行密谋，甚至委派伪职，颁发伪旗与关防印信。事发后，杜起云被国民政府押回南京处决。但泽重信仍然在1935年9月获日本东京军方颁予"从军记奖章"和"满洲国功劳章"，隔年又兼职"台北州警部"。

1937年七七事变爆发，国民政府军队157师调驻厦门。同年8月，日本侨民随日本领事馆撤退，《全闽新日报》亦告停刊。同年10月，日军攻占金门，泽重信在金门重整旗鼓，恢复出版《全闽新日报》，每周

泽重信

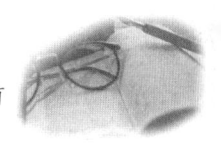

两刊。1938年5月13日厦门沦陷后，泽重信迫不及待地赶回鹭岛复办《全闽新日报》。他强占《星光日报》社为社址，强行搬走报社最好的印刷设备，还支持汉奸办《华南新日报》。此时的泽重信，除继续担任《全闽新日报》社社长外，还兼任台湾总督府驻厦门嘱托、海军总部嘱托、日本亚洲共荣会事务嘱托、华南情报部部长、伪厦鼓文艺协会理事、伪厦门市商会顾问等职，插足于厦门军政、文化、经济各部门，是权倾一时的风云人物。许多流氓为升官发财都投靠其门下，托他引荐提拔，成为其鹰犬走卒。

军统"美男计"

日寇铁蹄踏上厦门土地后，鹭岛儿女奋起抗争。1939年9月12日，日本"陆军特务机关部"机关长田村丰崇在厦被刺，该部主持乏人，陷于瘫痪。泽重信向东京毛遂自荐，出任日军在我国东南沿海一带的陆海军特务系统总负责人。

1941年初，广州的日本特务组织中，有个风流女谍，鬼使神差地爱上了军统派遣入穗的一青年特工，热恋中的她时常向男友泄露重要情报，致使日军的行动屡遭挫折。事发后，日本特务机关在内部严密追查。此时，该女谍已派驻厦门，于是便落到泽重信的手中，经过严刑拷打、逼供，最终这个女谍松口供认了，后被泽重信枪杀。

当时军统"闽南站厦门第一组组长"林顶立（又名林一平），利用台湾籍出身为掩护，又与厦门日籍浪人"十八大哥"的头目时相往来，故而深得日军的赏识与信任，成为名副其

日警在鼓浪屿抓捕我进步人士

实的"双重间谍"。他利用职务之便，认识了伪市政府中部分职员及伪军官员，因而能及时而准确地送出许多情报，使军统闽南站对驻厦日军的活动了如指掌。这次，他底下一些组织被破坏，泽重信必将顺藤摸瓜，穷追猛打下去。

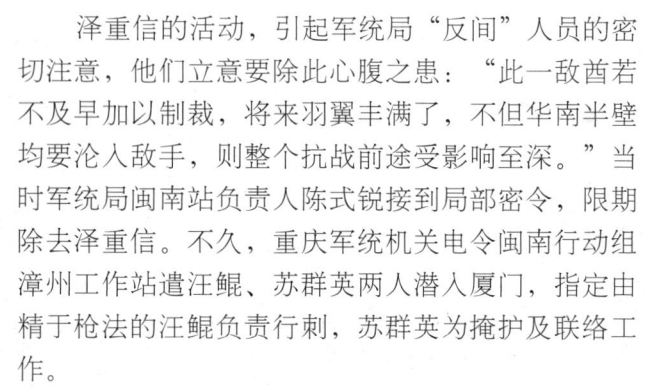

汪鲲秘密踩点

泽重信的活动，引起军统局"反间"人员的密切注意，他们立意要除此心腹之患："此一敌酋若不及早加以制裁，将来羽翼丰满了，不但华南半壁均要沦入敌手，则整个抗战前途受影响至深。"当时军统局闽南站负责人陈式锐接到局部密令，限期除去泽重信。不久，重庆军统机关电令闽南行动组漳州工作站遣汪鲲、苏群英两人潜入厦门，指定由精于枪法的汪鲲负责行刺，苏群英为掩护及联络工作。

汪鲲，字宗海，号鲲，惠安崇武镇人，早年在国民革命军厦门水警第二大队服役，1940年入军统局，任闽南站行动组中尉行动员，专事敌后除奸工作，抗战胜利后移居台湾阳明山。据他的《汪宗海人生八十年》（1988年出版）自述：当时由于田村丰崇被刺，日伪经常实行户口检查、交通管制及戒严。而泽重信日常出入，均有持枪保镖跟随，更由于他身兼数职，办公时间及行走路线时常变换，侦察其行踪十分困难。

汪、苏两人入厦后，苏利用与日籍浪人林滚熟识，由其安置在蝴蝶舞厅任司账，以便掩护侦察。汪鲲则由在晨光路兴南俱乐部帮工的崇武乡亲张仲来提供食宿及通行证，伪装成街头流动小贩，每日身藏手枪，在《全闽新日报》社附近兜圈子，探查泽重信的出行规律。然而连续守候了五六日，竟未见泽重信在报社露过一次面。后幸得苏群英提供情

汪鲲

五步溅血毙倭酋

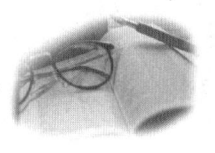

日军在轮渡搜查过往行人

报，得知日酋头面人物公余常到各舞厅或日人经营的咖啡馆聚餐会面，泽重信几乎每星期日都要往各电影院巡视，检查为日军舰艇官兵播映"劳军电影"的情况。因此，汪鲲将注意力转向这些地方。

刺杀泽重信

1941年10月24日，汪鲲、苏群英得到情报，泽重信与伪法院院长黄仲康相约，将于星期日（26日）中午在蝴蝶舞厅设席宴客，庆贺自己就任"地方理事官"，遂决定相机行事。

26日上午9时，泽重信带随从数人先至蝴蝶舞厅，查看酒宴准备情况，随后步行往共荣会办的鹭江戏院（今思明电影院）。汪鲲闻讯，认为机不可失，立刻动身潜往鹭江戏院。近11时电影散场，汪鲲见泽重信周围簇拥大群日军度假官兵，只得眼睁睁目送他离去。

中午时分，泽重信正与汉奸郑德铭、林洪朝、林谷等在蝴蝶舞厅饮酒。汪在门外守候，拟待其出来时开枪。下午3时左右,泽重信等随带数名武装保镖离开舞厅,一时竟难于下手。汪鲲又跟踪泽重信至伪《华南新日报》,在门口隐蔽处等待。时隔不久,即见泽重信与伪《华南新日报》社长林谷相偕出门。他们从思明西路步行转向大中路,至喜乐咖啡馆,似欲入内饮茶。汪鲲果断掩身路旁骑楼下水泥柱旁,迅速掏出手枪,连发两弹,均中胸胁部位,泽重信应声倒地,当场毙命。身边林谷大惊失色,抱头鼠窜。

当时有日海军士兵20余人在喜乐咖啡馆内聚饮,闻声后冲出查看,汪鲲镇定自若,向空鸣枪,使敌兵纷纷惊避,周围市民乱成一团,他才乘乱闪入大人宫巷,辗转经海岸路潜回藏身处所,伏匿于惠安同乡、印尼华侨苏孝盼家中,直至11月6日晚,才冒险潜至鼓浪屿海滩,泅水至对面嵩屿登岸,受到当地群众集会热烈欢迎。

日伪心胆寒

泽重信被刺后,日寇极为震怒,立即断绝厦门水陆交通,全岛戒严3日,还缴了三百多伪军的械。日本宪兵和驻厦的海军陆战队都出动了,分乘军用卡车,散布在全市大小街巷,荷枪实弹,设卡盘查。同时,在市内大肆搜捕,伪市政府文职人员,都奉紧急命令,每人手持各居民户口清册,逐家逐户进行检查,共滥捕无辜群众数十人(包括平日与泽重信不睦的日籍商人和官员),后被毒刑惨死者13人。

事后,泽重信家属致电东京及台湾总督府,控告伪市长李思贤以护卫不力之罪,请求严办。东京饬令厦门伪市府三星期内查缉凶手归案,市府群奸,均惶恐不安。敌海军司令部于11月8日,在各伪报登载公开缉拿凶手悬赏启事,凡知刺杀泽重信凶手下落者,告密赏日元4000元,缉拿解送奖日元5万元。但一无所获。

泽重信尸体于30日上午7时火化,在厦港日本人公墓火葬。敌伪在厦门为他举行了隆重的葬礼,日本政府及汪伪南京政府都派专使到厦门吊唁,并将其迁葬于鼓浪屿"五个牌"日本人墓地。抗战胜利后,愤怒的群众平毁了泽重信的坟墓,现仅存长120厘米,宽28.5厘米的方柱形花岗岩墓碑,藏于厦门博物馆,成为历史的物证。

(本文写作时参考了张奋生、江茂夫、陈洋、郑调麟、何水道、陈仲坚等先生的研究成果,特此鸣谢)

□原载《厦门晚报》2003年8月10日

认贼作父　为虎作伥

——伪厦门特别市市长李思贤丑行种种

李思贤原籍广东省新会县,其父入闽为官,遂定居福州。李早年毕业于福建省公立法政专门学校,历任广东省曲江、番禺和福建省龙溪、永定等县审判员,福建省高等审判厅、广州地方审判厅推事,福建省霞浦、龙溪两县知事。1918年,他弃官落户厦门,自设律师事务所,曾任厦门律师公会会长,中华全国律师协会理事、执行委员。

奴颜婢膝

1938年5月10日凌晨,日军进攻厦门。翌日,李思贤离厦逃往香港。13日,厦门全岛沦陷,日寇授意筹组伪厦门治安维持会,原与李思贤同在厦门当律师的洪景皓、许世昌、谢若濂、黄培元等,急不可耐地认贼作父。7月15日,伪厦门治安维持会成立,洪景皓化名洪月楷,粉墨登场,当上会长;许世昌化名许竺轩,谢若濂化名谢逸溪,黄培元化名黄宪章,也分别出任伪维持会司法处的检察官或推事。

许世昌等狐假虎威,敲诈勒索,积聚孽财。与许世昌素称莫逆的李思贤,在香港探知许"飞黄腾达",多次函询附逆门径,请其指点迷津,许复函允代为引荐。这时,伪维持会会长洪月楷因汉奸罪,累及在莆田原籍的双亲被政府拘留。洪被迫抛弃伪职,于11月15日逃往鼓浪屿公共租界,搭乘轮船潜赴香港并在报纸上发表题为《汉奸十不可为》的文章,表示"痛改前非",然后遣返莆田投案,营救双亲。

洪月楷的悔过书，给投敌奸徒敲了警钟。但李思贤竟瞄准洪月楷腾出的伪职悬缺，于1939年1月11日，携眷回到了鼓浪屿，寻径投敌。经许世昌牵线，他叩见日本海军在厦门的特务部特务长原中一，奴颜婢膝地倾诉愿为"皇军"效犬马之劳的心迹。李思贤自以为学历、经历及以往在厦的社会地位，均在群奸之上，伪维持会会长一职，非己莫属。讵料原中一未肯遽然委以"重任"，1月28日发表的任命，仅让他当伪维持会司法处主任。

包揽伪职

投敌之后，李思贤利欲熏心，为取得更高伪职，竭力巴结主宰汉奸命运的两个关键人物——日本在厦门的特务头子小笠原和泽重信。

厦门沦陷后一直为日本海军所控制，小笠原是海军司令宫田少将的亲信、伪厦门治安维持会的首席顾问，掌握任免奸逆的实权。泽重信是"大日本南支派遣机关"在厦门的情报负责人，厦门伪政权班子的幕后策划者之一。

李思贤有一个名叫吴琐云的义女，会讲日语，又擅交际，原在律师事务所当文书，厦门沦陷后，出任伪治安维持会秘书。她经常陪李登门拜访小笠原，名为"汇报工作"，实为博取欢心，终使小笠原逐渐改变了对他的看法，获得了信任。为了能与泽重信频繁接触，李思贤叫其长子李唐碧拜泽重信为义父，并指使其女李国华常到泽重信公馆串门"走亲戚"，投其所好，以增进"情谊"。

经过一段时间的苦心钻营，李思贤开始与汉奸卢用川角逐继任伪维持会会长"宝座"。卢以自己是秘书长兼代理会长，又有伪市商会等社团一帮奸伪的"拥护"，自认为可稳操胜券，对李的竞争不以为意，却不料李思贤由于有小笠原、泽重信等实权人物

伪厦门特别市政府

1939年7月2日伪《华南新日报》关于李逆沐猴而冠的报道

认贼作父 为虎作伥

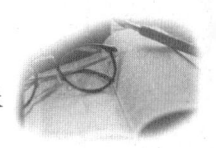

推行奴化教育

的鼎力支持，竟把会长一席夺去。

1939年3月18日，李思贤就任伪维持会会长；7月1日，又擢升为伪厦门特别市市长。在不到一年的时间内，还身兼特别市政府警察厅厅长，厦门经济审议委员会会长、水产会会长、农业改进社社长、地方福利会理事长、运营委员会委员长、水电公司董事长、劝业银行董事长以及"共荣会"厦门支部顾问等10多个伪职，一人包揽了厦门伪政权的政治、经济、文化各部门的职权。

罪恶昭彰

为报答日帝的"恩赐"，李思贤"忠心耿耿"、全力以赴地卖国求荣。在他出任伪厦门维持会会长和伪特别市市长的六七年间，罪恶昭彰。以下仅举几个例子。

1.上任后，为贯彻日寇"以华治华"政策，李思贤以市长名义，颁布保甲条例，规定保甲长须配合警察，在任何时候均可穿门入户，对有抗日嫌疑者，一概逮捕审讯，因此而遭殃者甚众。

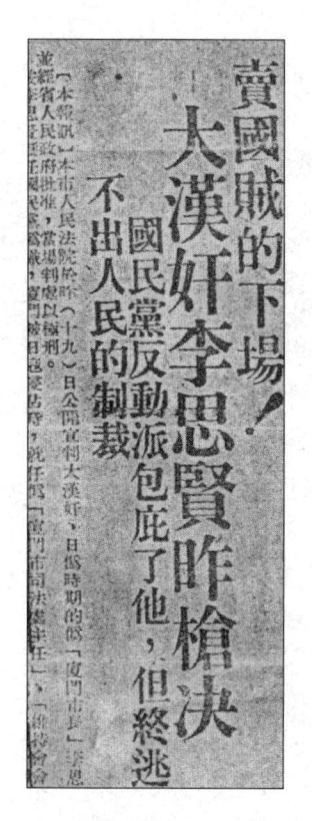

1951年1月20日《厦门日报》关于李思贤被判处死刑的报道

2. 1939年8月15日，李思贤率僚属前往东京晋谒日本首相平治，并参与汪伪政府与日寇签订的《日支新关系调整要纲》的制订，其第4条规定日本在厦门有驻军和过问政治、经济的权利。

3. 为报答日寇栽培，李思贤还将中山公园改名为厦门公园，中山路改名为大汉路。太平洋战争爆发后，他又命令各商家不许使用"英"、"美"字样的店名，如"同英布店"勒令改名"同兴布店"。

4. 强毁禾山13个村庄的良田，为日军修建飞机场提供用地，并强征青壮年劳动力服劳役。还强抓民工押赴海南岛做苦力，使数百厦门青年魂断他乡。

5. 抗战后期，李思贤更积极地配合日方，加紧搜刮厦门人民的财产，在各区增设稽征处，强征苛捐杂税，并开展所谓"献机"运动，强迫市民"献机"七架。

至于推行奴化教育，发表媚敌言论，唱日本军歌，遥拜天皇等丑行，更是不胜枚举。

日本投降后，祸国殃民的厦门第一号汉奸李思贤被捕入狱，但国民政府最高法院仅判其有期徒刑15年。后经其家属散发孳财，多方活动，李竟得以"保外就医"，逍遥法外。厦门解放前夕，李潜逃漳州，1949年12月为人民政府捕获归案。1951年1月19日，经人民法院公开审理，对李思贤处以死刑，立即执行。背叛祖国、死心效敌的汉奸李思贤，终于受到了正义的制裁。

□原载《厦门晚报》2003年8月10日

清末陈千总杀媳案

20世纪二三十年代,五四运动后成立的厦门通俗教育社,曾上演根据真人真事编写的话剧《陈千总杀媳》,在当时产生巨大影响,对推动妇女运动起了一定作用。剧中的事件发生在清末宣统年间。

陈千总,名叫陈承昌,家住外清保,光绪二十五年(1899年)间当上了厦门总商会巡船管带营千总。此人本性凶狠,时常结党横行市井,自其当上千总之后,勾结一帮贪官污吏,更是如虎添翼,常假借公事,四出敲诈勒索,坑蒙拐骗。

陈承昌在外横行无忌,对其家人也未手下留情,最终酿成了骇人听闻的虐杀儿媳惨案。

案中受害者王不池,家住青墓口,自幼父母双亡,无所依靠,寄其表嫂陈尹氏家。1908年,年已19岁的王不池凭媒妁之言嫁给陈承昌之子陈天来为妻。

按照厦门风俗,女子出嫁,娘家要向婆家赠送嫁妆,不池从小孤苦伶仃,寄人门下,陪嫁菲薄。贪婪成性的陈

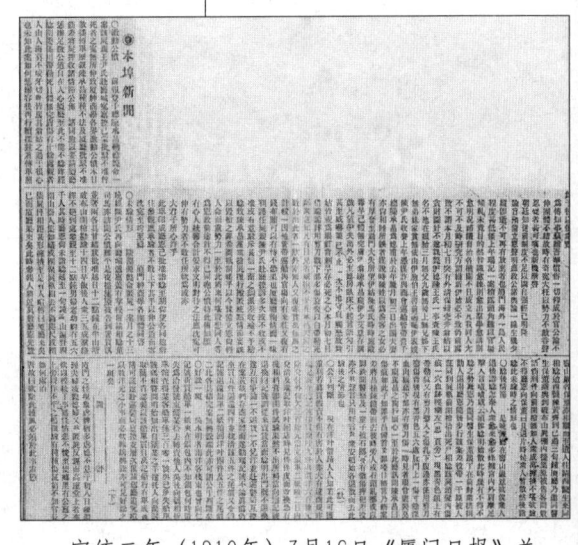

宣统二年(1910年)3月16日《厦门日报》关于陈千总杀媳案的报道

宣统二年（1910年）3月28日《厦门日报》关于陈千总杀媳案的报道

承昌见状，顿时暴跳如雷，破口大骂，甚至撕下送嫁"小舅"的衣服，致使"小舅"惊恐万分，哭号奔逃回家。当道贺的众亲友到齐之时，陈承昌之妻李妈缘娘，竟然拿出新娘的下衣向众人展示，说"此妇非淑女也"，王不池受此羞辱，无地自容。

王不池一个弱女子，陈承昌夫妇自然容易欺负，因此无日不对她打骂虐待。新婚不到三个月，王已遍体鳞伤。不仅如此，禽兽不如的陈承昌还心存歹念，意图调戏，每当其子陈天来不在家时，就进入王不池房间，卧床不起，进行勾引甚至威胁，王不池坚守贞节，誓死不从。陈承昌图谋不成，更是怀恨在心。

宣统二年（1910年）三月初八日晨，陈尹氏突然得到消息，说小姑身死，急忙前往陈家，只见王不池已横尸墙角，全身血迹斑斑，颈下勒痕交错，一看即系遭虐惨死。因此，一面派人看护尸体，一面向厦防厅鸣冤，请求验尸查办。陈承昌也恶人先告状，叫陈天来出面报案，诬告王不池是受娘家侮辱而自杀的。厦防厅官员与陈承昌官官相护，对陈尹氏呈控不予理睬，还应陈承昌一面之请，派差收敛，不予验尸。陈承昌乘机将屋内家私搬运一空，并于初九日夜晚，派几十个穿着号衣的差吏，将尸体抢走，藏到别的地方。

陈承昌虐杀儿媳，抢夺尸体，官厅徇法护凶，激起了民众公愤。初十日早上，愤怒的民众自发前往陈承昌家，将其房屋尽行拆毁。与此同时，民众还联名向官厅控诉陈承昌恃势作威、欺压无辜种种行径，绅商学各界团体联名散发传单，要求严惩陈承昌，号召在官厅验尸时"各界同胞皆往参观，庶承验者不敢上下其手，以伸公道而雪沉冤"。

3月13日，厦防厅迫于民众压力，不得已同意第二天中午12点在半山塘破布山开棺勘验，并连夜将原被告提集衙门质讯。民众得知消息，于14日早饭后就三五成群往山上聚集，到中午12时，满山遍野已是人山人海，约有五六千人。下午3点多，医生到场，开棺验尸。勘验结果：死者头上伤痕一处，血迹模糊；右脸紫色一片，左耳出血；舌肿唇裂；颈上平直勒痕三道，左乳皮破；左肋棍伤七处，腰骨部铁器伤一处；会阴处有肉块流出。除此之外，死者身上、四肢、手指、腹部等处都伤痕累累。

此时陈承昌已无话可说，厦防厅也无法再予袒护，当场给他带上枷锁。围观民众痛恨陈承昌恶行，纷纷拳打脚踢或以石头乱打，以至押解差役也大吃苦头。

五月初二日上午8点，厦门道宪委派同安县令陈大令提审陈承昌夫妇。经动用大刑，他们才招供案情经过。三月初七日傍晚，陈妻李氏因病卧床，陈承昌回家后，叫王不池煎药，又乘机进行调戏，遭到王的拒绝并被詈骂。全无羞耻之心的陈承昌，对王不池大打出手。王不堪忍受，哭闹不停，陈承昌便找来马鞭对其进行暴打。因痛苦至极，王不池哭喊不止。陈承昌顿起杀心，操起铁锥，向王身上疯狂猛刺，又拿来绳子，将奄奄一息的王不池勒毙，并把尸体吊在床上，关闭房门，制造自杀身亡的假象。

五月初五上午8时，陈大令作出判决，以杀人罪判陈承昌死刑。当庭重责五百大板后，宣布第二天执行极刑。陈承昌之妻李妈缘娘被鞭责三百，仍押回监禁。陈承昌回牢房后，于当天傍晚身亡。

□原载《厦门晚报》2003年3月9日

旧厦门的虐婢惨剧

《厦门晚报·乡土》编者按

　　解放前,女子社会地位低微,吃人的封建残余——蓄婢制度至民国时期尚未革除。许多穷人家女儿被迫沦为婢妾,主人将她们当成奴隶牛马役使,甚至作为泄欲的工具。

　　厦门历史上蓄婢之风盛行久远,在闽南各地首屈一指。在20世纪二三十年代,稍有财产的家庭,十有八九都蓄养婢女。根据旧公安局1933年7月的调查,那时蓄婢家庭有1696户,共有婢女2580人。在所养婢女中,成年者854人,未成年者1726人。养婢人数少则一人,多则十几甚至二三十人。

　　蓄婢恶俗既盛,虐婢之事便时有发生。值此"三八"妇女节之际,本版特约请地方志专家洪卜仁撰写在当时影响最大的红花、杏春两个虐婢惨剧,以供今天的读者思考。

红花惨案

　　1929年3月15日,厦门《江声报》登载一则新闻:家住梧桐埕的商人李文学蓄有一婢女,名叫红花。3月10日晚,李文学与红花同居,其妻吴田娟

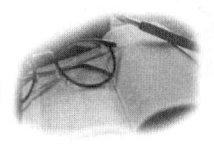

醋海扬波，对红花施以酷刑，红花不堪忍受，服毒自杀。到12日晨，李文学即买来薄棺，将医生诊断后确认剧毒无法救治但尚未断气的红花入殓，并草草埋葬于靖山头。

这则新闻传出，舆论哗然。奉命侦办该案的思明地方法院检察官徐炳元，即率同法警前往曾为红花诊治的周慕卿医师处询问。周供说，12日晨他赶到李家时，红花已气息仅存，口合眼闭，无从诊断病状，即以病危难治告辞。时李文学适在周家，徐炳元遂将李拘捕，同时对李家进行搜查，并向其邻居调查，而李文学之妻吴田娟已闻风逃匿。

红花案发生后，在社会上引起强烈反响和极大关注。当第一次验尸草草走过场没有结论之后，3月16日，民众训练委员会召开常务会议，决议要求法院严惩凶手，并派员旁听提审李文学情形。3月17日，妇女协会召开紧急会议，除作出要求法院对案情进行积极侦查严办外，还呈准国民党思明县（当年厦门尚未设市）党部指导委员会，召集各界组织解放婢女委员会。

在各方面的压力下，3月30日上午，法院决定进行第二次验尸，由鼓浪屿救世医院穆英雄及杨约来两位医师担任勘验医生。当时前往现场的除法警、医生、社会组织代表外，还有大批围观市民，人数多达1000多人。当棺材被挖出打开后，人们见死者身穿粗布旧衣，头裹破布，纷纷咒骂李文学没有良心。化验结果显示，死者后背、右乳及阴部有明显伤痕，系服用过量鸦片，导致中毒身亡。至此，红花系李文学夫妇虐待惨死的真相大白。

李文学，同安人，新建成绸缎店老板。红花十三四岁时被李收买为婢女，生前常被主妇

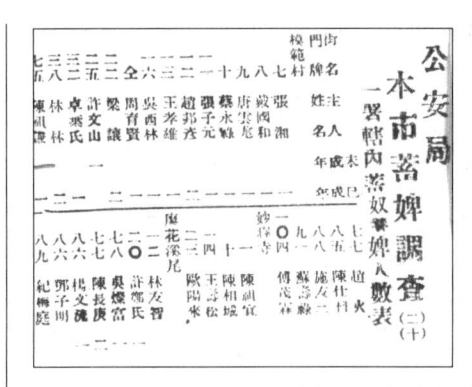

1932年12月16日《江声报》的报道

1936年7月22日《江声报》的报道

吴田娟打骂。这年红花23岁，李欲将其纳为妾，但吴不同意，对她虐待有加。红花因不堪忍受，请求择人另配，但李文学又不放行。3月10日晚，李文学与红花同房，吴田娟大发醋劲，于次日将红花痛打一顿，并用烧热之铁箸插入她的下部，红花疼痛难忍，不得已服用鸦片自杀。当吴田娟残酷殴打红花之时，李文学毫无相救之意，任由恶妻大发雌威。12日晨，红花命危之时，李文学才请来医生，但因中毒已深，回天乏术。而更令人发指的是，红花尚存气息之际，李文学便买来薄棺，将其收敛活埋。

1929年3月28日，思明地方法院检察处对李文学提起公诉（吴田娟在逃）。同年9月7日，思明地方法院重罪轻判，仅以帮助红花自杀罪判处李有期徒刑一年。

杏春惨案

1932年9月间，婢女杏春因不堪虐待，自杀身亡，再次成为轰动一时的大案。

杏春原为禾山寨上陈有才之养女，1931年间被以500元卖给住莲坂社的薛拱连为婢，时年仅17岁。薛拱连买杏春，名义上是做养女，实际是准备纳她为妾。因此，当杏春初入薛家时，颇得薛氏夫妇厚待。到1932年，薛即欲纳杏春为妾，但杏春因薛患有麻风病，屡次拒绝，薛拱逮夫妇因此每当深夜之时，即将杏春捆绑殴打，哀叫之声户外可闻。

9月23日，杏春到溪中洗衣，邻居妇女见她满面忧愁，问其何故，杏春遂将其连日被薛拱逮强行奸污，稍加抗拒即被夫妇俩打骂之事相告。晚上，薛拱逮夫妇又对杏春施暴，哀喊之声惊动四邻。杏春因不堪忍受，于当夜服下大量鸦片烟灰自杀。及至黎明，薛拱逮一面派小孩向驻防双涵海军办事处

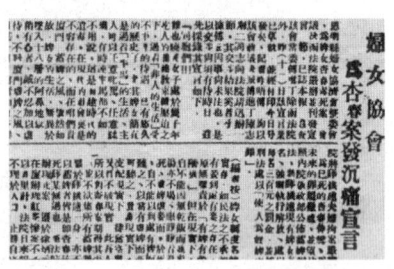

1932年9月30日、10月12日《江声报》关于杏春案的报道

巡缉分所报告死讯，一面急忙派人到江头街买回一具薄棺，将杏春入殓，并不准邻人前往观看，草草掩埋于浦南山上。

关于杏春暴死及薛拱逮秘密埋尸之事，地保周某当天就到薛家调查。薛以大洋4元贿周，周不接受，并以情节可疑向法院报告，薛拱逮虐婢致死案遂被揭露。莲坂社村民哗然，咸为杏春惨死抱不平。

思明地方法院接到报案后，仅将薛拱逮拘押，对案件的处理并未立即采取有效行动，直到29日才由检察官前往检验尸体。验尸当天，观看的群众多达数百人，大家都对杏春的惨死抱有极大的同情心，希望司法部门能对残酷虐待婢女的薛拱逮进行严惩。但是勘验工作仅是简单地进行，"结论"是尸身上发现有"难以认定是否殴伤"的痕迹，最后认定系服用超量鸦片烟灰自杀而死。

1933年5月15日，思明地方法院以此为起诉审判的依据，对薛拱逮作出判决，帮助自杀部分不予追究，以帮助吸食鸦片罪处罚金150元，并规定如不缴纳，则以1元折抵一日监禁，裁判之前羁押一日抵罚金1元。实际上，薛拱逮丝毫没有受到惩罚，而其妻则更没有受到任何牵涉。

判决宣布时，社会舆论惊呼不平，厦门妇女协会更是强烈不满，向社会发表沉痛宣言，指责法院枉法纵凶，漠视妇女权益，但事实上在当时起不了根本作用。

相关链接：旧厦门虐婢案一瞥

清末宣统元年（1909年）9月25日，普佑殿前某户打死婢女，轰动一时。

宣统二年（1910年）11月6日，富户黄大九女婢不甘心被主人奸污，投入相公宫四空井自杀。

1924年6月7日，鼓浪屿电灯路朱喻氏勒死婢女春梅，引起厦鼓人民公愤。

1925年，鼓浪屿鸟屿角某家主妇打死婢女。

1929年3月间，石埕巷一富商强奸婢女，主妇发现后将婢女虐死。

1929年11月，谦利洋行老板奸污婢女玉肖后，强迫她用电线自缢。

1930年10月，外清石皮仔一个叫粉梅的婢女惨遭折磨，服毒自尽。

□原载《厦门晚报》2003年3月9日

近代厦门的"乞丐营"

《厦门晚报·乡土》编者的话

  日前,省公安厅对在公共场所纠缠强索硬讨,使用音响器材卖唱,表演恐怖残忍节目,占道挂牌跪地设摊,拦截车辆行乞等8种扰乱社会秩序的非正常乞讨行为,发出了"限乞令",获得深受"丐帮"骚扰的全省城市居民普遍叫好!

  乞丐,作为一种社会现象,古已有之。如今街头看到的种种把戏,其实是旧时早已玩过的老花样。为揭开"丐帮"人鬼混杂其间,可怜交织可憎的神密面纱,我们特约请方志专家洪卜仁撰写这篇反映旧时代厦门乞丐营情况的文章,以为读者从历史角度理解现实提供参考。

厦门曾经 有过"丐帮"

  距今100多年前的清朝咸丰年间,厦门就已经有丐帮组织,叫"乞丐营"。其首领称为乞丐头,有时候也称"团头"或"营头"。有资料揭示,清末全厦门共有乞丐72营,人数七八百人。

  近代厦门最大的宝珠殿乞丐营,位于今泰山路打剃头刀巷口一带。清咸丰三年(1853年)闽南小刀会起义,进攻厦门,战火殃及宝珠殿,战后

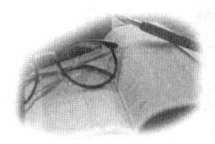

殿宇乏力重修，日久变成当年鹭岛最大的乞丐营。

宝珠殿的乞丐头纪攀，同安后麝人，因道光年间在乡中犯奸，被族人挖去双眼，驱逐出乡，流落厦门。纪攀起先行乞度日，旋以"大哥"名义结集200多人为拜把兄弟，号称"二百零八猛"。

此外，岛内还有城隍庙（在今思明区医院背后）、皇帝殿（今深田内）、望高石（今同文路）、大王宫、镇南关（今鸿山寺）等几处有名的乞丐营。

那时，同安城关也有几个规模较大的乞食营：存恤院，在东门外店仔尾对面的一列平屋，丐首狗屎胡麾下的男女乞丐二三十人；惠济院，在南门外贾厝巷（也叫狗厝巷），丐首先后为陈琼、乞食分和庄鸡心，聚拢乞丐20多人；马巷镇的乞丐营，丐首大股贯、麻疯水，丐群最多时达三四十人；地处金（门）南（安）同（安）沿海三角地带的莲河，也有一个乞丐营，丐首吴临河，丐群20多人。

当年的存恤院和惠济院，营所都很宽敞，房前屋后荒地可供垦种蔬菜、地瓜和花生等农作物，自食而外还可出售。平时男乞从事农耕、砍柴挑草，女丐煮饭补衣、清理卫生。

乞丐营划地为界，利益不容他人染指；营规五花八门，对外秘而不宣。他们还自编"乞丐白"，遇见外来的"北仔乞食"或"凤阳婆"，就用暗语打招呼，倘对方不懂，说明不是在营同寮，要受驱逐。

民国以前，丐头都拥有一根"钦赐"斧头钉旱烟筒，营里乞丐犯忌，可用旱烟筒敲击其头部，打死不必偿命；属下偷鸡摸狗，必须"献八刀"（分为八份），丐头坐享其成得4份；乞丐营向商家住户摊派乞丐捐、出卖葫芦单（乞丐符）的收入钱款，由丐头按不同对象分发；当然，遇上狂风暴雨天气，无法上街乞讨，则由丐头动用储备提供膳食。

丐头拥有"尚方宝剑"

清朝时要当乞丐头，得有地方士绅推荐，并向同安知县衙门承包乞丐捐，领取凭证。

旧报材料记载，清朝同治、光绪年间，厦门"十八保"有6个乞丐营，各有营头1人。这6个乞丐头都由同安知县加委，因而都自夸"也算是朝廷命官"。同安知县每三年换任，6个营头都要赴县衙参谒新官，应新县爷点卯，并报告营务和申办续领新凭证。

1935年8月《江声报》关于乞丐的报道

由于丐头是个肥缺，逐鹿者众，要竞争到手，就得不惜血本行贿知县和师爷们。上任后，沾有官方背景的他们，便有恃无恐，胡作非为，无所禁忌。

宝珠殿丐头纪攀开始是在草仔垵一带靠勒索"看头钱"（买路线）营生，来厦帆船要在这里停靠，都得按载重量多少交纳资费，才能装卸货物。后来发展到在旧市区港仔口（今镇邦路）、关帝庙（今大同路、横竹路口）、中街（今新路街）、廿四崎巷、大走马路（今大中路）、寮仔后（今水仙路、晨光路）一带的商铺和住户，强贴"葫芦单"。继而又散放"鼎盖浮"（日仔利）、"海水返"（高利贷），放债取息。

马巷丐首大股贯，曾为官衙沿街鸣锣播告通知，人们称之谓"喊头声的"。因出入衙门，竟然替人包揽诉讼，大发其财。他的继承人"麻疯水"，每当农历年关前夕，亲自坐轿前往各村，收取各村结婚青年的婚喜礼，每名银圆10元，最少5元。

莲河海港商贸航运繁盛时期，每天出入港船只一靠岸，丐首吴临河即持"官方执照"，上船收取救济粮，大船取白米50斤，小船取白米二三十斤，有米给米，无米折银元，不得不给。

那时，享有特权的丐头，生活水平超过一般中产阶级，故有"小员外"之称。例如纪攀虽双目失明，其心腹亲信却先后为他物色了18个年轻貌美的女丐为妾。纪攀日夜饮宴，极尽奢侈。后来还挟带巨资，衣锦还乡，广置田地房产，显赫一时。

近代厦门的"乞丐营"

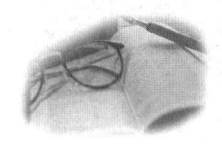

旧时乞丐乞讨方式

以往厦门的乞丐,分为文武两大类,还有专门充当打手的凶悍壮丐。

文丐大多以好言好语求人施舍:男女盲丐,以月琴弹唱闽南小调求乞,如清末宣统年间,有个双盲丐妇何游凉,雇了一个佣人帮她引路,沿街以弹唱乞讨。又有一种善于编顺口溜的乞丐,边走边敲竹板边念歌词,左边文具店,右边百货商,都能在片刻之间以店号或商品,编成顺口溜唱出来,还有一种是耍杂技、口技的,能利用长条椅子等生活用品,托在额上或鼻端表演一番。有的牵着一只猴子,在店门前耍弄几下把戏;有的模仿鸡啼狗吠,惟妙惟肖。

武丐乞讨的方式多种多样:有一种叫"破额乞丐",商店或住户如不给钱,就用刀子划破头额,直到流出鲜血;有的故意带上鸦片,以吞鸦片自杀相威胁,还有自残肢体者,在脚腿、手臂涂上臭味难闻之物,令人恶心,商民不堪其扰,只好给钱。更有甚者,有种恶丐,讨索稍不如意,就摩拳擦掌破口大骂,简直是强索硬要的凶神恶煞。

早年厦门的商铺、住户,除按年或按月向丐头买"葫芦单"以免扰乱外,逢年过节、婚嫁喜庆之际,为避免丐群闹事,还得事先向丐首纳款,获得一张盖着葫芦的红纸条,张贴于大门上,乞丐一看此记号,便不敢再登门纠缠了。

凡抗拒不交钱买"葫芦单",丐头就采用"文武法"迫使就范。所谓"文法",是抬个臭脚烂腿的乞丐,置于门口,其臭气四溢,引来苍蝇,使人难堪,只好屈服。所谓"武法",是叫人于三更半夜将"过山轿"(旧俗,丧家门前才有)放置你家门前,或纠集群丐日夜轮番吵闹,弄得你寝食不安。

解放后 "乞丐营"的消失

1915年7月,福建巡按使许世英来厦巡视,警厅曾奉命将流散乞丐集中到城隍庙看管,这可以算是一次政府对乞丐的管束行为。

民国初期,军阀混战,日籍浪人横行,丐头的斧头钉旱烟筒,敌不过有枪的军警、匪类,加上政府和总商会等社会团体创办普济院(后改名博济院),收容流丐,丐群有所减少。

到了1935年8月,继承清末丐头衣钵的,只剩下乞食霖苏有霖一人,遇上有大户婚嫁庆典，他按旧例登门向主家派发"葫芦单"，少者五六个银元，多者一二十个银元。

这个抗战前的末代丐头，仍然财源广进，引起一些路头工（搬运工人）的眼红，有些人多次到他贴有"葫芦单"的商家、住户捣蛋，扫他的面子，而乞食霖势孤力薄，无可奈何，只好低声下气同"弟兄们"打招呼，分给一点利头，求得"和平共处"。

厦门沦陷期间，商业萧条，谋生艰难，小康之家，自顾不暇，哪有余钱施舍，乞丐营既不复存在，乞丐头也就没影没踪。乞丐冻死饿毙之事，时有所闻。

抗战胜利后，有些从潮汕逃荒来厦的灾民沦为乞丐，在同文顶大连兴馆一带安营扎寨，虽仍有首领，但时代变了，贴乞食符等陋俗旧例，已被破除。另有一些游散乞丐，被收容于厦禾路原新世界娱乐场（址在今利景商厦）的难民游丐收容所。

解放后，人民政府于1951年9月1日至12日，对分散在社会各角落的369名乞丐进行收容，编成3个中队，分别送到设于屿后、梧村和凤屿3个收容所。

近代厦门乞丐营的阴影，从此消失。

□原载《厦门晚报》2004年2月25日

痛心话火灾

近代厦门是一个小城，人口密集，住房拥挤，而房屋多为砖木结构，百年来曾经发生过多次重大火灾，给人民生命财产造成巨大损失。直到今天，我们仍然可以找到灾难留下的痕迹，如"火烧街"等地名，就是因祝融肆虐而得名。

旧社会，由于人们的防患意识淡薄，加上消防设施落后，在大火面前往往无能为力，于是有大兴"火神庙"之举。但是"火神爷"并未能消灾弥难，大小火灾仍然不断发生。

1887年火药局之灾

清朝末年，厦门驻军在厦港碧山岩下设有火药局。为了保证军火的效能，时常要对火药进行晾晒。

1887年11月19日，火药局像往常一样在庭中晾晒火药。下午2时许，兵丁将弹药收藏入库，一时不慎，炮弹相撞爆炸（另一说为火星掉到火药中）。只听霹雳一声，震耳欲聋，火药局顿时被夷为平地。到处房倒屋塌，死尸狼藉，哭声震天。爆炸的冲击波夹杂着弹片、火星、尘土和死难者的尸体碎片四处飞扬。就连远离厦港的老市区也房屋摇摆，门窗落地，玻璃破碎，尘土飞扬。民众抬头眺望，但见厦港方向黑焰滚滚，烈火熊熊，直冲云霄，不禁心惊肉跳。

爆炸引发的大火一直延烧了三天三夜才熄灭。当天晚上，镇南关（今思明南路鸿山寺地段）路上，难民扶老携幼，拖儿带女，个个蓬头垢脸，满面愁容，他们或投亲寄宿，或蹲踞在太师墓冢上相拥而哭。据统计，在这场灾难中，60余人死亡（一说100多人死亡），数百人受伤，烧毁倒塌的房屋1300多间，五六千人无家可归。厦门海防分府署也因后山飞来弹药爆炸致使内署倾陷，唐宝鉴（时任海防分府）头部受伤。

火药局之灾，是厦门史上的一次深悲巨痛。

1902年火烧13条街

1902年10月3日上午9时许，石埕街（今大同路、大元路口）奇珍饼店在炸芋酥，由于火旺油热，火焰冒起，烧上屋顶，引发火灾。

当时饼店的隔壁是鞭炮店，因扑救不及，跟着起火爆炸，火种从空中向四处飞溅，除了引发四邻起火外，还一直飞传到外关帝庙（现在大同路与横竹路交汇处），该处的合益颜料店因此着火。时值秋天，风高物燥，火势愈烧愈烈，一店接连一店，一街烧过一街。于是大火四处蔓延，一边从石埕街烧到怀德宫（大同戏院旧址），另一边从竹仔街（即横竹路）烧到史巷、海后路，转向鞭鼓街（今人和路），东边从棉袜巷烧至廿四崎、大走马路（今大中路）、木屐街、燕巢巷（今民立小学附近）。

当天早晨，因鼓浪屿也有火警，厦门各保水龙都过海救火去了，不料被火神抄了后路，等他们闻讯赶回时，这边的火势已经无法收拾了。

清末火烧厦门的情景

大火历时一天一夜，总共烧了13条街，包括现在大同路、大元路、横竹路、人和路、镇邦路、大中路、升平路等一大片市区，汇成火海，千余间店铺民房，尽成焦土。

在这次火灾中，停泊在港内的温州轮英国海员亚利麦易越，自携救火机，前往火场奋勇扑救，并冒险登屋救火，因房屋塌陷，不幸掉进火海殉难。

火烧13条街，是厦门历史上损失最为惨重的一次火灾。

1932年火烧法院

思明地方法院位于厦门港，为洋楼式房屋，分上下二层，前中后三落，另有走马楼相连互通。楼下为法庭、检验课、法警室、收发处、传达室等，楼上多为法官宿舍。前楼为福建高等法院厦门第一分院，后楼及中楼为思明地方法院检察处。

1932年12月18日是星期日，该院书记官长张嘉麟和同事聚集在院内会计课饮酒取乐，抽烟聊天。由于当天下午有十九路军足球队与厦大足球队的比赛，故午饭后张嘉麟关好门窗，即前往中山公园看球赛，却没有熄灭室内尚在燃烧的烟头。

2时40分左右，值班员发现书记官长室内发生火警，立即呼救。法警程新、许子英，检察官陈鸿等人上楼施救，但由于该室紧锁，无法进入，等破门进去时，火舌已窜上屋顶。于是众人赶紧将档案从楼上抛到楼下，但因火势迫人，大部分卷宗没能抢搬出来。此时，火已延烧到前楼，高一分院人员见势不妙，亦急忙将文牍等转移出去。

1小时后，各消防队才陆续到达现场。由于缺乏水源，他们只得从水井、小溪中取水灭火，同时将附近民房拆毁，以阻止火势蔓延。经过两个多小时扑救，大火才基本扑灭。

这次火灾，共烧毁思明地方法院楼房4座51间和案卷数万卷，该院铜印也失落火海。此外，尚有居住在法院宿舍职员的全部财物，亦无一幸免。

1933年广南盛大火

1933年2月1日，大同路的广南盛杂货店也发生大火。

这个杂货店是广东人何玉池开的，经营爆竹、蜡烛等物。火灾发生前,店里刚运进爆竹等易燃货物十大件,堆积在墙角。

傍晚6时许,何玉池因为身体患病,在店内的床上躺着吸烟,不小心火星坠落地上,点燃爆竹,轰的一声,大火浓烟扑门而出。当时在店内有何玉池夫妇、儿子何德及两伙计等5人。何德冲出门后,发现父母尚困屋内,又返店内,欲救受困父母,但未成功,而脸部却烧成焦黑,向外狂奔,其后下落不明。

当大火发生时,大同路特别岗警一面通知电灯公司切断该路段电源,一面报告公安局及消防队,各路警察也急速前往维持秩序,并在附近设置警戒线。6时10分左右,大火从一楼烧到二楼,并向右邻时雍钟表公司蔓延。各路消防队赶到现场后,迅速实施救火。各抽水机均从地下自来水管中接水,或于正面,或于侧面,或搭救火梯,或从邻居穿墙过屋,同时向广南盛和时雍钟表公司施灌,经过1个多小时的扑救,大火才被扑灭。晚8时30分,三四楼又死灰复燃,留守消防队经1个多小时扑救,到10时许,彻底扑灭大火。

在这场大火中,共有5人失踪,后在火场中发现尸体2具,广南盛四层楼全座皆毁,货物损失约银元万元以上,右邻时雍钟表公司及同楼之友联烟分公司财产损失亦在万元以上。

1933年鼓浪屿大火

1933年10月13日上午,鼓浪屿发生特大火灾。

这场大火是由家住鼓浪屿黄家渡的赖冷引起的。赖冷,晋江人,有一妻四子二女,住黄家渡左边枋屋第三间,以卖豌豆为生。这天清晨,赖煮好豌豆,要挑往大埭头泉和酒店门口贩卖,出门之前,交待其妻再煮一锅,以备继续贩卖。谁知其妻好赌,赖出门不久,即至厦门赌十二支仔,而命其子女照管锅中豌豆。母好赌,子也好游,竟关上房门,外出玩耍。10时许,炉中燃柴掉出,引燃炉边刨花,延及木床,酿成大火。及赖闻讯赶回,大火已成燎原之势。赖无所措施,竟率子女出逃。

当时黄家渡一带全是木材结构的枋屋,鼓屿屿工部局此前曾以火警隐患为由出面阻止建造,但华人议事会以厦门经济不景气,平民无力租住洋房,租住枋屋可减轻负担,于是前后共建枋屋百余座,皆出租给平民。这类枋房,全用木板建成,易于着火燃烧。加上当天上午东北风大作,火借风力,顷刻之间,百余座枋屋顿时陷入火海。

痛心话火灾

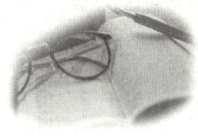

当火灾发生之时，鼓浪屿工部局及消防队迅速前往扑救，厦门各消防队也在接报后渡海营救。但由于火势凶猛，风高物燥，大火迅速殃及四面洋楼大厦。11时左右，鼓浪屿电灯公司着火，公司内贮存的10余桶汽油，也遇火爆炸。此时，风向自东转南，黄家渡路（旧名锦祥街）及电灯路一带又起火燃烧。消防人员在电灯巷、乌埭角、电灯路、大埭路同时展开扑救，或汲水灌救，或架梯拆房，隔断火路。经过6个多小时努力，于下午4点半将大火扑灭。可到了晚上6点40分，锦祥街一带又死灰复燃，已回家的各消防队员又重返火场扑救，直到晚上11时，大火才被完全扑灭。

据统计，这场大火造成直接损失超过百万元。共有200多座的房屋（包括50多家商店）被烧毁，为阻火路而被拆毁的房屋60多间，无家可归者1000多人。由于电灯公司房屋、发电机及附近线路全被焚毁，鼓岛陷入一片黑暗，实为空前劫难。

1935年梧村大火

1935年11月11日，家住禾山梧村的吴新才、吴振玉为死去的父母做"五巡公果"。按旧俗，要彻夜点"斗马灯"，供奉纸造的"金山银山"，并准备大量金银冥纸。

是日晚，两人点灯后，即闭上门户外出抽鸦片，而一屋大小30余人亦先后就寝。不料，"斗马灯"因灯芯燃尽，烧及灯板，延及案桌，引燃屋内"金山银山"及金银冥纸，酿成大火。

夜里11时许，屋内之人杨氏被火光惊醒，急忙呼救，并先将其祖母郑氏背出门外。及欲

1933年火烧鼓浪屿的情景

《江声报》1933年10月报道

返救其子之时，火已吞噬房屋，无法前进，屋内之人争相逃命。接报后，公安局和大中保、新和保、城内保等各消防队先后赶到施救，但因火势猛烈，扑救十分困难，直到次日凌晨2时许，始将大火扑灭。

大火前后燃烧3个多小时，烧毁房屋1座，屋内人员逃出20余人，有7男5女12人葬身火海，据火灾后初步估计，直接经济损失约有10余万元。

本想修做功德，谁知竟造成罪孽，实为人间惨事。

1936年故宫路大火

旧时，厦禾路与故宫路交界处原为海滩，经人工填海成陆，准备建房。因地价房价跌落，一时未建，将地租给人搭盖简易木屋或铁板屋居住，形成一个规模较大的平民区。

温州人郑银生是住户之一，经营建兴棕须店。1936年11月2日晚，郑因赶制棕衣，点灯加班。大约晚7点10分，不慎火星落地，点燃棕须和室内杂物纸屑，造成大火。时值西南风凛烈，风助火威，迅速向四邻蔓延。由于房屋都是简易搭盖，容易过火，十几分钟之内，就有四五间房屋被烧毁。

待各消防队赶至时，火场秩序已经大乱，居民或搬运转移物资，或拖儿带女逃避。随后公安局保安队、侦缉队、特务队赶到火场，双十中学童子军20余人也前往现场协助维持秩序。但由于居住区内仅有自来水龙头2处，杯水车薪，无济于事。后来只好由消防队的小斧队员冒险突入火海，拆掘火路控制火势。公安局消防队队员陈赞成在拆掘火路时，因屋顶塌落，被压成重伤。大火持续2个多小时，到晚上9点半才被扑灭。

这次大火，共计烧毁房屋55间，直接损失数万元，受灾居民400多人。肇事人郑银生在大火发生后逃匿。

□原载《厦门晚报》2003年7月27日

"厦门虎"现身厦门

明天，国家邮政局将发行《华南虎》特种邮票，并将在我省的龙岩市举行首发式。这使得"华南虎"再次成为人们的热门话题。

华南虎是中国独有的珍贵虎种。100多年前，美国的一位自然科学家卡德威尔前来福建猎虎制作标本，没想到竟然会在碧海环抱的厦门岛上，发现一种体型小于东北虎、毛色深浓、头部有"王"字斑纹的新虎种。他喜出望外，就给取名"厦门虎"（P.T.Amoyensis），并将发现"厦门虎"的信息向世界公布。其后虽然动物分类学家给新虎种正式命名为"华南虎"，但"厦门虎"的名字仍一直流传至今。

往昔，厦门虎频频现身厦门岛，这些老虎来自山野，是会捕食牲畜甚至吃人的。因而岛上出现虎踪时，人们谈虎色变。

出入街市　叼走母猪

1881年7月3日的上海《申报》曾报道过厦门虎的新闻，报道说，"厦门近来颇多虎患"。翌年1月18日，《申报》又以"厦门虎患"为题，追踪报道历经半年的厦门虎患，说是"厦门之虎，尚在为暴，日出攫乡人之犬豕及羊以为食，间有噬人者"。1882年7月至1889年4月的《申报》，还载有关于老虎现身厦门周边地带的多条新闻。

19世纪最后十年间，以1894年的虎患闹得最凶。4月2日的《申报》载："现在厦门狮山、白鹿洞、虎溪岩各山麓，时有山君（虎的别称——

引者)出入,竟于初十日傍晚拦(阑)入街市,在(靖)山头地方将某姓之猪母一头衔去,至白鹿洞山下花园墙外,饱食头、蹄并腹中五脏等物,仅余中段半截及后腿一段而已。细察虎之脚迹,乃在狮山后东边山麓一带,并有狮山乡民亲见山君往来……"这次虎患,延续了好几个月。7月20日和9月4日的《申报》,都有这次虎患的后续报道,用的是"谈虎色变"的标题。据报道,老虎藏匿于狮山,"时至曾厝垵后山一带攫畜伤人"。村民们到南太武延聘8位猎人前来搜捕,经于8月20日打死一头雄虎,重200多斤。但只隔两天,又有一头母虎在山头咆哮,还咬走狮山农家的一个小孩。

此后好几年,厦门未见虎踪,直到1900年7月,又有厦门再现虎踪的报道。这次老虎在塔头、曾厝垵一带活动,还曾咬去一个小孩。1902年7月21日,《台湾汉文日日新报》的"厦门通讯",报道厦门"又有虎患",说不知何时狮山又来一虎,"斑斓其色,硕大无朋。朝伏暮出,衔牛豕无算。乡人惴惴相戒,夕阳未下,则严闭户牖矣"。

风动石旁 猛虎噬马

辛亥革命前那两年,厦门虎患复炽。其时厦门也有名为《厦门日报》的报纸,报道老虎现身厦门岛上的新闻,1909年有3条,9月5日的标题是"老虎惊人",报道有一头老虎出现在风动石(今厦门第一医院后山),"虽未伤人,然猪羊诸畜,多被所害。前月30夜,又咬死马、狗各一头……"11月19日用的标题是"猛虎噬马",记述有人夜间把马拴在厦港封山宫麒麟山顶,17日夜晚"突被猛虎所噬。现马尸在该山(上),观者如堵,咸为骇异"。接着记者写了一段感慨的话:"噫!厦岛为人烟辐辏,往来杂踏(沓)之区,何堪夜来有此虎患,未

1902年7月21日《台湾汉文日日新报》关于厦门虎患的报道

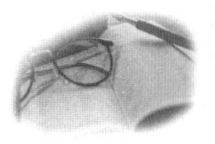

稔我同胞将如何驱除之。"两天后，又有一段报道：与前夜麒麟山老虎噬马的同一时间里，"禾山下八保社有毛猪三只"，也被"猛虎一尽噬去"。现附近乡社于夕阳西坠之时，"皆闭门不出"。1910年有2条，一条是9月10日夜间，镇南关养马户的马和民宅的猪被虎攫毙，连"电话杆铁线亦见触折。"另一条是9月18日夜晚，厦门港澳仔姓许人家养的3匹马，"被虎跳垣而入，攫毙一匹，抓伤一匹"。

民国年间，厦门虎也多次在厦门岛上现身。1915年5月14日新加坡的《振南报》有一则《虎患逼人》的新闻，报道厦门自1914年9月、10月以来，南普陀一带时有老虎出现。经常在禾山一带捕食家畜，村民不安。

租界毙虎　深巷留名

清末民初的鼓浪屿不属厦门而是公共租界。1916年4月16日傍晚，鼓浪屿工部局的巡捕击毙一只窜进岩仔脚永春路一条小巷的老虎。此后，这条小巷也就命名为"虎巷"。现任教厦门大学的美国人潘维廉博士在他近年出版的《魅力厦门》一书中，有"厦门的老虎"和"小南希和老虎——发生在鼓浪屿的真实的故事"两段文字，讲的就是"虎巷"名称来历前半段的故事。而已故微生物学家、原广东中山医学院教授、鼓浪屿人白施恩，则是当年老虎被击毙时的目睹者之一。1980年，他看到胡善美发表于福州《科学与文化》一篇题为《山兽之君——虎》的文章，就写了一封"读者来信"给《科学与文化》编辑部，细述他目睹毙虎的经过。胡善美后来又写了《鼓浪屿有条虎巷》的文章，发表在《福建乡土》2003年第2期，将白教授信中的内容公诸于

1924年警察击毙之虎在"司令部"（今工人文化宫前）展示，市民围观如堵

众。据考证，虎巷毙虎的时间不是1917年，白教授的记忆误差了一年。

巡警打虎　争啖虎肉

1924年2月出版的《民钟报》也刊载过一条《厦岛猛虎伤人》的消息，报上说："近来厦岛忽发现猛虎，日间多藏匿于禾山曾厝垵等处岩石林木之内，夜间则出没人家近地伺食牲畜。闻前夜在曾厝垵，有一人立门前了不提防，竟为猛虎所噬……自此役后，猛虎风声，播于厦港、南普陀一带，吓得邻近人民，不敢夜行……"

1925年12月14日上午，有一只"胆大包天"的老虎，光天化日之下蹲在"醉仙岩"石头上东张西望。警察厅接报后，派警察队荷枪实弹赶到，老虎饮弹毙命，被抬到司令部口（今工人文化宫前），展示给老百姓观看。当晚，这头重200多公斤的老虎尸被分割，把肉分给军警官员和地方士绅烹食，骨骼赠送厦门大学制成标本；虎皮奉赠商会会长黄奕住，答谢他捐助兴建拘留所。此外，还把死虎拍照，到处张贴；又在岩石上刻了由警察厅厅长杨遂写的"中华民国十四年十二月，警察队殪虎于此"字样，并在《厦门警镌》刊载《殪虎记》，细述毙虎的全过程。

对峙日兵　屹然不动

民间有"一山不藏二虎"的谚语，其实也不尽然。日本占领厦门期间的1944年上半年，厦门岛上就相继打死两头老虎。

醉仙岩上的石刻："中华民国十四年十二月，警察队殪虎于此"

1944年被日军击毙的老虎

"厦门虎"现身厦门

1944年1月下旬临近春节之际，禾山的洪山柄、柯厝、蔡塘、何厝等村发现虎踪，时闻虎啸。在何厝等村的墓地，还经常发现老虎吃剩的家畜残骸。与此同时，盛传老虎夜间入市，徘徊于中山路桥亭街口和霞溪路口。

老虎横行无忌，人心惶惶不安，迫使日伪当局不得不采取打虎措施。2月20日下午，日本士兵在海军建筑事务所（今镇海路、靖山路交叉口）门前叠了高2米多的沙包，架上机枪，并在机枪射程内的道路当中挖了一口四方形的"陷阱"，里头缚一小猪为饵，派了一个二等兵曹和一个水兵长躲在沙包工事里，等待老虎"光临"。是晚9时许，果有虎来。正当老虎走近陷阱搏抓小猪之际，日本士兵扳动机枪，老虎头部、颈部、腹部多处中弹，躺在血泊中。第二天清早，笔者上学路经毙虎处，死虎仍未移开，围观者议论纷纷，绘声绘色，喋喋不休。当天，死虎被装上大卡车，游街"示众"。

靖山路口击毙老虎未及三个月，禾山虎仔山上又有一只老虎被击毙，时间是1944年5月10日上午7时许。据报道，老虎也是蹲在山上，见到二三十名日本兵上山时仍屹然不动，没有跑开。8时25分，被击毙的老虎抬下山，其重量为179公斤。这头死虎同样被装上大卡车游街。

斗转星移　虎踪绝迹

日本投降，抗战胜利，厦门又传虎警。1948年12月12日的《江声报》、《星光日报》和其他各报，都有禾山发现虎踪的报道。

解放初，厦门岛上仍有厦门虎的踪迹。1949年12月26日的《厦门日报》，曾刊登禾山殿前乡有虎患的消息。尔后，随着高集、杏集两条长堤的兴筑和各项基本建设动工，厦门岛外南太武、鳌冠等老虎栖息地爆炸石头的炮声夜以继日，老虎远遁。此后，厦门虎踪绝迹。

星移斗转，沧海桑田。如今厦门虎已濒临灭绝，人们谈虎，忧心忡忡，保护厦门虎成为大伙自觉的行动。

□原载《厦门晚报》2004年8月22日

榕林别墅

榕林别墅是距今230多年前厦门著名的园林。据道光年间编纂的《厦门志》记载，黄日纪"辟别墅于凤凰山麓，饶泉石亭榭之胜。园多古榕，蔡文恭公题曰榕林。日纪工诗文，性好客，往来名流多在其家，觞咏无虚日"。

黄日纪，字荔崖，原籍龙溪，寓居厦门。年轻时借住天界寺读书，求取功名，后赴京当官，在兵部武选司任主事。因父丧归返厦门，从此放弃仕途，日以诗文自娱。

黄日纪的名字，对厦门人来说并不陌生。如今在醉仙岩、太平岩等旅游景点的摩崖石刻，仍可看到他题写的字。天界寺中，还有他的读书处——黄荔崖读书处和为他建造的纪念性建筑物"黄亭"。倒是他营建的榕林别墅，早被人们遗忘了，唯有他题写的"古凤凰山"石刻犹存。

榕林别墅的概貌，《厦门志》也有记述："凤凰山，去城南里许，在望高山北，相去数百步。山下成市，上为榕林别墅。""有镜塘、洗心堂、石诗屏、钓鳌亭、小南溟、半笠亭、三台石、百人石、踢云径、漏翠亭、披襟台、摩青阁、漱玉峰、榕根洞、亦灵洞、赋闲亭、芃岛诸胜……墅中诗刻，自蔡文恭至周凯，四十有二人。"这42人，大多是当年厦门以及闽台负有声望的高官显要、诗人文士。名列榜首的蔡文恭即蔡新，字次明，文恭是卒后的谥号。蔡新，漳浦县人，乾隆元年（1736年）进士，官至文华殿大学士，出任《四库全书》总裁。又因曾侍读太子，乾隆五十五年（1790年）加太子太师，有《缉斋诗文集》等著作问世，是清朝的名臣

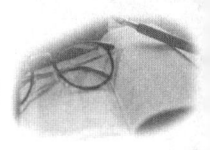

和大学者。他与黄日纪交游多年，到过两次厦门。第一次是乾隆二十五年（1760年），偕同黄日纪等游览虎溪岩、醉仙岩、南普陀、万石岩诸名胜古迹。蔡新在为《嘉禾名胜记》写的序中，对厦门绮丽的风光赞不绝口，"每徘徊，日夕不忍遽去"，但没有片言只语提到榕林别墅。乾隆三十二年（1767年），蔡新再次到厦门，在榕林别墅与黄日纪欢聚唱和。以此推算，榕林别墅该是建于乾隆二十六年（1761年）至三十一年（1766年）之间。

黄日纪题写的"古凤凰山"石刻犹存

周凯，浙江富阳人，字仲礼，号芸皋。嘉庆十六年（1811年）登进士，供职翰林院。道光十年（1830年）调任福建兴泉永兵备道。在厦门任职期间，他曾倡修玉屏书院，延聘国内名儒硕彦前来讲学，奖掖后学，且发起并主持编纂《厦门志》、《金门志》，对厦门的教育事业和文化事业有过贡献。

此外，榕林别墅中的诗刻作者还有《草庵文集》、《看山楼唱和诗》的作者黄莲士，乾隆十六年（1751年）进士、主讲玉屏书院的廖飞鹏，《鹭江草》、《碧山草堂诗钞》的作者莫凤翔，与杨国春、黄名香一起编纂《鹭江志》的举人薛起凤，《池上草》、《史论》的作者张锡麟，"读书过目成诵，为文摇笔立就"的张廷仪，《应秋草》的作者林明琨，漳浦县的编修蓝应元，黄日纪的门生、《渔城诗集》的作者林遇春等40人。

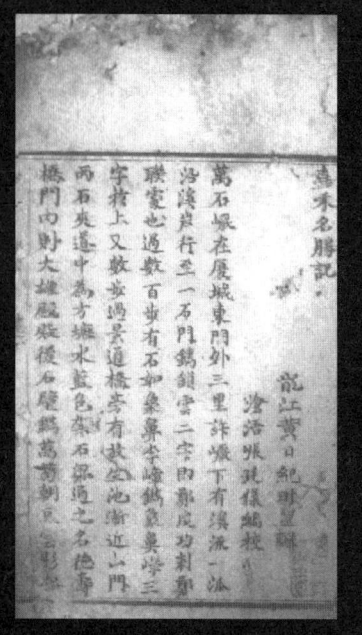

《嘉禾名胜记》封面　　　　　　《嘉禾名胜记》序

　　建于凤凰山麓的榕林别墅，占地约10亩，居高临下。寮仔后（今水仙路、晨光路）、港仔口（今镇邦路）一带的繁华街市，车水马龙，人潮如涌，历历在目。俯视鹭江，风帆点点，万顷波涛，变幻莫测；远眺隔海的南太武山，对岸的龙头山，岛内的虎溪岩、五老峰诸胜，别有情趣。遗憾的是，好景不长。黄日纪辞世后，那种"每客至，辄具酒食对饮，饮余或联吟或唱和，竟日不倦"①的景象不复见了，更因儿孙辈不善营生，家道中落。别墅日渐荒废。道光二十八年（1848年），其后裔黄克明虽一度重修，但他的文化素养远不及祖辈黄日纪，且手头拮据，名流也就罕至了。

　　"无何岁月迁，丘墟徒叹息。碧瓦渐欲颓，朱栏见欹侧。日暮蝉鸣悲，字古苔侵蚀。"②到了民国三年（1914年）5月，榕林别墅租给基督教青年会为会址。民国十一年（1922年）11月，其后裔八房与基督教青年会签订租赁20年的合同，每月租金50元。翌年，青年会兴建新会所。原榕林别墅17处景点和42块诗刻，或被毁，或埋入地层。名园胜景，从此湮没。

注：

①林遇春：《榕林别墅记》，载乾隆《鹭江志》卷五。
②《重修榕林别墅书事》，《厦门市志》卷七，1947年初稿本。

□原载《厦门晚报》1997年3月19日

鼓浪屿八卦楼史话

海轮进入厦门内港，旅客们在甲板上眺望风景胜地鼓浪屿时，巍巍高耸的龙头山骆驼峰，和挺立在绿阴丛中那座铁红色圆屋顶的大建筑物八卦楼，便是最惹人注目的地方。但是长期以来，龙头山是游人必至之地，人们对它的史迹比较熟悉。而这座八卦楼则因为偏处一隅，游人极少涉足，知道它来历的人就很少了。

鼓浪屿由南而北依次有升旗山、龙头山、鸡母嘴山、笔架山、燕尾山，八卦楼位于笔架山山腰的东南隅，占地数十亩，整座建筑物就有830余平方米。沿着地势的高低，筑起蜿蜒数百米的红砖围墙。20世纪50年代以前，它始终是一座未完成的大楼。

原来创建这座八卦楼的主人叫林鹤寿，祖籍福建省龙溪县（今龙海市）人。他的曾祖父林安邦，清时迁居台湾，经商致富；祖父林国华捐了官衔，成为台湾赫赫有名的富绅。父亲林维德，是鼓浪屿名闻遐迩的菽庄花园主人林尔嘉的父亲林维源（时甫）的同胞兄弟。也就是说，林鹤寿同林尔嘉是同祖父的堂兄弟。

清廷于甲午战争惨败，台湾被日本统治者夺去，林维德、林时甫昆仲，不甘觍颜事敌，于是举族内迁落户于鼓浪屿。鹤寿继承祖上庞大家业，早年即在厦门水仙宫（今水仙路）经营一家建祥钱庄，少年得志，便想在这里盖起一座冠绝厦门与众不同的大别墅，以显示自己的财力。

当时鼓浪屿有家美国教会办的医院，院长是美国人郁约翰。光绪年间，林鹤寿曾经捐助那医院建筑费白银1000元，因此结识了郁约翰，时相

八卦楼

远眺八卦楼

过从。曾经学过土木工程的郁约翰获悉林鹤寿的宏愿，便自告奋勇要为他的大建筑物设计，并绘出图纸奉呈主人，又天花乱坠地吹嘘了一通。林鹤寿大喜过望，便贸然鸠工备料，于1907年春，开始动工建筑八卦楼。

这座砖石结构的大楼，造型、结构别具一格，所需建筑材料，包括大量的砖瓦，按照郁约翰的设计，都要特别加工监制，与市上通用的形式、规格不同。但是动工以后，问题丛生，开支浩繁。由于经费关系，工程时续时辍，林鹤寿为着维护自己的面子，决定硬干到底。日资的台湾银行乘机向他伸出魔手，以这座未完成的大别墅为抵押品，给予贷款。但后来林鹤寿的建祥钱庄还是给这幢大楼拖垮了。林鹤寿本人也只好远走高飞，避债上海，终身不再回来鼓浪屿。

八卦楼建筑工程先后拖了十余年，到1920年建祥钱庄倒闭时，外墙和屋盖总算基本上修起来了，白石台阶和那个圆形的大屋顶也铺砌完竣，出现在鼓浪屿的天空下。但部分内部建筑却未完成，豪华别墅的梦想终成泡影，人去楼空。不久便成为"池塘生春草，空梁落燕泥"的废宅，民间称为"鬼屋"。

大约在1924年前后，一家日本人办的所谓商业学校在这里开办了。门口挂个"旭瀛书院"的小小招牌，但大门终日紧闭，不闻人声。到底这个书院有多少师生？他们学习的是什么内容？无人得知。抗日军兴，日本侨民奉命撤离厦门,"旭瀛书院"的招牌也随之不见了,八卦搂又成了死寂的空楼。

1938年5月13日,厦门岛沦陷,当时鼓浪屿是公共租界,厦门岛上居民纷纷扶老携幼渡海到鼓浪屿避难。屿上人口激增数万,无处容身,教堂、学校和规模较大的私人楼屋,都成为临时的难民收容所。这幢被视为"鬼屋"的八卦搂,一时也人丁兴旺起来了。

抗日战争胜利后,厦门大学由长汀迁回厦门,因原校舍受到严重破坏,曾一度借用鼓浪屿这幢八卦楼作为新生院,由周辨明博士担任院长。到了20世纪50年代初,八卦楼开始由政府拨款加以初步重修,破塌的圆屋顶修复油漆后,又放射着红色的光辉了。楼内草草修起几个大房间,窗门装上了玻璃,作为教室和办公室,鹭潮美术学校(后改称福建省工艺美术学校)就创办在这里。但把这座八卦楼修成今天这个规模和面貌,还是在1957年以后。经政府拨出巨资,全面修整,一所业余科学技术学校、中医学校相继在这里办起来,到20世纪60年代末,厦门市电容器厂由厦门岛迁过来。今天这幢八卦楼,已成为拥有数百个青年男女工人年产值近千万元的电子元件工厂了。

□原载马来西亚《星槟日报》1980年3月31日

鼓浪屿见闻录

工部局印度籍巡捕持枪斗殴

1928年3月26日，鼓浪屿发生一起工部局印度籍巡捕和私家雇佣看门的印度籍巡捕持枪斗殴案件，有三个印度人受伤，一个路过的华人被误伤。案情经驻厦英国领事馆初审，判决工部局23号印捕开枪伤人罪，并向驻上海的英国总领事馆报告。

6月上旬，驻上海英国总领事派出按察使Geyim爵士、秘书Mossop以及皇家律师Queen前来鼓浪屿复审，法庭设在英国领事馆，由英国驻上海总领馆的按察使主审，中国政府厦门交涉员刘光谦随带科长刘襄城、秘书黄朝琴参加会审。英国按察使还指定英商太古洋行、汇丰银行、亚细亚火油公司、和记洋行的经理以及厦门大学校长林文庆（时为英国籍民）等5人为陪审。全案经四次开庭辩论始告了结。

6月11日上午10时第一次开庭。首出驻上海英总领馆秘书宣读初审判决词。在征询犯罪人有无异议之后，开始辩论。工部局第9号、10号、12号、36号、44号印籍巡捕相继指证23号印捕确有开枪伤人。

11日下午2时第二次开庭。其程序为：（1）被枪击受伤的私家雇佣的印度籍看门巡捕申诉；（2）律师质问；（3）23号巡捕辩诉；（4）工部局华探王亚艺、张景南指证；（5）被误伤的华人唐伯升陈述受伤经过并要求赔偿。

第三次开庭是12日上午10时。先由工部局巡捕长巴世凯陈述当日肇事情形，继由博爱医院医生林友惠陈述治疗伤者情形。随即宣告休庭。

12日下午2时第四次开庭。讯问23号印捕时，他在陈述斗殴过程后否认开枪，但提不出证人或确证。后由按察使宣读23号印捕等控告印籍16号巡捕头的罪状。主要内容是，16号巡捕头替人介绍私家看门巡捕，必先抽取介绍费两个月工资，还得经常请他上菜馆饮酒，否则辄遭殴辱或嗾使雇主训斥，甚至解雇，造成许多受雇私家看门印捕失业，心怀报复，导致3月26日斗殴事。接着，律师根据两天来各人的供词提出辩护，5个英国人陪审员也各发表己见，一致认为23号印捕和某宅私人看门印捕犯罪情节严重，应予严惩。其余10个人中有6人也该判罪。最后按察使表示，两派印捕互斗，虽不知哪一方先动手，但无论如何，在大街上胆敢公然开枪，伤及过路华人唐伯升，犯罪事实确凿，应按英国法律判刑。随即宣布辩论终结，改日宣判。

"伪币案"三个洋骗子落网

1935年9月中旬的某天，鼓浪屿工部局侦探和巡捕包围大埭路口大同工艺厂，将捕获的3个洋人拘送工部局羁押。20日，工部局巡捕长巴世凯提讯上述3人。据供，一名亚雷，菲律宾人，来鼓已六星期；一名实办士打，英国人；另一名赛演士，俄国人。讯后，亚雷释放，其余两人扣押，并从赛演士身上搜出中国农民银行面值一元的伪钞5张，与真钞无丝毫差异，但5张同一号码P297428，显系影印。讯后，工部局将案移解会审公堂侦讯。

在会审公堂的侦讯庭上，英人实办士打供称：钞票是向别人取来的，不识真伪。俄人赛演士供词，说该钞票是前天在大德记纳凉时，一个卖"珠李仔"（蜜饯）的汕头人小贩向他索取欠账2角，因无零钱，取出袋中一张10元钞票找换。小贩无法找换，适有一个菲妇在海滨游泳，拿出1元港币2张，1元农民银行钞票5张和12个洋毫兑换。那天被捕时，仅剩该5张农民银行钞票。当问及为什么5张钞票同一号码，推诿不知；问及来厦做什么事，答称是来往香港、上海、厦门间贩卖商品。并没越轨行为，请求释放，但未获允许。

伪钞案发生后，工部局派警探四出调查，初步掌握犯罪事实，确定这三个洋人都是骗子。他们在街市上向人表演用药水影印钞票的骗术，吹嘘他们影印的伪钞与真钞丝毫无异，每千元只卖300元，而案发时尚未有人上当受骗。

9月23日和25日，会审公堂又两次提审该两犯。由会审公堂委员罗忠谌主审，各国驻厦领事团领袖领事、英国人马尔定参加审讯，汇丰银行派代表鉴定港币真伪，副巡捕长胡锡基和5号侦探郑和清、6号特探黄宙莱出庭陈述围捕罪犯搜查现场经过，案情大白。该两名洋人骗子持有的香港汇丰银行票值1元港币2张也是同一号码，显系伪钞。此外，还有已废用的前福建银行钞票100多元以及几封信。侦讯时追问这些钞票的来源，该两骗子都语塞，无言以应。审讯庭结束前，时任各国驻厦领袖领事的英国驻厦领事马尔定令罪犯在供词上签名，讯后还押。这个案件的最后审判，要等到上报英国驻上海总领事馆，由按察使到厦门核夺。10月下旬，该案终审，英人实办士打判处有期徒刑一年，俄国人赛演士，由鼓会审公堂送交厦门法院依法办理。

1933年鼓浪屿的双桨

在未设立轮渡以前，厦鼓间的交通，主要依靠小舢舨双桨摆渡。以此为生者数以千计，由于争相载客，各码头间还屡次发生码头工人械斗事件，影响社会治安。1933年3月，工部局重新登记各码头双桨艘数，换发以不同颜色识别双桨所属码头的新牌照。据调查统计，全屿双桨共308艘，其中龙头渡头260艘，和记渡头10艘，西仔路头和新路头各12艘，三丘田6艘，河仔下20艘。新牌照凡属龙头双桨，用蓝底白字，和记黑底白字，西仔

舢舨是厦门与鼓浪屿之间客货运输的主要交通工具

路头和新路头绿底白字，三丘田黄底黑字，河仔下白底黑字。规定各渡头双桨，只停泊各自码头，不得混杂，以免为争夺搭客发生纠纷。

假善士，真骗子

1934年5月25日下午，三个年青人叩开大宫边黄晓初住宅之门，只见他们一个身穿蓝布长衫，两个西装革履，衣冠齐整。主人询其来意，其中一人出示福州博济医院的募捐簿，先是陈述该院如何济世救人的业绩，接着劝说主人慈悲为怀，慷慨布施，要求捐助大洋（银元）200元。主人以其金额不小，未即允捐。双方正为捐款金额多寡相持不下之际，7号侦探程天球推门而入。

据探员程大球称，5月23日安海角门牌30号黄呈明家发生抢劫未遂案，三个匪徒的装束与这三人极其相似，故暗中跟踪监视。当此三人进入黄晓初家，程也尾随而至，观察动静。当程径入其宅时，该三人见状，神色慌张。程盘问其来历，语多吱唔，乃将三人带至工部局，即由巡捕长巴世凯审讯。三人均福州人，两个失业，一个为裁缝。其中林康32岁，前曾充任警察；林雄30岁，曾任小学教员；汪兴30岁，业裁缝。他们都住厦门亲戚处。从这三人身上，搜出多张名片和几本博济医院募捐本子，两本收据以及钞票二元，洗衣单与当票各一张。三人招供，福州博济医院早已关闭，他们因失业没有生活来源，假借慈善名义行骗是实，但没抢劫情事，请求详查。讯后先予拘押，并通知其亲戚取保候审。

巡捕、侦探被革职

工部局的巡捕、侦探，良莠不齐。凡滥用职权进行敲诈勒索或假公肥私的侦探、巡捕，一经居民举报，查实后往往被开除革职。现举两例：

1.1934年10月，先后有屿民举报，特侦队队员林有根在街上调戏某妇女，看戏不买票，还滥用职权，擅自拘捕卖票员郑泗、郑配。经工部局巡捕长巴世凯查讯属实，于25日宣布将林有根革职查办，并立即释放该两个卖票员。

2.1935年11月12日，59号华人巡捕拘捕聚赌麻将牌的方景。翌日，会审公堂开庭审讯。方景供称，12日晚上与友人聚赌麻将时，59号华捕站在他背后观战。以手势向坐在他对面的赌友暗示牌号，被其发觉，当众喝令滚蛋。59号华捕转羞为怒，将他拘捕送局，如果赌麻将犯法，则赌者四人，都应拘捕，为何只捉他一人。证明59号华捕滥用职权，假公谋私。退庭时，该巡捕公然扭住方景纠缠，虽经法庭一再制止，59号华捕仍继续逞凶。法庭即命印度籍巡捕缴下59号华捕的手枪，并将其扭送工部局。巡捕长审讯属实后，将59号华捕撤职查办。

搜查妓寮和烟馆赌场

工部局鉴于窃风日盛，于1936年3月16日零时开展对屿上藏垢纳污的妓寮、鸦片烟馆和赌场，进行大搜查。

是日零时，由特侦队队长郑西海率领干探白国风、高文、王英、郑清泉、程天球、黄奇才等直捣窝点，进行全面搜查。第一家被搜查的是大埭巷114号李金玉开设的妓寮，搜获叶文达、林来发、叶莽狗、郑仁宗等窃犯，取出王宗仁牧师住宅、杨家园、怀仁女中、旭瀛书院、陈金方教师住宅被窃的六角式德国时钟、衣服等赃物一批，即将李金玉拘捕带局审讯。在一间鸦片烟馆内，搜获新造的曲七手枪一支，子弹七发，逮捕案犯许亲、高致和、黄镇等人。继又在海坛路B107号搜获鸦片烟具二副和天九、麻将等赌具，住户许金上、吴在球连同烟赌具一并解局侦讯，押候核办。

因欠房屋捐，古稀老妇入狱

鼓浪屿内厝澳门牌N86号住户陈林氏茶，已是73高龄的老妇。因无力缴纳房屋捐，于1936年4月8日被工部局拘捕入狱。

老妇的住宅为一厅两房的平屋，时值不上千元，而工部局却估值为4400元，硬要她年纳房屋捐51.3元。老妇以儿子死亡，仅遗寡媳幼孙，贫困不堪，实在无力交纳此苛重捐税，要求减税，未获允许，被工部局以"拒纳产业税"为由拘捕。9日晚，天气转冷，寡媳携棉被到狱给婆婆御冷，为狱卒所阻。其媳又将棉被携至会审公堂，要求转交，会审公堂值班人员三人认为情实可悯，派法警同至工部局，请将棉被送进狱中交老妇，仍未获准。10日晨，其孙陈再让四处向亲友乞借，整天奔波，到傍晚借得55元向工部局缴纳房屋捐后，老妇才获释由其孙领回。老妇抵家后，举家妇幼，抱头痛哭。邻居和路人见状，也都为之凄然。工部局的苛政，于此可见一斑。

侦探迫死民妇

1936年5月22日，鼓浪屿发生一起侦探强奸民妇造成服毒自杀身亡案件，轰动一时。被害者名叫涟宝，年19岁，家住大埭巷460号后进小屋，作案的侦探为陈粪扫，工部局的现职侦探。

据当年《厦门大报》的报道，被害者为漳浦浮南桥人陈生财家的童养媳。生财23岁，无业；父陈天，在福建路摆糖果摊，收入微薄；母与涟宝共理家务。因家境贫穷，生财与涟宝尚未成婚。

5月21日晚11时，当涟宝以一碗汤面和鸦片吞食时被其婆婆发现，再三诘问，女泣告受害经过：数日前，家住黄家渡枋皮厝的妇人名"快婶"者诱她至住房内，旋引一男人入内，欲行非礼。女初抵死不从，该男人即从腰间拔出手枪恫吓，谓如不从则开枪打死。女无法抵抗，遂被玷污。事后"快婶"告知此男人为工部局侦探陈粪扫，甚有势力，警告她不得将情外泄，以免不测之祸。两三天后，"快婶"又唤她去了一次，原来是陈粪扫的妻子谢氏获知涟宝与其夫有染，加以侮辱。她回家途中，萌生自杀之念，私买鸦片，暗藏于床头，寻机自杀。

当婆婆获悉涟宝是服鸦片自杀，急将她抬送刘寿祺医生处求诊。因抢救无效，延至22日晨一时许毙命。是日上午，陈天父子向工部局报案，由工部局转告厦门地方法院派检察官徐韶学验尸，确系生前服多量鸦片致死，准其入棺收埋。但因家贫乏款，检察官徐韶学乃嘱鼓侦探长郑西海先设法垫款入棺埋葬。至于案犯陈粪扫，先由工部局收缴他的手枪和制服，案移法院。事发，陈畏罪潜逃，案情久悬，未能将其绳之以法，令人深感遗憾。

菜姑被骗巨款

抗战初期，鼓浪屿发生一起菜姑被骗巨款案件。被骗者家住鹿耳礁门牌8号，是位侨属，持斋奉佛，至为虔诚。骗子正是利用她的慈悲为怀，设计行骗。其受骗经过概述于下：

1937年9月间，日本侵略者的飞机开始对厦门市区进行轰炸、扫射，时局紧张，好多厦门市民搬迁到鼓浪屿居住。有个原来住在厦门关仔内名叫"花娟"的妇女，迁居鹿耳礁与菜姑毗邻。花娟以邻居关系，经常登门找菜姑闲聊家常，知道菜姑有三个儿子侨居菲律宾经商，每年都有几笔侨汇收入，颇有积蓄。于是萌发诈骗之念。经与几个歹徒商议后，设下圈套，以拯救人命为借口，向菜姑求贷三千五百元。

有一天，花娟与平常一样到菜姑家闲聊，告知有个邻居名叫乌锭，原在第七市场开设店铺，一家大小20多口全赖他经商赚钱维持生活。不久前，乌锭因故被官厅拘禁，要罚他好几千元才能释放。他的亲友到处为乌锭借钱，还差欠三四千元。花娟花言巧语，说乌锭上有70多岁的老母亲，下有弟妹和子女。自从忠厚老实的乌锭被官厅拘禁后，全家嗷嗷待哺，状极凄惨，令人怜悯。她虽经济不宽裕，也借给几百元。极力打动菜姑恻隐之心。

两三天后，旧历年关将至。有一天下午，花娟带着几个人猛敲菜姑家大门。有个身穿警服的汉子押着一个上身被捆绑的中年人随花娟进入菜姑家的大厅，那个被捆绑的中年人一见到菜姑，就跪下叩头，恳求菜姑救命。菜姑是个家庭妇女，从未见过这种场面，信以为真，问明还差三千五百元，就可救其一命，让他一家大小20多口免于饥寒交迫。菜姑大发慈悲，如数借给。这一来，就由花娟代乌锭写了一张借条，约定三个月后陆续归还。菜姑不识字，也不知道借条写的是什么。她对花娟说，我相信你，到期你将借款还我就行了。

事隔三个月，菜姑不见花娟如约前来还钱，时花娟已经搬回厦门关仔内，不住鹿耳礁了。1938年3月初，菜姑到关仔内打听，花娟已不知去向，倒真的有个开设鱼店的"乌锭"。细加辨认，此"乌锭"非向她求贷的"乌锭"，问了邻居左右，也都说乌锭其人去年并没被官厅捉过。至此，菜姑自知受骗，但也无可奈何。

警匪枪战　探员殉职

鼓浪屿沦为公共租界后。租界当局极力加强警力以维护社会治安，曾被誉为"世外桃源"。其实公共租界期间的鼓浪屿，匪警时闻。历年匪警，以1936年6月发生的一起警探与土匪枪战、特探队员程天球殉职的事件最为惊险，是半个世纪前鼓浪屿老百姓茶余饭后闲聊最爱谈论的话题。

1936年6月8日上午，工部局据报在内厝澳种德宫左边的松树下，发现有3个佩驳壳枪的人，疑为土匪。报案者惠安县人郑坎丁，1935年曾因殴辱鼓浪屿特探长凌狗才被工部局拘留后驱逐出境。1936年2月间，坎丁有个3岁的堂弟在惠安被土匪绑劫，于6月初被卖到鼓浪屿。坎丁的阿婶探知消息，要求坎丁赴鼓浪屿打听被卖堂弟的下落，以便托人赎回。坎丁只好硬着头皮潜入鼓浪屿。

6月8日上午8时许，当坎丁路过种德宫松树下，发现有3个佩驳壳枪的人蹲在水果挑贩的筐边，枪杆毕露。坎丁在鼓浪屿黑社会混过，懂得枪的种类，还知道鼓浪屿的侦探向来不用驳壳枪，因此疑此3人为内地匪类。旋该3个汉子发现身边有不相识之人在注视，即起身由种德宫边的陡坡小路扬长而去。坎丁胆大，尾随3个汉子。走到当年门牌N449号楼前，一个汉子返身问坎丁："你想干什么？"坎丁不慌不张，脱口回答，我找吉兄租厝。汉子知道确有个名叫吉仔的人住在隔壁，认为坎丁所言属实，也就大意不疑。听到3个汉子进入室内登楼的脚步声，坎丁赶快到附近挂电话向工部局报案。

报案的电话是由工部局秘书蔡益谦接听的，他立即命令探长郑西海派员围捕。探长郑西海指派探员李荣宾、程天球和内勤探员陈养前往。这是第一批。巡捕长胡锡基以3个匪嫌均有带枪，而3个警探只带2只枪，为防不测，续令探长率探员高文和8号巡捕印度人某某以及内勤探员陈东玉等前往接应。巡捕长本人也随之前往。当第一批警探抵达种德宫时，坎丁上前陈述是他报案的，并自告奋勇愿做向导。三匪居住的N449号铁门紧闭，他们从N450号进入，被匪发现。其中一匪拔枪时被警探陈养看到，先发两枪制匪，匪反击，程天球腹部连中2弹，当场殒命。匪见警探倒地，开始从楼后爬墙向外冲出。翻墙时，一匪被李荣宾擒住，匪用力挣扎逃脱，被李开枪击中腰部。这时第二、三批警探续至，胡锡基、郑西海、高文等均登楼参战，一时枪声密集。逃出之匪，先后中弹就捕。警探中75号华捕马玉山被匪击中手臂，邻居兆和罐头厂工人应万忠为流弹击伤右手腕。伤者均被送往救世医院治疗。

经审讯，三匪徒分别供称：

1.吴用：海澄县浮宫人，真名吴毛，绰号"约仔"，为漳属著匪郭老硿的护兵，25岁。同伙30余人来厦，寻机抢劫，因未找到对象，尚未下手。

2.郑容，24岁，也是浮宫人，真名郑正英，麻面，绰号"斑猫仔"，与吴用同为郭老硿护兵。

3.郑前合，又名吴长禄，其实则郭老硿本人，年27岁，浮宫人。

事后搜查匪徒住处，拘捕3个妇女查究。（1）许莲盆，26岁，青浦人；（2）许花盆，32岁，打石坑人；（3）吴淑琴，28岁，福州人。当天下午，由胡锡基提讯。三妇均系向楼主租赁的住户，与匪无干。提讯中，查悉该楼屋为菲律宾华侨庄垂吉所置，楼为两座连合式。楼上左边为庄的第三妾黄阿妹自住。黄阿妹以房东身份将楼下和二楼右边出租，于是又传讯黄阿妹。据称：6日下午有一时髦妇女携一小孩前来租房，议定月租3元。后该妇又续租大房一间，住该3个男人，没想到今天上午发生这件事。其后，工部局查清6日替匪租房的时髦妇女名叫"盆仔"，浮宫人，28岁，为匪郭老硳之妻。在三匪住的房间里，还搜出银元百余元，钞票十多元。

至于殉职的探员程天球，38岁，惠安人，在工部局任职已经4年，月薪28元。遗下53岁的母亲，37岁的妻子和儿女4人，其妻还怀孕数月。这次殉职，工部局依例给予抚恤金500银元。华人议事会主席团除慰问程天球家属外，还决定为程天球募捐一笔抚恤金。12日，就收到鼓浪屿中国银行、交通银行、中南银行和中国实业银行各捐100银元抚恤金。工部局董事会主席、英国人洪显理以个人名义，承诺负担程天球子女的教育费。

著匪郭老硳为漳属一带匪首吴赐的部属，罪案累累，为福建省绥靖公署通缉的要犯。此次逃鼓前，曾在青浦绑票得赎金6000银元，携带来鼓。这次意外出事受伤被捕，罪有应得。据闻郭老硳伤愈后，经工部局移送漳属究办，为漳属除了一害。

汉奸黄仲康被枪击未死

1941年1月17日傍晚，鼓浪屿再次发生一起汉奸被枪击事件。被枪击者黄仲康，时任伪厦门地方法院院长兼伪厦门高等法院院长，家住鼓浪屿内厝澳。

那天下午，黄仲康从厦门乘轮渡回鼓浪屿时，已有人尾随跟踪。当他从黄家渡经福州路走上陡坡的和记路一家拍卖行门口，跟踪者即拔出短枪向黄射击，开了三枪，黄倒在血泊中，开枪者从容逃走。巡捕赶到枪击现场，急向工部局报告，召来大批日警和日籍台警，开始在附近展开搜捕凶手行动，一面将黄仲康抬往博爱医院（今鹿礁路1号）抢救，因未中要害，几天后就出院了。

黄仲康毕业于上海法政学院，是厦门沦敌时最早附逆的汉奸之一。初任伪厦门治安维持会司法处检查官。伪市府成立后，司法处改称法院，黄改任推事兼院长。1940年8月，伪高等法院院长调动，乏人继任，由黄兼代。时年35岁。

黄奸被枪击后，工部局张贴告示，悬赏一千元缉凶。占领厦门的日当局则小题大作，宣布限制大陆与厦门、厦门与鼓浪屿之间的交通。一面调集多艘军舰停泊厦鼓海面，然后由日本驻厦总领事向工部局提出三个条件。

1.工部局立即增设日警和日籍台警官员6人；

2.厦门日本总领事馆警察署得在鼓浪屿内厝澳和三丘田各设立一个派出所；

3.来往鼓浪屿的中外电船、帆船，须一律按照日方指定的码头停泊，并接受日本警察的检查。

工部局在日方的武力威胁下，先接受日方提出的增加6名日警的要求，其余继续协议。工部局步步退让，日本当局进一步控制了工部局的警权，加强对鼓浪屿居民抗日爱国运动的监视和镇压。

国民党军渡海夜袭鼓浪屿

1942年12月8日，是太平洋战争爆发一周年的纪念日。是日凌晨一时半左右，驻在漳州的国民党军挺进队由嵩屿渡海偷袭鼓浪屿。挺进队从康泰垵福建硝皮厂（制革厂）登陆，向工部局挺进。日寇发现时，工部局副总巡捕长忠山贞夫率警迎击。当日警抵达工部局后的岭脚时，双方相遇，国民党军先发制人，开枪扫射，忠山贞夫等猝不及防，当场被击毙10多人，其余警察后退回局。国民党军也撤退渡海返嵩屿。

同日，日本军方以"厦门根据地队司令部"名义发布"告示"，断绝厦鼓间交通和断绝厦鼓间与大陆间交通，断绝与浯屿、金门的日本占领区交通。"告示"还宣布鼓浪屿实施戒严，禁止一切船只入港，禁止一切集会，等等。与此同时，滥捕无辜，在内厝澳、康泰垵一带抓走男女老少几百人，押至汇丰银行日军队部审讯。并一度宣布：禁止内厝澳和康泰垵区域居民通往龙头方向。

尽管日军加强防范来自海上的国民党军袭击的措施，1944年3月28日深夜2时多，再次发生由5条小船载运国民党军偷袭鼓浪屿事件。这次偷袭，因日方发现没有什么战果，只擒获工部局一个巡捕带回大陆。

□原载《鼓浪屿文史资料》第五、六、七辑

厦门世界文艺书社的片断史料

1929年7月30日世界文艺书社出版的小说封面

　　上海文艺出版社资深老总编丁景唐《寻访"厦门世界文艺书社"》的文章见报后,我想起曾接触过的一些资料,可以证实1929年厦门确有这么一家"世界文艺书社",因而写此短文投寄《厦门日报·海燕》,既是给丁先生的回话,也为厦门的出版界提供一鳞半爪史料。

　　厦门世界文艺书社,成立于1929年初夏,发起人为当年任厦门大学校长的林文庆,20世纪初泰国华文报名报人肖佛成等40人。他们刊印的"创办缘起",开头是这样写的:

　　"一国之文也,恒视文化是否发达以为断。文化能否发达,须有大规模出版界之组织以为佐,是故文化为生存之利器,出版界为文化之制造厂,亦即大本营也。本社同人本此目标,于是而有世界文艺书社之组织。"

　　1929年六七月间,世界文艺书社就已开始出书了。我有一本当代名作家黄药眠的小说《一个妇人的日记》,其版权页的出版日期是1929年7月30日。同年10月,世界文艺书社以股份有限公司的名义在厦门报上刊登"招股启事",公开向社

厦门世界文艺书社的片断史料

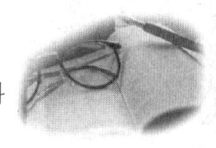

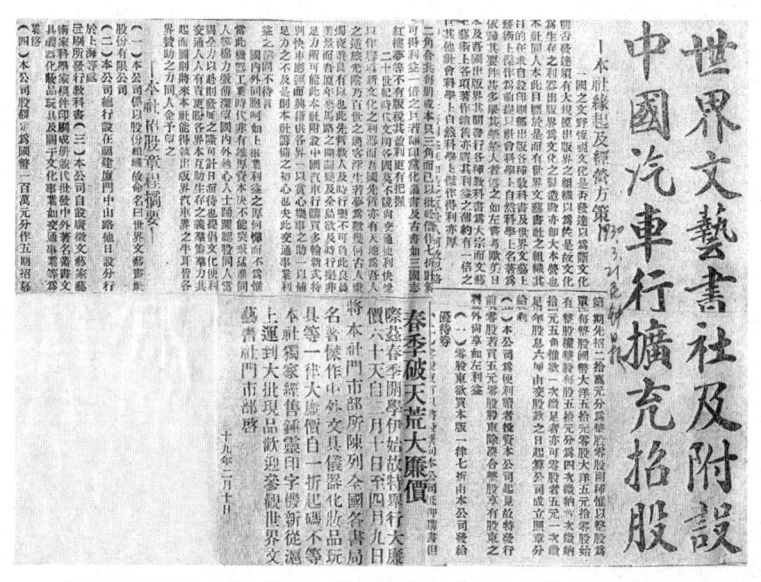

1930年3月31日《民钟报》登载的世界文艺书社扩充招股广告

会招募资金。其"招股章程"还提出要到上海等城市发展出版业务。大约1930年初，上海也就有了厦门世界文艺书社的分社。世界文艺书社在厦门思明南路设总发行所，在中山路设门市部。当门市部开幕时，厦门的报纸有着"世界文艺书社门市部开幕纪念大廉价大赠书券"的广告。

关于世界文艺书社，本来我有较完整的史料，还收藏过它出版的四五种书，依稀记得其中有郁达夫的作品。由于文化大革命刚开始没几天我就被抄家，片纸不留，如今要凭回忆和近年猎获的点滴材料，已无法说清楚这家书社存在多长时间，出版过多少书了。

□原载《厦门日报》2001年8月27日

抗战前厦门的游泳运动

1935年远东运动大会游泳个人冠军杨秀琼在厦门竞强游泳池前留影

厦门是我国较早开展游泳运动的地区之一，1931年9月5日，在鼓浪屿的田尾海边，举行厦门第一届游泳比赛，参加的运动员58人。苏炳祥以37.1秒的成绩，获得50米自由式冠军；洪得胜、王胜兴、刘领赐和黄文振，分别夺取100米、200米自由式、200米蛙泳、100米仰泳的冠军。25米自由式女子组、儿童组的冠军获得者，是陈侨珍和黄大炎。厦门史上首次游泳比赛，观众3000多人，可谓盛况空前。第二天，各报特辟专栏，报道比赛过程。照相馆拍摄的优胜运动员照片，市民争相购买，销路很好。1932年到1934年，又连续举行三届。第二届有61个男女运动员参加，比赛项目增加到11项，王鸿龙夺得5项冠军，博取了"鹭江龙"的雅号。

从1931年到1937年，还举行过七届横渡厦鼓游泳竞赛。参加首届横渡的运动员54人，仅43人到达终点，荣获冠军的林天厚，成绩23分25秒。14岁的女运动员凌蕴贤，得了第十名。第二届报名68名，林天厚保持冠军。第三届12人，第四届104人参加，冠军由王鸿龙蝉联。第五届起分为男子、女子、儿童三组计算成绩，各组冠军的获得者，先后有陈树根、潘

抗战前厦门的游泳运动

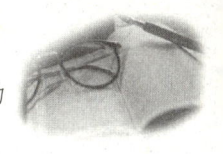

为廉、洪安训、韩梅丽、施惠治和郭克明、傅顺仁、刘春景。

1934年7月举行的第一届环鼓游泳比赛，33名运动员当中，有两个英国人和两个日本人。冠军王鸿龙，成绩1小时35分。第二届洪安训夺魁。1937年9月21日举行的第四届，是抗战前最后一届的环鼓游泳赛。

抗战前，厦门的竞强体育会在胡里山海滨建了一个游泳池，1935年8月10日举行开幕典礼和游泳竞赛大会，邀请香港游泳队参加。这次比赛大会的仪式极其隆重，爱国华侨领袖陈嘉庚，华侨知名人士胡文虎、胡文豹、李清泉、林珠光等，膺任名誉顾问。当时的市长王固盘，厦门大学校长林文庆，担任正副会长，并请海军将领陈绍宽等题词，诗人李禧作会歌。

香港队的阵容齐整，实力雄厚，吸引了广大观众。12名运动员中，有荣获1933年第五届全国运动会、1934年远东运动会游泳赛女子个人冠军的杨秀琼，有蝉联两届广东省运动会女子跳水冠军的伍舜英；香港队的健将陈振兴，同安人，曾参加第八、九、十届远运会，连得历届广东省运会和五届远运会男子游泳个人冠军。总教练黄义和，石码人，是第八届远运会的中国游泳选手。这次大会除多项比赛外，还表演了男女花式跳水和水球。

竞强游泳赛结束不上匝月，9月11日，福建省运动大会又在厦门开幕。这属省运会进行13项游泳赛，厦门队男女运动员共得116分，夺得锦标。女运动员施惠治、杨玛丽成绩优异，破四项省运会纪录。她们和男运动员洪安训、傅崇麟，被选代表福建省队，出席全国运动会。

□原载《厦门日报》1983年8月21日

游泳大会开赛前香港部分队员合影留念

厦门历史上的"马拉松"

1947年由通俗教育社举办的长跑比赛,图为优胜者在赛后领奖。(左二者为冠军许培坤)

20世纪30年代以来,厦门出版的报纸、杂志,对厦门的马拉松赛跑已有较详细的报道。

1933年7月9日,警察系统举行长跑比赛,由中山公园南门起跑经民国路(今新华路)、大同路、海后路、中山路回到公园南门。参赛者20多人,第一名张赤生,成绩14分20秒。

此后,厦门基督教青年会连续举办过三届"马拉松"。首届于1935年6月1日下午举行,参赛运动员40人。冠军温树榛,成绩32分23秒。第二届起跑点设高崎,终点仍在虎园路,全程1.6万米,报名参赛者24人。上一届冠军温树榛在夹道欢呼声中冲过终点,成绩1小时09分33秒。1937年4月24日下午举行的第三届,赛程、起跑点、终点都与上一届相同。比赛中上两届冠军温树榛仍一路领先,其他运动员望尘莫及。温树榛第一位到达终点,成绩为1小时10分39秒。

抗战胜利至1949年10月厦门解放的4年间,厦门有过两次较具规模的"马拉松",第一次由通俗教育社主办,时间是1947年11月30日下午,赛程自中山公园南门起,经公园东路、美仁宫、禾泰街、厦禾路、浮屿、帆礁、鹭江道、同文路、双十路（今镇海路）至终点公园南门。冠军许培根为雷电田径队队员，成绩15分4秒。第二次由厦门市体育协会主办，时间为1949年1月16日。赛跑全程约8千米，起跑点江头街，终点中山公园南门。名列榜首的是前两年的冠军许培根，成绩45分31秒。

解放初的1950年10月3日，"厦门十月体育活动筹委会"开展为期一个月的体育活动，长途赛跑列为活动项目之一。1954年3月14日上午举行全程1.1万米的赛跑，起跑点江头街，终点虎园路。工人长跑运动员王大廉荣获第一名，成绩37分45秒。

1956年4月1日举行1.5万米越野赛跑，王大廉以55分9秒的成绩获得第一名，另一位工人长跑运动员洪春同仅比王大廉慢了5.6秒，屈居第二。

1958年12月14日，厦门市首次真正意义的马拉松赛在厦、集公路上举行。这次赛程全长42.195公里。上午8时45分，参赛者由厦禾路市体育场跑出，从后江埭至吕厝之间往返4次，最后跑回体育场。11时许，厦大的吴树荣第一个跑进终点线，他的成绩是2小时54分10秒，差全国纪录只有一分多。

1985年12月6日，福建省冬季马拉松赛跑在厦门举行，我市运动员刘惠玲摘取少年女子5公里越野赛桂冠。

由厦门市体委、总工会、公安局、教育局、团市委联合主办的1985年元旦环城赛跑，共有462名运动员参加。运动员分两路起跑，中、青、少年组由纪念碑经中山路、思明北路、厦禾路、火车站、第一中学至纪念碑终点，全程1万米；老年、女子组由东渡堤口经湖滨饭店、文灶、第一中学至纪念碑终点，全程5千米。

从此至1990年，每年元旦都举办一次越野赛跑。1987年，参加的运动员突破1000人。

1991年以后，一年一度的元旦越野赛跑由市公安局举办的"119"迎春长跑比赛，由市妇联等单位举办的"庆三八"长跑活动和市体委主办的全民健身迎春长跑活动所取代，马拉松赛跑逐步发展成为群众性的传统体育竞赛项目。

□原载《厦门晚报》2003年3月3日

厦门历史上的"扒龙船"

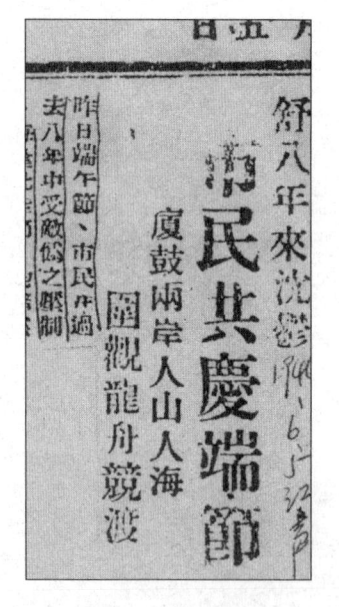

农历五月初五日为端午节，又称端阳节。端午节有许多民间习俗，而影响最大的为龙舟竞渡。每年这一天，我国沿海地区和濒临江河湖泊的水乡，群舟齐发，彩旗飞扬，观者如堵，欢声雷动。相传，这是为纪念爱国诗人屈原的一种遗俗，"五日竞渡，为屈原沉汨罗江，故特命舟拯之"。（《荆楚岁时记》），至今已2000多年历史了。

竞渡习俗 古已有之

福建近海，江河纵横，湖泊棋布，龙舟竞渡，古已有之。明弘治黄仲昭的《八闽通志》卷之三"岁时"，就有"闽俗重竞渡"的记载，并附有宋朝时郡守程思孟的《端午观竞渡》诗，可见最迟在宋代，此俗已在闽省沿袭成风了。

龙舟竞渡，厦门俗称"扒龙船"（闽南话扒是划的意思）。清乾隆三十四年（1769年）的《鹭江志》说："是日，海上斗龙舟，观者如蚁，共有三四日。"道光《厦门志》"风俗记"有更具体的描述："龙舟竞渡于海峡，龙船分五色，惟黑龙不

1946年6月5日《江声报》关于赛龙舟的报道

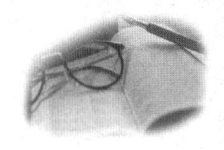

出。富人以银钱、扇帕悬红旗招之，名曰插标（锦标）。事竟，各渡头敛钱演戏。舢仔船为主，或十余日乃止。"民国《厦门市志》亦有："五月初五日，曰'中天节'，俗称五月节。饰龙舟竞渡，曰'斗龙船'。以银钱扇帕为锦标，曰'插标'。纪念屈原投江遗意。"

1963年出版的《厦门文史资料》第一辑也有记载："相传楚屈原沉江之日，竞渡招魂，递相沿袭，有斗龙舟之举。午时在江边临潮纵观，但见中流飞驶，互相角逐，金鼓喧天，争夺锦标，令人精神振奋。每以扇帕银物为彩，名曰插标，实寓有竞技及锻炼体魄之盛事。"

厦门地区龙舟竞渡的最早记录，是明正德十二年（1517年）同安进士林希元的《石浔竞渡诗》诗："杯酌交酬后，楼台雨过时。半江沉夕照，高阁起凉飙。波静鱼龙隐，人喧鸥鹭疑。未看竞渡戏，先动屈原悲……"（《林次崖先生文集》）

清末民初　盛况空前

清末民初，每逢端午节，厦门各渡头都会自发组织龙舟队，相约夺标。其经费来源，主要由码头一带商户捐助。

赛场一般设在厦鼓海峡和筼筜港内的后河仔（今第二市场附近后河路）、后海墘（今思明北路后海墘巷）。经济繁荣的年份，参赛的龙舟多些；经济不景气时，参赛的龙舟就少些，甚至赛事停止。例如光绪十四年（1888年），厦门火灾频发，商家生意不好，这年就没举行扒龙船活动。1899年经济好转了，鼓浪屿、提督、打铁、磁街、典宝、洪本部、史巷等7个渡头各造龙舟1艘分组竞赛。1907年，仅有草仔垵、史巷、典宝3个渡头3艘龙舟迎端午。1910年端午节，参赛的龙舟又回升为六七艘，更有"乐绮怀"、"续霓裳"两个京戏班，"各结彩船，同在海中作琴曲赛会，观者尤形拥挤"。

清末厦门扒龙船的盛况，当时的上海《申报》、《厦门日报》等都有过报道，本地诗人也多有佳作吟咏。以下仅录同文书院连珍如老师的《鹭江竞渡》诗以纪盛：

一岛弹丸白鹭洲，泉漳汇合水交流。
欣逢海国中天节，韵事犹存竞斗舟。
十三渡口闹喧阗，书舫笙歌杂管弦。
裙屐如云观竞渡，歌船花艇互蝉联。

莺喉巧啭秋娘曲，鹤侣樽开北海筵。
人山人海多拥塞，眼光注射看龙舟。
来从剑石深深见，出向龙泉密密扬。
凤飘旗蠹红和紫，舟绘虬龙黑与黄。
鸣锣击鼓频频进，桨急如水激水寰。
破浪约环猴屿港，回涛冲绕虎头山。
争雄欲展乘槎愿，奋勇欣期拔帜功。
竹爆喧腾声烈烈，锦标夺得乐融融。
望高石下路漫漫，峭壁千寻护石栏。
最好夕阳寮外景，粉红黛绿到红干。
洞天鼓浪涌波澜，海口龙翔又虎蟠。
叹息灵均难觅骨，汨罗今日水犹寒。

鹭岛龙舟　与众不同

抗战前那二三年，厦门航运畅通，市场繁荣，龙舟竞渡，气象非凡，还于1936年和1937年举办过两届龙舟赛会。当时鹭岛有"全美"和"谢尚声"两家船厂，造船技术高超，名闻海峡两岸，连台湾同胞也特地来厦订造龙船。

厦门用于竞渡的龙舟，一般长10米左右，平底无龙骨，有四堵船仓，按前后排列分为"内镜"、"阿班"、"大肚"、"尾营"。龙船的式样有两种，一种头尾雕塑龙头、龙尾，另一种用五颜六色的绘画来装饰。

龙船大的可乘坐32人，中的、小的乘坐24人、16人。船上有执旗手、敲锣手、贡木手、大桡手各一名，其余是划船的人，称为桡手。船头插队旗，船中间插红布、镶银边的大幅三角旗或形如幢幡的"蜈蚣旗"。参赛的队伍服装颜色各不相同，以示区别。

竞赛开始时，执旗手站在船头挥舞令旗，大桡手坐在船尾掌舵；敲锣手、贡木手有节奏地打锣和敲打贡木，划船的桡手齐心协力划桨，飞跃前进。在比赛进行的同时，还有几艘扎花结彩的汽轮在海上游弋，船上坐着艺人，弹奏南乐和京戏清唱助兴。"沿海岸上，衣香扇影，士女如云，并肩累踵"，迨至夕阳下山，各渡头龙舟才先后离去。"是夜复备酒席，以宴夺标诸人"，有的还演戏侑觞，增加宴会气氛。

1946年6月4日，厦门人兴高采烈地观看抗战胜利后的首次龙舟竞赛。

1987年集美国际龙舟邀请赛盛况

厦鼓两岸，人山人海，不留隙地。

此后两三年的龙舟赛，参赛的只剩那二三艘旧龙舟。因为物价狂涨，谋生不易，观众也不那么踊跃。

抓鸭节目　增添余兴

旧时，在龙舟竞赛的同时，还举行"抓鸭仔"或"捉猪仔"活动，增加节日欢乐气氛。

这项活动的形式是：将一根长十米左右的圆木柱或船桅，涂上光滑的牛油或油脂，一端固定在岸上或龙船船头，另一端伸进海面，在其末尾挂个装有鸭仔或猪仔的竹笼（篓）作为奖品。

游戏开始后，参赛者只穿一条短裤，走上涂满油脂的圆木柱，谁要能将竹笼拨下海面，然后跳进海里抓住笼子，那头鸭仔或猪仔就归他所有。

因为圆木柱很滑，走完全程，需要有很高的平衡技巧。参赛者有的蹑手蹑脚，提心吊胆；有的张开双手，左摇右晃。大多只能走几步或一小段，就"扑通"一声掉进海里。最后只有个别勇敢者能够获得胜利。

参赛者那种种狼狈相，有惊无险，别有风趣，常会引发观众捧腹大笑，场面十分热闹。

厦门民间传说，称"抓鸭仔"或"捉猪仔"活动，系当年郑成功训练水兵的方法之一。厦门周边的集美、同安城乡和今属海沧区的霞阳、鼎美等地，也都有此项活动。而最为流行的，当属同安石浔村，数百年来乐此不疲。

□原载《厦门晚报》2004年6月16日

《搏（博）状元会饼的由来》质疑

近年来，中秋博状元饼起源于洪旭及其幕僚并经郑成功批准推行的说法，甚为流行。最先提出这种说法的文章，有杨恩溥先生发表于1986年9月21日《厦门日报》的《搏（博）状元饼的由来》，作者对博状元饼由来是这样描述的：

"三百二十五年前，郑成功的部将洪旭……与……兵部衙堂的属员，经过一番推敲，设计巧制中秋会饼……全会六十三块饼。由于搏（博）饼可让战士以玩释念，寓教于乐，所以郑成功批准自十三至十八日止前后共六夜，军中按单双日分批搏饼赏月。"

文章中作者没写清楚洪旭"发明"博状元饼的具体年代，但读者只要以1986年推算"325年前"，就可得知作者指的是1661年。

其后，杨先生又发表题为《话说中秋搏（博）饼》的文章，刊登于《厦门政协》1997年第4期。作者将"发明"年代提前为"明永历十三年（1659年）"，但没否定原先1661年的说法。这篇文章，又增加了一段阐述中秋博饼流行的过程。

"明末郑军的玩会饼，由军营传入民间，广为流传。清初布政使钱琦的《竹枝词》云：'玉宇寒光净碧空，有人觅醉桂堂东。研朱滴露书元字，奇夺呼卢一掷中。'诗后注释：'中秋士子欢聚，用6颗骰子掷到4颗红4点，可得书红字状元大会饼。'"

今年9月9日，杨先生又在《厦门晚报》上发表《博状元的由来》，除题目"搏"字改"博"字外，其他内容与前两篇大同小异。

《搏（博）状元会饼的由来》质疑

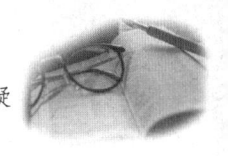

上述三篇文章所说的博状元饼由来，似乎言之凿凿有据，笔者仅仅围绕"由来"的中心话题提出几点疑问：

一、1659年中秋，郑军是否具备博状元会饼的条件？

任何事物的发生和发展都有个时代背景。1659年郑军北伐，五月十八日（农历，下同）进泊崇明，六月十六日破瓜州，七月七日抵达南京观音门，七月十二日兵临南京城下，久攻不克。中秋前后，郑成功移动频繁，八月初九攻崇明城，十三日从崇明撤兵出海。中秋夜，郑军的战船行驶在江苏、浙江海面；十八日，在浙江林门整顿改编……九月初七日，郑成功回抵厦门。

郑军北伐时，洪旭奉命留守厦门。很难设想，在那战火纷飞、军踪频移的日子里，洪旭是怎样跟远在浙江的郑成功取得联系的。即使能联系上，在南京失利班师回厦途中的郑成功，其心情的沉重是不言而喻的，何况八月十三日至十七日，郑军的战船又都在海上，十八日才进泊浙江林门，怎会有"在佳节期间，让将士玩个不亦乐乎"场面？

二、1661年中秋，处于郑、荷两军对峙局面的郑成功，有否可能批准博状元饼六夜？

1661年二月，郑成功作出收复台湾的决策，洪旭等受命留守厦门、金门。三月二十三日，郑成功亲自率师东征。四月初一日，郑军船队乘潮进入台湾鹿耳门，从禾寮港登陆围攻荷兰殖民者坚守的赤嵌城。此后，荷军几次突围失败，派人向巴达维亚（今雅加达）的荷军舰队求援。八月，郑军与荷军多次在台湾海域展开激战。很难想象，此时此刻的郑成功，会"批准自十三至十八日止前后共六夜，军中按单双日分批博饼赏月"。

值得指出的是，凡经郑成功批准要办的事，都有颁布"谕"或"戒谕"，有时也以"令"，"传令"或"行令"的方式"刻版颁行"。要是在郑、荷两军激战方酣之际郑成功有批准博饼六夜之事，必定要有"谕"或"传令"的"文件"，为何正史、裨文和闽台地方志都没片言只语记载？

三、《竹枝词》诗后注释的"元"是"解元"还是"状元"？

在《话说中秋搏（博）饼》文章中，杨先生引用过钱琦的《竹枝词》及其诗后注释，在《博状元的由来》文中，再次引用。但只要查一下《台湾府志》，就不难发现钱琦的诗后注释根本没有"6个骰子"和"状元大会饼"这些字眼，其原文是："中秋士子聚饮，制大饼朱书元字，掷四红夺得之，取秋闱抢元之兆。"

封建时代的科举考试，名列第一者称"元"，有"解元"、"会元"、"状元"之分。考场称为"闱"，有"秋闱"、"春闱"之别。明清两代，每隔三年的秋季在各省省城举行一次考试，考中者称为"举人"，举人的第一名称"解元"。因为是秋季举行的考试，所以称为"秋试"或"秋闱"。每次秋试后的翌年春季，各省举人汇集京城会考，中榜的称"贡士"，第一名称"会元"。因为是春季举行的考试，故称"春闱"。会试后，皇帝召集贡士在殿廷上亲自"策问"，称为"殿试"。殿试分"三甲"录取，"一甲"限三人，第一名称"状元"，第二、第三名称"榜眼"、"探花"，这三名同样享有"赐进士及第"的荣誉，"二甲"称为"赐进士出身"，"三甲"称为"赐同进士出身"，统称为"进士"。钱琦是乾隆年间进士，熟知科举场上事，其诗后注释，不至于分辨不清"解元"、"会元"、"状元"和"秋闱"、"春闱"。他的注释很明确：大饼上用红朱写的"元"字，是"取秋闱抢元之兆"。秋闱只考举人，只有"解元"，没有"会元"和"状元"。不知杨先生文中的"6个骰子"和"可得状元大会饼"何所依据？

综上所述，中秋博状元饼源于洪旭及其幕僚"发明"并经郑成功批准在军中推行的说法，无法令人置信。

□原载《厦门晚报》2000年10月2日

范咸《台湾府志·岁时》

"厦门博饼起源争论"回顾

厦门博状元饼的民俗，起源于何时？由谁发明的？以往从没引发过争论。1986年9月21日，有人写了《博状元饼的由来》，继又三番五次发表了内容大致相同的文章，认为厦门人博中秋会饼是洪旭发明的，并经"郑成功批准由十三至十八日止，前后共六夜，军中按单双日分批博饼赏月"。有人据此邀请文史专家进行论证，在鼓浪屿日光岩造起郑成功士兵博状元饼的雕像。从此，开始有了争论。1992年中秋节前，厦门电视台张雷、陈文化等三位同志就厦门中秋习俗采访我，我就指出厦门中秋博饼与郑成功无关。2000年10月2日，我又在《厦门晚报》发表《〈博状元饼的由来〉质疑》。几年来争论的焦点，在于肯定或否定博饼与郑成功有关。

2000年10月24日，市郑成功研究会和闽南文化学术研究会，联合举行了"博饼起源"专题讨论会，有近20名文史研究者参加。翌日，《厦门晚报》以《中秋博饼起源何时？》为题报道说：我市文史研究者普遍认为：洪旭发明博饼之说缺少证据。

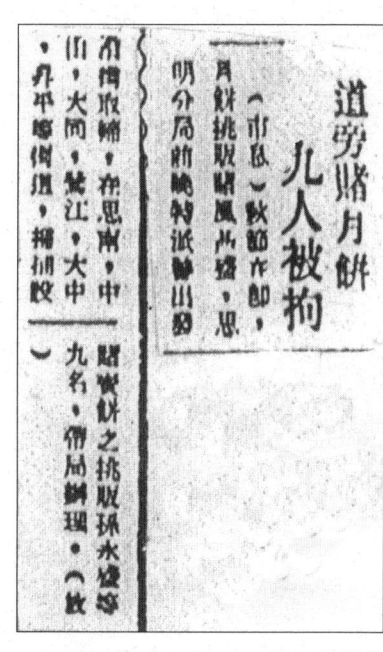

1948年9月15日《立人日报》的报道

《厦门社科联简讯》第22期，刊载郑成功研究会秘书长陈洋有关这次专题讨论会的详细报道，将与会学者的讨论归结为3个基本观点。

1.厦门中秋博饼习俗与郑成功无关；

2.假如认为是传说，同样是毫无根据的；

3.中秋博饼形成时间，当在1830年以后至1905年之前。

2003年8月，厦大刘海峰教授等关于状元筹与博饼起源的文章发表后，在文史界与广大市民中引起关注，鼓浪屿前届中秋博饼文化节组委会，特为此邀请我市文史界部分专家，对厦门博饼民俗的起源和发展进行研讨。据2003年9月2日《厦门日报》第5版的报道，与会专家达成三点共识：

1.博饼并非郑成功发明，起源无史料可考；

2.博"状元筹"到博"会饼"，是群众的推动；

3.博饼文化厦门独有，应打造成旅游品牌。

□原载《厦门晚报》2004年10月9日

1957年8月24日《厦门日报》的报道

附录

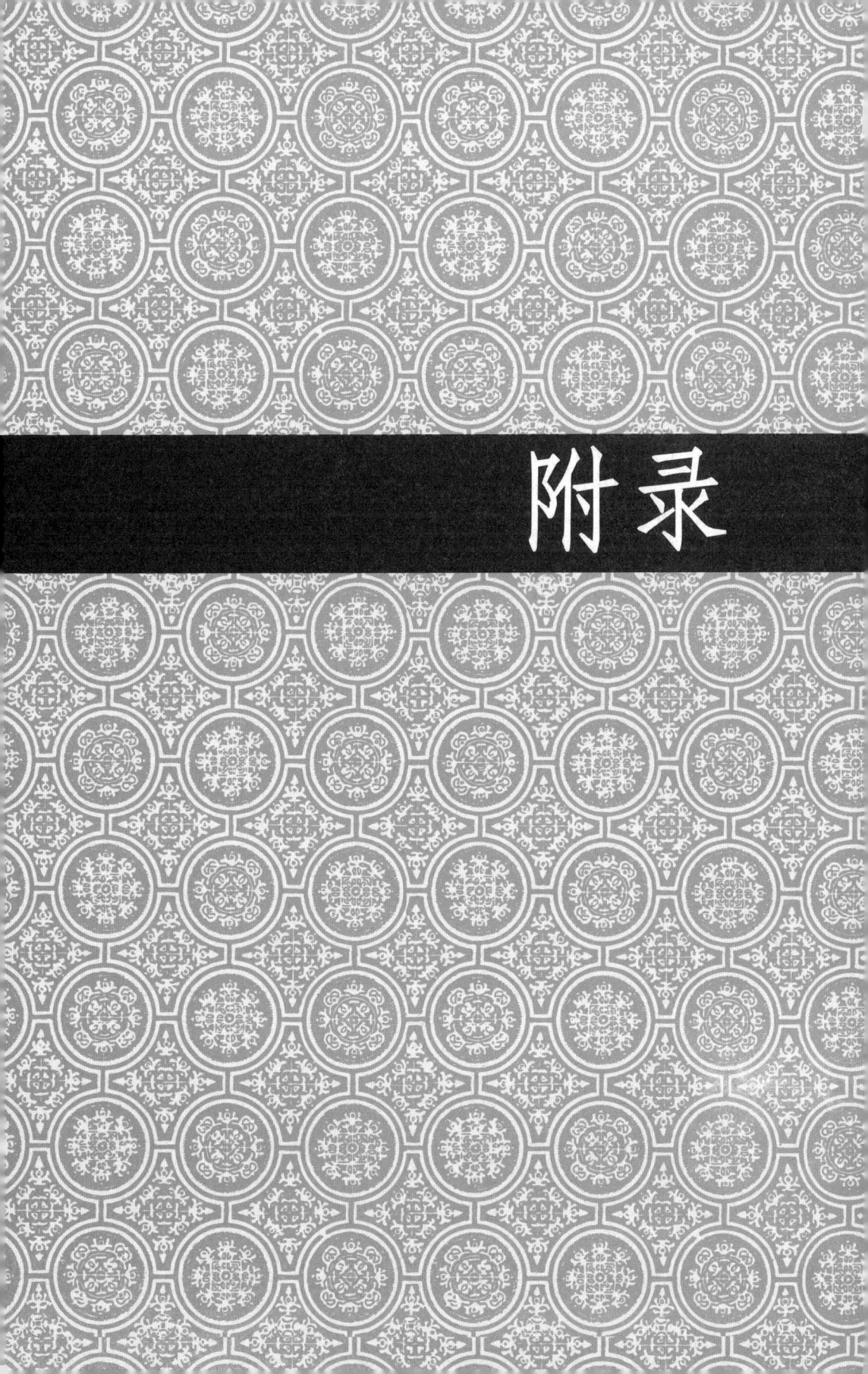

小居室收藏大城市

　　槟榔东里117—302室，不是住人，而是住书。如果不是住着书，这个老旧的房屋在这座城市中实在是太不起眼了，可偏偏这屋子住着两万部书籍和数不胜数的文字资料、图片资料，而且这些书籍和资料与我们生活的这座城市息息相关，地理的，历史的，政治的，经济的，文化的，还有社会上的三教九流。总之，这座城市的前生今世，都被收藏在这不足60平方米的屋子里了。

　　屋子的主人、77岁的地方史专家洪卜仁就坐在书丛中，深秋的阳光斜照进了屋子，照在了书的脊梁，照在老人那全秃的头顶。老人的声音还很洪亮："我生于这座城市，长于这座城市，将来还要死于这座城市！我非常热爱这座城市！"

　　因为"非常热爱"，老人从全国各地找回了这座城市的历史，许多书籍都是老人从故纸堆里高价买回的，许多报纸都是老人从各地的图书馆用微缩胶卷拍回的，单单微缩胶卷就花去了3万多元。为了给这些书找个住处，老人租了117-302室，请人做了几排书架，让书有个安身立命的地方。还做了96个小抽屉，把厦门的历史分成96个门类装了进去，每打开一个抽屉，就是打开厦门的一个回忆之门，大到城市的扩张，小到小吃的去处。为了便于从发黄模糊的报纸里阅读收集往昔的亮点，老人还专门添置了读报机，而那一台复印机是老人购买来专门为查阅资料的人准备的，真是太给人方便了。老人还雇了人专门打扫书屋，整理书籍。老人一个月有退休金3000多元，但他几乎没有积蓄。

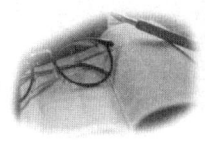

117-302室，正好与老人的寓所对面。每天清晨，老人就打开了301室的木门和铁门，走两米的路，又打开302室的铁门和木门，走进了书丛中，坐到了靠窗的那只藤椅里，开始了他在这座城市里一天的生活：读这座城市的历史，写这座城市的历史，偶尔还要接待一些人，他们是专为了解这座城市的历史而来的，包括记者和文史工作者，近的是本城的，远的来自美国、加拿大、荷兰、新加坡和日本。当然，有时老人也要暂别书屋，到其他城市"淘金"，他总担心这座城市的经历会被遗弃他乡。有时他还被请到其他城市编书，或者在本城讲课，参加各种与城市有关的活动。

"社会能够向前发展，因为有很多人为社会付出劳动、做出贡献，从而推动了社会的进步。一个人不能只为自己和家庭，他还应该为自己的城市做些事，以回报城市对我们的养育之恩。一个人当他还有劳动能力时，就放弃了对社会的责任，是非常不应该的"。老人这样解释他为这座城市所做的一切。

城缘　因为海，我们选择了厦门

洪卜仁于1928年4月出生于厦门港民族路的一座骑楼里，是洪家第三代定居厦门的。洪家祖籍惠安，洪卜仁的祖父那一辈选择落脚厦门，洪家世代以航海为生，因为厦门处于汪洋大海，而且是个优良港口，这与洪家的谋生方式是十分契合的。洪卜仁的祖父和伯父都是"舡公"，就是今天所说的船长，从大帆船到汽船都掌舵过。

洪卜仁出生后，洪家搬过五六次家，但都没有离开过厦门，从民族路到鼓浪屿福建路，再到镇邦路，后来到了中山路，再后来是东渡路，直到今天的槟榔东里。其中搬迁鼓浪屿是因为抗战爆发，那会儿，洪卜仁10岁，很多人都举家迁到香港，洪家也有可能到香港去，但因为与厦门的感情太深了，舍不得离开，最后只搬到鼓浪屿。

说城　因为海，厦门才变大了

洪卜仁说厦门的部分城区是填海扩地而来的，升平路往外，都是填海而成的。他出生时，正是厦门填海造田的高峰期，懂事时就看到厦禾路正在填路，更早些时，大海一涨潮，海水就倒灌到思明南路第九菜市场。

早时，厦门的城区面积只有两三平方公里，还有城内与城外之分，1926年后，厦门拆旧城，建新城区，新城又分为内街和外街，靠近旧城这一带叫内街，靠近滨海那一带叫外街。到了20世纪三十年代，厦门也只有8平方公里，华侨博物院以东荒凉一片，砍头的都在那儿。一中附近都是田地，种满了鲜花，文园路、将军祠那一带还是郊区。

"这几十年来，厦门是成倍成倍地变大了，现在的城区都有上百平方公里了"，洪卜仁很是感慨。除此，他认为关于厦门的巨变，非说说交通不可。这也许是因为祖辈以航海为生的缘故，洪卜仁对交通的变化特别敏感，他用一个词来形容：一日千里。

解放前，厦门的交通以水路为主，到漳州，到同安，到安海，到石码，到浮宫，到白水营，甚至到海沧，都得坐船。汽车很少，即使是高峰期的1934年，也只有五六十辆。

而房子呢？解放前，思明南路、思明西路、中山路那一带的楼房，就叫"高楼林立"了，即使到了改革开放前夕，高楼也非常少。特区成立之初，湖滨饭店刚刚落成，就叫人"叹为观止"，因为饭店高达10层。

当然，厦门这座城市的变化远非如此，它在各个方面的巨变都进入了洪卜仁视野，化为了他笔下的文字。

编写二三十部著作记录城市变迁

洪卜仁退休前是厦门市地方志编纂委员会办公室副主任、厦门市社会科学联合会副主席，担任了《中国经济特区简志》的副主编，《闽南革命史》的主编，同时还主编了《厦门科学研究十年》、《陈嘉庚与福建抗战》、《厦门市商会档案史料选编》等著作。从1983年到1992年10年间，是洪卜仁编撰厦门地方志的高峰期。其实早在当老师期间，就有了著书立说的壮举。从1950年到1983年，洪卜仁担任了小学校长、中学老师和大学老师，他在1955年就与人合著了《郑成功收复台湾记》。而1992年之后，洪卜仁也是退而不休，担任了《厦门经济特区建设十周年》的副主编，《厦门市土地志》的总纂，《近代厦门经济社会概况》的执编，还经常往返于厦门与香港之间，主编《厦门与香港》等著作。

"我们编撰历史，不是为了钻进故纸堆里，而是为了从历史中总结经验，吸取教训，从而服务于今天。"编写厦门历史已有数十年了，洪卜仁一次又一次用心梳理着这座城市的记忆，爱与日俱增，忧虑也越来越重。

忧城　老厦门人太缺少海派个性

"居住厦门的人总为这座城市备感骄傲，但有时显得忘乎所以，不去看看其他城市是怎么在经济发展中提高人文素质，总以为自己做得很好了。特别是那些土生土长的老厦门人，太缺少海派个性了，进取心不够，这与我们厦门的海洋文化格格不入……"洪卜仁忧心忡忡。几天前，当获知同安、翔安等地的农民需要接受技术培训时，他很高兴："只有把人的素质提升上去，城市之美才能体现出来，否则只是一个城市空壳。"

还有一件事让洪卜仁很忧虑，那就是人与人之间的关系淡漠了。洪卜仁还很怀念住老巷子时期的生活，人们只要做出一道不一样的饭菜就会热情邀请左邻右舍前来分享，人的生老病死总被邻居牵挂着。"为什么老厦门人都不愿搬离老市区呢？不是因为守旧，而是舍弃不了邻里之间的友情，'千金难买好厝边'啊！"所以洪卜仁提议社区多开展活动，以联络感情。

洪卜仁不仅怀旧，而且还很喜新呢，别看他已是77岁高龄的老人。他的"喜新"是对新知的向往和吸收，前阵子，王蒙到厦门开人文论坛，洪卜仁也早早到了人民会堂，几位小伙子新奇地问他为什么那么老了也过来听王蒙讲座，洪卜仁笑呵呵地说："活到老学到老！我也需要充电呀！"

"我原本以为自己对厦门已经很了解了，可是对它越深入，我就发现自己对它的了解很少"。所以这位没有双休日的老人还在不倦地求索。

□原载《厦门日报》2004年11月16日（作者：年月）

【后 记】

  我从20世纪50年代涉猎厦门地方史，并开始在《光明日报·史学》、《近代史资料》、《中学历史教学》和省、市报刊发表与厦门史相关的论文和一般性文章。1957年3月起，在《厦门日报》连载《厦门史话》。当《厦门史话》发表第十一篇时，"反右"开始，我被揪斗。《厦门日报》以"稿挤"为由，通告停发《厦门史话》。未几，我被错划为"右派分子"，从此停笔整整二十一个年头。

  中共十一届三中全会后，拨乱反正。党的落实政策，使我的被错划"右派"得以在1979年初得到"改正"。我又重新捡起秃笔爬格子。这本《厦门史地丛谈》，是从我"改正"后20多年来发表在报刊上的文章，挑选36篇结集成书的。由于匆促付梓，挑选时只三篇文章改题目，有几篇文章的个别词、字有改动，可以说是保持了文章原貌。

  感谢《厦门日报》和《厦门晚报》，多年来给我的文章提供了发表的平台。更应感谢刘文炎、吴金枣、黄秋苇等好多位编辑，他们都曾经为收入本书的一些文章付出心血。

  还该说一说的是，本书大多数的文章是匆促写成。这次结集出版，又未及细加修改，错误实属难免，期待读者的不吝赐教，以匡不逮。

洪卜仁
2007年2月28日